最后的对话

〔阿根廷〕

豪尔赫·路易斯·博尔赫斯

著

〔阿根廷〕

奥斯瓦尔多·费拉里

著

陈东飚 译

新 星 出 版 社　NEW STAR PRESS

新经典文化股份有限公司
www.readinglife.com
出 品

目 录
Contents

序一

豪尔赫·路易斯·博尔赫斯

　　基督教时代之前大约五百年，在大希腊[①]发生了世界历史中有记载的最好一件事：对话的发现。信仰，确定性，教条，诅咒，祈祷，禁令，秩序，禁忌，暴政，战争和荣耀充斥着世界；几个希腊人却养成了，我们永远不知道是如何做到的，交谈的奇异习惯。他们怀疑，劝说，异议，交换意见，搁置。也许是他们的神话帮助了他们，它就像神道一样，是一组模糊传说和多种宇宙起源学的混合。我们今天不无夸饰地称为形而上学的东西，其最初的根就是这些零散的猜想。倘没有那不多几个健谈的希腊人，西方文化是不可想象的。在空间和时间上都相隔遥远，这本书只是那些古老闲谈的一声隐约的回响。

　　像我所有的书一样，或许像所有的书一样，这本书纯粹是自己写成的。费拉里和我试图让我们的词语流淌而出，经我们之口，抑或是不顾我们的阻碍。我们的交谈从未导向一个结论。读过手稿的人向我们保证说那经验是愉快的，但愿我们的读者不会反对这一慷

[①] Magna Grecia，古代以此名指称意大利南部海滨及西西里岛被希腊殖民者占据的地区。

I

慨的见解。在《诸梦记》之一的序言里，弗朗西斯科·克维多写道：愿上帝保佑你，读者，免遭长序言和坏绰号之害。

一九八五年十月十二日

序二

奥斯瓦尔多·费拉里

这第二卷书是豪尔赫·路易斯·博尔赫斯和我进行的一系列著名谈话的完结，像前一卷一样，包含有四十五段对话，对应于我们公开播音的第二部分。谈话的开展，在这段时间，因两人之间不断增进的友情与理解，或者不如说是两人之间的默契而获益良多。

在这段时间我体验到了为他朗读他的"猜测的诗"的激动之情，而他在同一刻，一边倾听着我，一边继续猜想着这首诗。我感受到了回忆"史诗的味道"在他心中产生的震颤，语言之谜与诗人的智慧之谜，他的母亲在他的生命与他的作品中所占据的那个静默的中心位置，他根深蒂固的"书籍崇拜"；佛教在他心中造成的困惑，斯宾诺莎的哲学，阿隆索·吉哈诺这个人物，德鲁依①的往昔，斯威登堡的神秘主义，维吉尔的完美，莎士比亚的记忆和想象。

我们已经录制了很多场对话，然而，博尔赫斯仍希望继续。他的癖好，他的基本倾向，是在词语中延续自己，打翻自己，倾空自己。这项活动不仅没有随着他的八十四岁、八十五岁和八十六岁而弱化，

---

① Druidas，古代高卢与不列颠的凯尔特祭司。

更与他一同成长起来了。博尔赫斯已成为绝对的表达：他的口头语言媲美他的书写，仿佛是来自那样一个源头或境界，在那里一切都已铸造成型。

我们进行了两场谈话讨论他的最后一本诗集《密谋者》，他在其中总结了自己的世界主义理想，并解释了他对那些符号的忠诚，它们始终伴随着他的诗和他的生命。但我们也谈及了那些出现在他的最后岁月之中的想法和隐喻，他对幸福和美，时间和死亡，个人命运和被写下之物的观点："一切都是预先注定的……这一场与您的对话也是，费拉里，毫无疑问。一切都早已注定。"

正是这同一个信念令他断言，他的诗和他的故事是被"赠予"的，他是从某物或某人那里得到它们的，以及一个作家或艺术家的作品，归根结底，并不取决于这个作家或这个艺术家，而取决于超越了他的其他事物。尽管他抱有不屈不挠的不可知论，不妥协的无神论，神秘的文学创造却将他引向了一种对万物的神秘感知。他执着地重提两个短语：美国画家惠斯勒的"艺术自然而生"（"Art happens"）和《圣经》的"灵随意而吹"，并庆幸自己在如此高寿的人生阶段终于发现了这两个短语是同一个意思。

关于阿根廷，他表达了自己的深切渴望，就是道德终将主宰这个国家的生活；他回忆说我们的所有历史就是寻找一场从未企及的对话，并提出假设说对方、敌对者、对手可能是正确的，他自己正朝着这个方向迈出第一步；他激情洋溢地谈论乌拉圭；他提到了美国，回忆他在合众国各地开的课程和讲座，他曾在那里传播"对阿根廷文学的热爱"，并通过自己的文学召唤法兰西："卓越的文学国度"。

关于哲学，他重申了自己对唯心主义的永久皈依，那个学派契合他人生如梦的观点，或是契合他原创的诗学概念，存在即被梦见。同时，佛教及其对我的否定，令他回忆起唯心主义者和马塞多尼奥·费尔南德斯与这一否定的契合。他主张，另一方面，如果他随身只带一本书到一座荒岛上的话，这本书大概会是伯特兰·罗素的《西方哲学史》。谈到苏格拉底，他主张灵体能够"结合思辨与神话"，将运用理性与运用直觉合一。关于始终萦绕在他记忆中的叔本华，他保留着那个短语"阅读即用另一个人的大脑思考"[1]，这让我们得以领悟为什么博尔赫斯告诉我说他有时与切斯特顿一起思考，有时与萧伯纳，有时与叔本华。他将自己长久以来所认同的作家和哲学家纳入了自己的精神之中。

在这些人中间，我们会在这些对话里发现，维吉尔是博尔赫斯在文学和史诗上的永久喜好之一。博尔赫斯在卢克莱修身上看到了一个无神的神秘主义者，如同在卡莱尔和我们捉摸不定的阿尔玛富埃尔试身上一样。他将克维多列入文人一类，以词语为首要之尊的誊写员。福楼拜的生活对他来说是一个文人的命运的表达。他将伏尔泰视为最伟大的文学人物之一，并称"不敬仰伏尔泰是愚蠢的诸多形式之一"。

"人类登上月球"是博尔赫斯——他不想在录音开始前知道我们要谈什么——改变了自己的习惯，自发提议的唯一话题，因为他

---

[1] 叔本华：《附录与补遗》（ *Parerga und Paralipomena* ）。

认为它是"我们这个世纪的首要成就"，而我们却总想要将它遗忘。

　　关于他写的各种序言，我们得出的结论是他已将序言转变为一个文学类别，也是一个有情感的类别，倾注了他对某些作家的个人情感。特别是，正是它让博尔赫斯在他们许多人的形象中，在他们的作品中，发现了富有启示的面貌或特征；就像在这些对话中可以看到的那样，连同其他问题一起，其中情感或亲缘关系才是他思想的主线。

布宜诺斯艾利斯

一九九八年八月

苏格拉底

奥斯瓦尔多·费拉里：博尔赫斯，有个我们之前没有提到的人，或许有时会给我们带来启发，就是苏格拉底。然而，我们的对话却以某种方式涉及了他。

豪尔赫·路易斯·博尔赫斯：是的，我记得萧伯纳说起过，戏剧家的宗徒传承。当然，他首先提到的就是希腊悲剧作家；随后他讲到了一位伟大的戏剧家，就是柏拉图，是他创造了苏格拉底。

——据萧伯纳说。

——据萧伯纳说。接下来是另一些戏剧家，更加著名与神圣，也就是四部福音书的作者，是他们创造了耶稣。再后来应该是博斯威尔，他创造了约翰逊博士，接下来就是我们认识的剧作家了，然后是萧伯纳，他秉持宗徒传承的传统，是我们时代的伟大戏剧家。所以他应该开启了……我相信最早的一个应该是柏拉图，他是创造了苏格拉底和苏格拉底的宾朋友伴的戏剧家。

——契合于一种戏剧的世界观。

——是的，契合于一种戏剧的世界观。随后到来的，或许是毕达哥拉斯的弟子们，因为毕达哥拉斯不留文字，对吗？

——在那些不留文字者之中，就有几位被卡尔·雅斯贝尔斯以他的哲学分类法称为最伟大的哲学家，苏格拉底、佛陀、孔子和耶稣。

——是的……孔子似乎写过一些东西，但是《论语》不可能是他写的，因为里面都是关于他的轶事。我在想：说到穆罕默德的话我们有《古兰经》，但或许传统才是更重要的，不是吗？所以我们可以得出结论，要紧的不是写，而是交谈并且有人记录……我在这一刻就是南美洲的一个次等的毕达哥拉斯（笑）。

——您知道雅斯贝尔斯又补充说，苏格拉底的一生就是一场跟所有人的连续交谈；就是说，跟雅典的所有公民……

——在柏拉图这方面，我相信……为了这一切我大概必须是一个希腊的崇拜者，而我对多年前读过的东西几乎没什么记忆了，而且也不懂希腊语；很可能柏拉图为了平复苏格拉底之死的悲伤，而设法让苏格拉底在死后继续交谈下去，面对无论什么问题都对自己说："苏格拉底会怎么说呢？"尽管，当然了，柏拉图的思路不仅分岔到了苏格拉底，而且还有其他的对话者，比如说像高尔吉亚。有些哲学学者一直在问，柏拉图在这个那个对话里究竟有何意图；或许可以这样回答他们，在我看来，他没有任何意图，他听任自己的思想分岔为不同的对话者，他想象了这些不同的意见，但并不抱有一个最终目的。可能真是这样，对吗？

——另外，他已经捕捉到了苏格拉底的精神，他可以延续它。

——或许……我怀疑他是必须延续它，因为他不愿意接受苏格拉底的死去。柏拉图愿意这样想："苏格拉底就在这里，仍在思考，他的思考超越了毒芹，超越了肉体的死亡；超越了最后那场对话（在其中苏格拉底将思辨与神话合而为一了）。"

——啊，这才是最关键的。

——是的，他没有意识到它们是两件不同的东西。似乎自此以后我们便失去了这种才能；我猜想起初，神话大概是一种思维方式。在基督这里，他是以寓言思考的，就是说，基督有一种特殊的思维方式。多么奇怪啊，似乎从来不曾注意到这一点的人竟是弥尔顿。因为在《失乐园》里讨论是通过思辨进行的，或者像教皇说的那样，弥尔顿使得耶稣和撒旦像两个经院哲学家一样说话。弥尔顿怎么会意识不到耶稣除了是他自己以外，也是一种风格呢？相反，布莱克说基督想要的是，像他一样，通过道德，通过智慧，也通过美学来得到的拯救；因为这些寓言是审美的事物，基督的隐喻非同凡响：例如，谁都可能谴责过葬礼的仪式，可能谴责过葬礼；但不是他，他说："任凭死人去埋葬他们的死人。"①而这，在美学上是一个精彩至极的短语。我差不多可以就此写一个故事了，是吧？讲埋葬死人的死人，一个绝妙的故事。

——毫无疑问。

——而且总是这样，另一个例子是他在众人要投石处死淫妇时说："你们中间谁没有罪，谁就可以先拿石头打她。"②它们是非同凡响的词语发明，此后从未再现过；据布莱克说，其中每一个都可以是一堂美学课。话说，苏格拉底这方面这是非同凡响的，因为据我所知，他不曾留下过一行书面的文字；但我感觉他是一个不同于柏拉图的人，因为柏拉图并不将自己等同于苏格拉底，苏格拉底因他自己而存在，并将继续存在于人类的想象之中。然后，将那场苏格拉底的最后对话与《新约》中耶稣受难的场面相比较似乎不可避免，因为耶稣受难的场面正是为了悲伤而创造出来的。

---

①《路加福音》9:60。
②《约翰福音》8:7。

4

——面对毒芹与面对十字架。

——是的，面对毒芹与面对十字架。然而苏格拉底有所不同，他并不悲伤，苏格拉底交谈如常，仿佛那并不是他最后的对话一般，而他知道这是他最后的对话。苏格拉底提出种种精彩思辨和寓言，而这一切都是在他死亡的前夜说出的，我们在两者之间不断感受到的反差呈现的正是强大的力量。另外，那个灵魂不死的问题对他来说尤为重要，因为他讨论它的时候即将死去。这一点非同凡响，是悲伤的反面，他毫无怨言地接受了这种命运并继续交谈，遵循他一生的习惯，这比苏格拉底被迫饮下毒芹这件事重要得多。

——他想必已达到了那种平静的境界，您说人到了生命的某个阶段就会向往达到。

——这是斯宾诺莎所向往的，当然。因为当斯宾诺莎说起上帝的智慧之爱时，他的意思是人应该接受命运，知道万物都是有内在逻辑的，对不对？这一点我们可以在他写作《伦理学》的系统中看到："几何方法"，因为他认为宇宙也是以这种方式造就的，也是有逻辑的。宇宙或多或少是以欧几里得几何的样式造就的。

——他大概认为或许他的著作也是普遍和谐的一部分。

——毫无疑问，因为他的生活和他的著作，我们的生活和斯宾诺莎的读者的生活——一切都是这无限的神性的一部分。

——当然，刚才您说，博尔赫斯，我们已经失去了同时使用思辨和神话的才能，但您并没有失去，容我下此断言。

——不……我不知道我一生中有没有达到过思辨，但说到神话，我创造了些不起眼的神话，不起眼的寓言，姑且这么说吧。一般来说，现在众所周知，书有两种类型。在亚里士多德这方面，亚里士多德早已失去了神话的才能。当然他的思辨是令人钦佩的，不是吗？相反，在柏拉图之中，它依旧保留着：有一些书就是有关柏拉图的神话的，比如说亚特兰蒂斯的神话。

——我想失去了这个曾为柏拉图和苏格拉底所有的习惯是非常危险的……

——能够让两者共存的习惯？

——当然，变成只拥有亚里士多德的习惯。

——是的，现在我们或者写得很抽象，或者一心投入诗歌、寓言、隐喻之中，后者其实是寓言的一种次等形式。但，归根结底，那是两种不同的风格。

——确实，有一句苏格拉底的短语，我肯定您会同意的，苏格拉底说："我永远只对个人说话。"

——个人是唯一真实的。我曾经在即将做一个讲座的时候使用这个说法来给自己打气：我曾经想过，有五百个同时代的个人这件事并不重要，因为我不是对某种多头的怪物讲话。不，我是对这些个人的每一位讲话，所以如果我是当着五百人发言的话，我们其实是两个人：他和我。尽管个人已经被休谟否定了，已经被佛陀否定了，已经在我们中间被马塞多尼奥·费尔南德兹否定了（笑）。我相信那部佛教教理，名为《弥兰陀王问经》，里面开宗明义的教谕之一，即那个僧人最先传授给国王——他最终皈依了佛教的信仰——的教谕之一，就是"我不存在"。也就是，在休谟、叔本华之后，由马塞多尼奥·费尔南德兹——我相信是通过他自己的方法——得出的论点。

——是啊，我们有一位印度的神秘主义者，奥罗宾多，说一个社会如果每一个个人不改变、不进步的话，就不可能有任何革命或进化。

——是的，我相信现在人们总倾向于夸大国家的重要性。不仅是国家，而且是我们都认为一个国家取决于它的政府；或许政府并不那么重要，或许重要的是每一个个人，或每一种生活方式。就拿我此时此刻想到的一个例子来说吧：我们假设瑞士是一个王国，瑞典是一个共和国，它们会有什么改变吗？我相信不会，对吗？

——取决于公民，仅此而已。

——因此我要说，政府的其他形式……现在我们倾向于假设这一切是非常重要的，或许并非如此，也是由此而误以为所有的恶都是政府犯下的，或许政府的迷惑与混乱跟我们一样……跟我们每个人一样。这是最有可能的。

——因此，如果我们回想苏格拉底，我们看到的是他一生致力于人作为公民的教育。

——是的。

——因为如果人不被塑造成公民的话，哪怕政府是优秀的，社会也无法运行。

——也就是说，在这个问题上，我们每个人都必须要改革，才能够拯救这所有个人的总和，即我们所谓的国家。

——当然。

——由此而及于世界，因为世界是由个人组成的。

——或许回忆苏格拉底对我们是有助益的。

——……是的，说到苏格拉底，人们首先想到的是那场最后的对话，但我们必须思考他的一生。

论美国

奥斯瓦尔多·费拉里：您似乎拥有一个十分广阔的视角，博尔赫斯，包括从历史以及，当然，从文学上，观照这个长久以来与阿根廷时而相处融洽时而互相背离的大国——我说的是美国。您知道，从十九世纪开始，两国的外交曾经多次产生分歧，尽管偶尔意见一致。

豪尔赫·路易斯·博尔赫斯：呃……外交是可以有的最无关紧要的事情。现在，人们常会忘记的是，美国是合众国，也就是说，是非常多样的。"洋基"这个词指的是北方的人，是一个有点轻蔑的词，它指向非常不一样的地域。我母亲和我是通过得克萨斯州发现美国的，那是在一九六一年，我在那里有一个阿根廷文学的教席。但……我一开口就说我对这种文学所知甚少，但我热爱若干位作家，我打算尝试传授给我的学生对其中某几位作家的热爱；不是所有的，当然。当时我的学生数量很少——意思就是足够的数量——我立刻就注意到有一个主题是他们毫无兴趣的，就是加乌乔文学。这很自然，因为那些厌倦了牛仔的人为什么要对加乌乔感兴趣呢（笑）。而这个，很显然，Far West①的主题，所对应的恰恰正是一种属于东部的怀旧，或幻觉，可以这么说。但在得克萨斯州的人们意识到全都有点虚假，而且也不感兴趣。所以让我感兴趣的是那样一个想法，归根结底，所有这一段历史在某种意义上，也就是阿根廷的历史：我们也有征服、印第安人、骑手、平原——这骑手的名字可以是牧牛人或加乌乔，或cowboy②或原野牧人——但全都是一样的。他们不会也不可能对这个主题感兴趣，但却着迷于——我设法引起了他们的兴趣——不营造本地色彩的诗人——幸运的是，他们在这个国家几乎是不存在的——也就是说，我设法让一些学生爱上了邦契斯的十四行诗，卡普德维拉的诗篇，还有格鲁萨克的散文。我回来的时候给了马斯特龙纳蒂一篇文章，是对他那首令人钦佩的诗篇《乡土之光》的分析，是得克萨斯州奥斯汀一个女孩的作品。还有一位给了我一篇对邦契斯一首十四行诗的逐行分析，令人钦佩的是，这篇分析之中没有使用任何专有名词，但包含了隐喻、句法、韵律……我想到，我成功地让某一些，在得克萨斯州，之前从未听说过阿根廷共和国的人感到在那个国度写下的诗篇是亲切的诗篇；对他们来说是亲切的。我成功地引起了他们的兴趣。当我想到美国的时候，我想到的是这么多不同的州……首先是得克

① 英语"遥远西部"。
② 英语"牛仔"。

萨斯州。据说——为什么不顺便提一下呢——给这个幅员辽阔的领地起名字的印第安人是得沙斯（Teshas）印第安人，但原来 x 是标示这个音的[1]。同样，塞万提斯说的是堂"吉肖德"（Quishote），"reloshes""shaulas""pásharos"和"Méshico"。我还相信墨西哥这个名字——Méshico——起源于"密歇根"（Michigan），因为这一区域原来的殖民者应该是来自北方。于是我们就有了"密歇根""米却肯"[2]，"Méshico"——并不是那么不一样——它们很容易混淆。总之，我见识了奥斯汀，一个非常可爱的城市，我在那里有很多友情的回忆。然后我们又发现了其他的区域……去年我发现了"Deep South"，这名字在英语和卡斯蒂语中都很好听，因为如果我把它译为"profundo Sur"的话就不好听了吧。语言如此神秘，是吧？"hondo Sur"很美而"profundo Sur"听上去就不好了[3]。而"oeste"[4]这个词是卡斯蒂语中毫无气派的一个词。另外，"oeste"这个音很难发，很丑陋。相反，"west"则不然，"Wild West"或"Far West"都很好听。

——关于"Deep South"（深南），以及"Wild West"（狂野的西部），我注意到，从史诗的角度，这个词始终向您暗示的不仅是美国西部的征服，也是那场如此可怕的战争，就是那个国家的内战。

---

[1] 指"得克萨斯"（Texas）中的"x"与"得沙斯"（Teshas）中的"sh"发同一个音，下同。

[2] Michoacán，墨西哥中西部州名。

[3] 西班牙语"profundo Sur""hondo Sur"的意思均为"深南"。

[4] 西班牙语"西方"。

——是的，那场战争——我到了那里才了解到，很多人并不知道——是十九世纪最大的一场战争。独立战争相比之下是极小的：例如，胡宁战役，我的曾外祖父苏亚雷斯率秘鲁骑兵参加的那场——整个战役是由玻利瓦尔指挥的，理所当然——持续了三刻钟，一枪也没有开过，全都是马刀和长矛。也就是说，一场小冲突而已，但具有重大的历史后果。而阿亚库乔也肯定没有持续更长的时间。相反，在内战中有些战役——像盖茨堡之战——长达三天；那是一场可怕的战斗，因为步兵必须冒着炮火进攻，自然伤亡惨重。我也记得我在犹他州境内和摩门教徒的交谈。我第一次知道摩门教徒是在一本名叫《血字的研究》(*A Study in Scarlet*)的书里，这名字更像是一幅画而不是一本书，它写于十九世纪的最后十年，其中探讨了绘画和文学之间的亲缘关系。在犹他州我曾经和摩门教的神学家交谈过，他们告诉我说《摩门经》是一本模糊的书——一部圣书，很自然，不应该期望精确——以至于允许数量无限的神学。而那些神学中的一种就是由与我交谈的一位摩门教神学家呈现的；要义如下：他主张，在天国，人仍在继续劳作，仍将继续进化，并且一段时间之后——我不知道是以世纪还是以成百个世纪来计算——人就可以成神。然后，作为一个神，他就获准——像《创世纪》里的那个耶和华一样——去创造一个宇宙了。而这个宇宙就可以——为什么不呢——有它的矿物学，它的植物学，它的动物学，它合理的存在物。

——很像佛教的转世理念。

——确实，很像。但我不知道，它似乎提出了一个更值得向往的天国。

——相比涅槃。

——相比天堂，那地方照但丁的看法，是一个相当乏味的地方；一个赞美诗的，升华的所在，仅此而已。相反，一种由灵魂创造的进化，这是一个极好的理念。然后，我也领略了那个区域——或许是全美国最有福的，从审美的视角来看——新英格兰。因为说到新英格兰就要提起爱伦·坡、爱默生、梅尔维尔、霍桑、梭罗、艾米莉·狄金森和罗伯特·弗罗斯特的伟大名字，后者虽然出生在加利福尼亚，却是新英格兰的诗人。那个国家现在是我记忆的一部分，我相信全世界，哪怕单凭爱伦·坡和惠特曼，凭爱默生和梅尔维尔，就亏欠美国很多了。另外，还有二十世纪能够引以为豪的最大壮举——人类登上月球这件事。话说，很奇怪，威尔斯和儒勒·凡尔纳相信这一壮举是不可能的。然而，我们都已经看到了人在月球上行走这件事。卡洛斯·马斯特龙纳蒂告诉我，孔拉多·纳雷·罗克斯洛对他说："现在月亮已经魅力尽失，现在它靠近了。"而马斯特龙纳蒂回答他说："怎么会呢，一棵树或者一个女人会因为靠近而失去自己的魅力吗？"（笑）那是纳雷·罗克斯洛说的一句非常荒谬的话，很可能他说这话是为了填补谈话的空隙，因为它显得很奇怪，认为月球只因有人曾在上面行走就不那么神秘了。一切都依然神秘，包括曾在上面行走的人。阿姆斯特朗并不比我们每个人少些神秘。我教的不是阿根廷文学——这我并不了解，我肯定不是里卡尔多·罗哈斯——而是对这种文学的热爱；我把它教给得克萨斯州的男孩和女孩——那是在一九六一年——之后，我又在哈佛、剑桥和马萨诸塞州——教过它。然后是在一个相当模糊的城市：东兰辛，在密歇根州，然后是在印第安纳州的布卢明顿。另外，我还在这些地方开过有关阿根廷作家的讲座。

——而之后在布宜诺斯艾利斯，您又把对美国文学的热爱教给了这里的学生。

——确实，这很好。我相信我讲过那个有关一个男孩的轶事，他在街上拦住了我，对我说："我想要感谢您一件事，博尔赫斯，您让我认识了罗伯特·路易斯·史蒂文森。"当时我感觉……在那一刻我感觉自己做对了，多么宝贵啊，感觉自己做对了。想到我曾经向一个人呈现一个像史蒂文森这样的作家的知识、友情、热爱。我心想凭这个就可以原谅我糟糕的文学和更糟糕的讲座了，如果我曾经教某人发现了史蒂文森的话——这比发现一个大陆，也许比发现月球更重要（两人都笑了）。

——奇怪的是这个国家，美国，在十九世纪，曾经造就了两个观念如此不同、互相之间如此不同的诗人。我指的是维护贵族品质的埃德加·爱伦·坡和根本上是为民主发声的惠特曼。

——是的，但我相信对爱伦·坡来说，比贵族品质更打动他的，不妨说是……恐怖，不是吗？超自然性。

——但他曾多次提到过这一点，像波德莱尔记录的那样。爱伦·坡对社会有一种贵族的感觉，惠特曼则是另一个极端。

——他们都是无与伦比的。

——当然。

——不必对立地看他们，他们是两个人，都是天才，并且是一种或许彼此互相排斥的意义上的天才。

——但有一种伟大的多样性是极为有益的，比如这种情形。

——是啊，并且那是在美国发生的多样性，当然，里面的一切都是极不相同的。而那里的人，当我来到得克萨斯州时——我对美国文学略知一二。然而，我在夜里来到一所房子，我们住在五楼，我立刻想到："这是一个非常低的楼层，因为，毫无疑问，我们是在美国，有的是摩天大楼"……第二天早晨我发现这是一幢只有六层的建筑，而且在奥斯汀并没有摩天大楼。我甚至回想起陪我母亲出去散步，来到了一个贫民区，我一时惊讶不已，看到那些破败的房子、泥潭、水坑。我对我母亲说："天哪，我们又回到了巴勒莫和马尔多纳多。"因为看起来那么相似。我那么惊讶，太天真了，因为美国竟会有贫穷，几乎也因为有草地，有水坑。奇怪之极，我原来的想法是大概那里的一切都是人造的，大概一切都非常高，非常壮观。当我来到奥斯汀时我遇到了一个小城市，像洛马斯或阿德多圭一样可爱，比方说，但全然不同。

——美国有很多出类拔萃的诗人，我们知道……

——当然，我希望借此机会提一提罗伯特·弗罗斯特。弗罗斯特的情况非常罕见，他出生于加利福尼亚州，但却是典型的波士顿以北，新英格兰的诗人，那也正是我住的地方：剑桥，在波士顿以北。

——然而，南方和小说家的联系比诗人更多。比如福克纳，举例而言。

——嗯……要我说他几乎是独一无二的，对不对？南方，当然了，一个贵族社会可能不太有利；一个像过去的南方那样的封建社会，不是一个很有利于诗歌的社会。

——但有利于斯坦贝克这样的小说家。

——是的，但我相信他是加利福尼亚人，那就不是南方了。因为，比如说，那个如今流行全世界的神话：牛仔。它指涉的是西部，但在南方从来没有出现过，在所谓的"深南"，那是棉花种植园、烟草种植园的区域，而不属于平原和骑手。真是奇怪，似乎马克·吐温在内战中服过役，我相信这种"战争经历"（像卢贡内斯曾经说过的那样）历时达十五天。他和他的朋友们组建了一个团。我不知道他们有多少人，不，实际上肯定不够一个团。他们学会了骑着马——直到那时候都还不会骑——从一个种植园跑到又一个种植园。他们很受欢迎，每当敌人接近他们就进行一次战略辙退（笑）。然后有一回，他们把军营驻扎在不知道哪里，看见了一个骑手，便断定——因为毕竟是在打仗嘛——这个骑手是一个敌人。于是他们便对他开火，并怀着惊恐明白了他们已经杀死了他，因为那个人从马上摔下来了。结果那并不是一个军人，是一个普通的骑手。但所有人都感觉到杀死了一个人的恐怖，就解散了。这就是马克·吐温的"战争经历"。多年以后它出现在一篇文章里，他感觉到了那份恐怖——他们加起来人数很多——但他也向那个人射击了，有可能就是他杀死了那个人。这在他看来是恶劣的，理由非常充分，当然。幸运的是，这是他参与那场战争的全部经历。之后他在加利福尼亚州做矿工，在密西西比河上做领航员，并写作他那些我们人人都记得的书籍。他是为所有人行善的人，尤其是在南方；一个天才之人。

——现在摆在我们面前的或许是这样一个问题，就是当今这个国家的科技如此发达，它是否还会继续产生如此优秀的诗人，处于技术统治之下的生活是否会改变这一传统。

——我相信会的，我相信诗歌能挺过一切，不是吗？

——啊，但愿吧，希望是这样。

——是的，现在的人往往会夸大环境、制度的影响，不久前就有人问我阿根廷诗歌是否会在选举之后改善（**两人都笑了**）。但最好提一下美国艺术家、画家惠斯勒，有人谈及这些话题，以及传承、生物学等，他就说"Art happens"（艺术自然而生）。也就是说，艺术是一个小小的奇迹。

——当然，这是确定无疑的。

——我相信是这样，艺术自然而生，或者换一种说法，用《圣经》的话来讲："灵随意而吹。"大概也是一样的吧，对不对？

——这是独立于时代和科技的。

——这两个短语是同义的："艺术自然而生""灵随意而吹"，这或许是一种更美的表达方式。意思是完全等同的。真是奇怪，就在这一瞬间我刚刚意识到这两个短语是一样的。

——的确是这样。

——我需要活八十五年，才能得出这两个短语是等同的这个不起眼的结论，就在和您交谈的时候，费拉里。

书籍崇拜

奥斯瓦尔多·费拉里：您的一篇文章，题目叫"书籍崇拜"，让我想起了您耳熟能详地引用的那些标题和作者，可以这么说。

豪尔赫·路易斯·博尔赫斯：我一点不记得这篇文章了……不过，我说的是那些神圣的书籍吗？是每个国家都会选择属于自己的书吗？

——您提到的是前者，是的，但也说到了那些反对书籍，赞成口头语言的人，例如，柏拉图就有一段说到过多的阅读会令我们忽视记忆而依赖于符号。

——我相信叔本华说过阅读是用他人的头脑思考。这是同一个想法，不是吗？哦不，这不是同一个想法，但无论如何是反对书籍的。

我有没有引述过这话？

——没有。

——或许我谈到了每个国家都会选择，都会乐于被一本书来代表，而这本书往往与这个国家并不相似。例如，众所周知莎士比亚就是英格兰。然而，英国人的典型特征无一呈现在莎士比亚的作品之中，因为英国人通常是保守的，少言寡语，相反莎士比亚却像一条大河般滔滔不绝，满载着夸张、隐喻；他完全是英国人的反面。或者，以歌德为例，我们所见的德国人都很容易成为狂热分子，而歌德却是反面：一个宽容的人，一个在拿破仑入侵德国时向拿破仑致敬的人。歌德看上去根本不像一个德国人。嗯，似乎一般来说就是这样，对不对？

——尤其是在经典这方面。

——尤其是在经典这方面，是的。或者比如说，西班牙和塞万提斯。与塞万提斯同时代的西班牙是宗教裁判所的火刑台的西班牙，是狂热的西班牙。塞万提斯，身为西班牙人，却是一个面带微笑的人，在人们的想象中他很宽容，他与那一切毫无关系。就仿佛每个国家都会在它所选择的作家那里寻找某种解毒剂。在法国这方面，他们拥有如此丰富以至无法只选择一个人的文学；但是，如果选择的是雨果的话，显然雨果跟大多数法国人并不相似。

——当然。

——而在这里，奇怪得很，军队已经热情洋溢地接受了将《马丁·菲耶罗》封为正典，而他是一个逃兵——一个投向敌人的逃兵。或者说尽管如此，阿根廷军队依然尊崇《马丁·菲耶罗》。

——关于您对书籍的个人崇拜，博尔赫斯，我记得您最喜爱的书有《一千零一夜》《圣经》等等，以及《不列颠百科全书》。

——其实我相信对于一个有闲而好奇的人来说，百科全书可能是最有乐趣的文学类别了。另外，它还有一个声名显赫的父亲，就是普林尼，普林尼的《自然史》就是一部百科全书。在其中您可以找到关于艺术的、历史的信息——不仅仅是一种自然史，按我们现在赋予这个词的意义来讲——还有关于传说的，以及关于神话的。因为当他说到某种动物的时候，例如，他说的不单单是可以确知的一切，更有传说中的一切：人们归结于它的魔法属性，很可能是普林尼不相信的。但最终，他完成了这部精彩绝伦的百科全书，同时是以巴洛克的风格写下的。

——特别说下《不列颠百科全书》，多年以来您发现了些什么呢？

——首先是，大块的条目——百科全书现在是为提供参考而打造的，所以有长篇的条目也有非常简短的——相反，《不列颠百科全书》是为阅读而打造的。就是说，它是一系列的文章：麦考利的，史蒂文森的，斯温朋的，在最近的版本里还有某一篇萧伯纳的。伯特兰·罗素的文章，例如，《论爱利亚的芝诺》。毫无疑问我肯定告诉过您，我和我父亲到国立图书馆去，我那时非常害羞——现在依然非常害羞——不敢要书来看。但在书架上有的是参考著作，在那里只需随便抽出，比如说，一卷《不列颠百科全书》即可。有一天我很有运气，因为我抽出来的是 D 到 R 这一卷，于是，我便可以读到一篇极佳的德莱顿传记了，艾略特曾经写过一本关于他的书。然后是一篇有关德鲁伊的长文，和另一篇有关黎巴嫩德鲁兹的，后者相信灵魂转世；还说到了中国的德鲁兹。当然，那一天我运气很好，德莱顿、德鲁伊和德鲁兹，所有这一切都在同一卷里面，就是 D 到 R。其他日子就没有这么幸运了，我跟着我父亲走……我父亲找的是心理学书籍——他是心理学教授——但我总想读《不列颠百科全书》。然后又在国立图书馆读了马克·吐温的《哈克贝利·费恩》。我从来没有想到过在某个非常不可能的未来我会是这个图书馆的馆长，如果当时有人告诉我的话我大概会觉得那是个玩笑吧。然而，这的确发生了，当我成为馆长的时候我想起了那个跟着他的父亲，从书架上害羞地抽出某一卷百科全书的男孩。

——您当了近二十年的馆长，我相信。

——我不知道确切的日期，因为我得到任命是在一九五五年，我不知道庇隆是哪一年回归的，因为我不能够有尊严地继续……

——是一九七三年，您在图书馆共十八年。

——还不错，是吧？现在的馆长是谁？

——直到不久以前是格莱戈里奥·温伯格。

——是吗，我相信他辞职了，对不对？

——辞职了，我还不知道接替的是谁。

——我记得我们得到的补贴是很微薄的，对吗？现在很可能也一样。或许温伯格是为这而辞职的。

——一如既往。当时您必须精打细算吧？

——而教育部一直是所有部门里最弱势，最不设防的，或许依然是这样。

——在那篇文章里您提到的另一本书，是《奥德赛》的第八卷，里面说到上帝将不幸带给人类，是为了让他们有事情可以歌唱。

——是的，我相信里面说的是众神编织不幸，为了让后世的人们有事情可以歌唱，对吧？

——是的。

——这已经足以说明《奥德赛》是《伊利亚特》之后写的，因为无法想象在《伊利亚特》里会有这样一种思考。

——当然，因为荷马提出了开端的理念……

——是的，就像鲁文·达里奥说的那样：无疑荷马也有他的荷马。因为文学永远会预设一个导师，或者一个传统。可以说语言就是一个传统，每一种语言都是一个传统，每一种语言都会提供一系列的可能，同样也有一系列的不可能，或是困难。我不记得《书籍崇拜》那篇文章。

——这篇是在《其他探讨》里的。

——毫无疑问是存在的，因为我不相信您会把它杜撰出来测试我的记忆或是我的失忆。

——（笑）存在的，而且是一九五一年的。

——好啊，这样的话我就有充分的权利把它忘了——一直记得一九五一年应该是非常可悲的吧。

——但您是用马拉美的那个短语结束它的……

——是啊，万物都通向一本书，是吗？

——当然。

——是的，因为我是从荷马那里取得这些诗句的，我说它们表达的是一个意思。但荷马思考的仍是歌唱，思考的是流淌的诗歌；相反，马拉美思考的已经是一本书了，并且以某种方式来说是一本圣书。但其实都是一样的；一切都是为了写进一本书，或一切都将我们引向一本书。

——就是说，无论发生什么，到头来都是文学。但您始终推荐的一本书，即使是向那些并不热衷于文学的人，是《圣经》。

——因为《圣经》是一座图书馆。话说，希伯来人的这个想法是多么奇怪啊，把像《创世纪》《雅歌》《约伯记》《传道书》这样不同的作品，把所有这些不同的作品归于唯一一个作者：灵体。它们显然是对应于截然不同的头脑、截然不同的地区的作品——尤其是对应于不同的世纪，多种多样的思想阶段。

——这肯定与《圣经》里那另外一个短语有关:"灵随意而吹"。

——是的,这句是《约翰福音》里的,我相信,对不对? 就在最前面的几行。

——是的,您在我们的另一次交谈里将它与那句惠斯勒的短语比较过,"Art happens"(艺术自然而生)。

——我原来不知道,但很显然,是同一个想法,"艺术自然而生","灵随意而吹"。也就是说,它是诗歌社会学的反面,不是吗? 就是从社会的角度研究诗歌,研究产生诗歌的条件……这让我想起了海涅,他说历史学家是回溯的先知(笑),他预言已经发生的事情。这也应该是同一个想法。

——当然,一个反向的先知。

——是的,他预言已经发生的事情,他知道已经发生了的事情,对不对? "向后回望的先知"[1]——历史学家。

——这话是谁说的,博尔赫斯?

---

[1]海涅:《论浪漫派》(*Die romantische Schule*)。

——是海涅说的。大概就是预测过去的艺术、历史，不是吗？

——是的，历史学家的艺术。

——是的，某事一旦发生了，就证明它是不可避免必将发生的。但有趣的应该是将它应用于未来（两人都笑了）。

——这比预测过去更困难。做先知比做历史学家更困难。

——文学史大约就是这样写下的：取无论哪个作家，然后呈现环境的影响，然后，在逻辑上作品是如何从这个作者笔下产生的。但这并不适用于未来，就是说，我们得不到二十一世纪阿根廷作家的姓名和作品，对不对？

——但在文学史之中应该不需要像严格意义的历史那样的正确性，在其中文学发挥依然是允许的。

——是的，希望如此吧。

——您的图书馆里另外一本熟悉的书，我觉得，是《一千零一夜》。

——是的，我不懂阿拉伯语令我可以阅读很多种译本。我肯定告诉过您，我读过这么多种，其中最令人愉快的或许是拉斐尔·坎西诺斯·阿森斯那一版，不然的话就是安托瓦涅·加朗的第一部了，是他将这本书呈现给西方的。

——在您的文章里还有另一个让我感兴趣的想法，说是对于古人来说，书面文字只是口头文字的替代品。

——是的，我相信柏拉图说过书籍就仿佛是活的事物一般，但它们的状况正是一座雕像的状况：人对它说话，它却不回答。

——啊，的的确确。

——于是，正是为了让书可以作出回答，他发明了对话，它预料读者的问题，并允许有一种思想的分支和一个解释。

——是的，这是口头语言方面的，但您补充说大约在四世纪时开始了书面语言对口头语言的压制。

——啊，我引述的是一个人很吃惊另一个人在不出声地读书这个轶事。

——当然，圣奥古斯丁对圣安布罗斯很吃惊，我相信。

——是的，他吃惊是因为他看到了那个从所未见的景象：一个人在不出声地读书。当然，如果这些书是手稿的话。您想必做过很多次这个测试，当一个人收到一封信的时候，如果写这封信的书法不是很出色，姑且这么说吧，他就会把它高声朗读出来以助理解，不是吗？

——是的。

——呃，如果这些书是手稿的话，把它们高声朗读出来是很自然的。但是，除了这一断言以外，我相信如果一个人正在默读，读到一个雄辩的篇章，这个篇章打动了他，这个人往往会把它高声朗读出来。我相信一个写得很好的篇章应该高声朗读出来。如果是诗篇的话，这是显而易见的，因为诗行的音乐需要哪怕是低吟出来也好，但无论如何必须让人听见。然而，如果您阅读的是某样纯粹逻辑性的，纯粹抽象的东西的话，则不必如此，在这种情况下您无需高声朗读。但如果是一首诗的话这种读法是免不了的。

——它构成了诗歌所需要的那种，哪怕是最小的、激扬的一部分。

——是的，但是当然这东西如今正在消失，因为人们正在失去听觉。不幸的是所有人现在都有了不出声阅读的能力，因为他们并不倾听他们所阅读的东西，他们向文本的意义直奔而去。

过去、现在和未来阿根廷

奥斯瓦尔多·费拉里：我很想知道，博尔赫斯，您是如何看待阿根廷的，或者说是如何从您的旅行中回想它的（我是说内心的观照）？比如说从北美与欧洲的技术世界，或者，最近以来，从古老的西方：从希腊，从西西里岛。最后，我很想知道您是如何从远方感受阿根廷的。

豪尔赫·路易斯·博尔赫斯：我对这个国家始终抱有一种不合时宜的记忆。当然，我大约是在一九五五年之前不久失明的——在这个日期失去了我作为读者的视力。我以一种完全不合时宜的方式想象布宜诺斯艾利斯，不经意地把布宜诺斯艾利斯想成一个矮房子的城市……当然，我好像从来没有见过很多，但在我尚能见我所见时，那是一片令我刻骨铭心的景象。现在我知道这番景象是虚假的。然而，我依然拥有着它：我依然想象着那样一个布宜诺斯艾利斯，当然，它与真正的布宜诺斯艾利斯并不相像，我依然想象着有矮房子、平屋顶、庭院、蓄水池、门廊的布宜诺斯艾利斯。我知道这一切都是不合时宜的，我知道这已经不着边际。除了，或许——以一种戏剧化的方式——可能在莱萨马公园，现名为旧巴勒莫的地方附近还看得到，但在那里它们是以一种人工的方式被保留下来的。我依然这样看待事物，而在政治方面，真相是我对政治已经不感兴趣了，除了在道德方面。也就是说，如果说我曾经介入政治的话，那是出于道德的原因，仅此而已。但我不属于任何政党，既不期待也不惧怕任何东西。好吧，我或许可能会惧怕某个党的某样东西，但我尽力活在边缘，并尽力以我自己的方式去活，也就是，发明，发明寓言，思考……而现在，我们可能拥有某种希望的权利吧。又或许我们拥有希望的责任，更准确地说。我相信我们每个人都需要做出一个信仰的行动，如果我们希望拯救这个国家的话。或许这个信仰的行动并不困难，尽管它的结果……仍有一点遥远。但我们必须思考，不是关于今年或明年会发生什么，而是必须思考，五年后事情会怎么样，或许我们正在以这种方式合作。一个信仰的行动，是的。

——当然。话说，您所说的这种不合时宜，是与一种普遍的不合时宜相关联的，您知道存在着这样一种怀疑，就是在我们中间，在阿根廷人中间，有某种事物在抗拒无条件地顺应作为一个生活体系的科技统治。比方说中国台湾或巴西，或者很自然还有加拿大，都对它从善如流并实施以获利了。在加拿大人们断言到二〇〇〇年就将形成所谓的"科技社会"。与此同时，我们却似乎在抗拒这一路线。

——然而，我不知道我们是否有另一种可能性。道德的实践始终摆在我们面前，那是某种个性化的东西。我不知道我能不能以一种非常普遍的方式思考，我能够思考我的行为，我爱的人的行为，思考我的朋友们。但，某种像未来史一般模糊的东西，我不知道我有没有能力这样思考……当然，在我已然度过的一生里我一直在重读叔本华。叔本华说过在历史中寻找一个目标就如同在云中寻找海湾、河流或狮子——人发现它们就因为他在寻找它们——但他相信历史并无任何目的。然而，这样想似乎是非常可悲的：我们必须认为历史有一个目的——至少有一个道德的目的，或许也是一个审美的目的。因为不然的话，我们就会生活在一个混乱的世界里了，这或许是真实的，但并不令人鼓舞。但是……我们的梦也是现实的一部分，并且可以介入它，不是吗？所以发现狮子也有某种意义（**两人都笑了**）。

——我对您说的这种抗拒，在科技统治的时尚面前，似乎与一种形式的根性有关，而这种根性，这种难以像西方那样改变的特性，它有没有可能让我们受益？有没有可能损害我们？您对此有何看法？

——我会说它在损害我们，但我不知道我的观点有什么价值。另外，我也不知道我们是不是存在于西方之外，我们是西方的一部分。

——不过，假设从我们有限的文化视角，我们可以怀疑西方在其当前的发展路线上是错误的。这样的话……

——还有什么其他可能的路线呢？您说人本主义吗？但我们也在实践着它，整个西方也都是。

——是的，我指的正是这个。

——是啊，人本主义，当然了，但这也并非一个阿根廷的发明——那大概会很稀奇吧。再者说，我们什么东西都没有发明过，我知道。

——不，发明大概是深植于早先事物之中的根性。但还有另一件在阿根廷人之中一成不变的东西——但这种状况我相信肯定是负面的——就是不愿意建立我们自己的共同体，不愿意在共同体之中行动，争取共同利益。

——这是一个严重的缺陷，当然。我相信这是因为人们都是从这个那个党派，从个人利益的角度来思考的，而不是从国家角度来思考。而这在我看来非常严重，我相信您肯定会同意我的，在理论上所有人都会同意我的。可是，在实践中，人们却都以另一种作风行事；这是毫无疑问的，对不对？

——似乎从十九世纪以来，我们始终在完善的事情之一就是将我们分割开来的宗派主义……统一派与联邦派，等等，等等，等等。

——是的，但这也是与真正的差异相对应的。身为统一派还是联邦派这件事并不是模棱两可的，我相信这是一件确切的事。另外，在目前，对某个我不愿提起名字的独裁者支持与否，在我看来是非常明确的。所有这一切都与一种明确的道德和明确的人相对应，或者至少我希望对应。

——但宗派主义在有关共同利益的问题上始终存在着，一个明智的国家理应以不同的方式处理它们。

——例如，什么问题？

——在经济方面，例如。

——那个，当然了，结果是毁灭性的。显然，这样一个纯粹由精明人组成的国家，必定要归于毁灭的，不是吗？

——很明显那些经济进步的国家，都有在经济上的共同体。

——是的，而在这里，不幸的是，似乎并非如此：人人都从自己的个人财产和个人目标出发来思考。结果是全面的毁灭。

——这是沉船心理学对社区心理学。

——是的，这个比喻很好，一针见血。

——人人为己。

——是的，这样到头来谁也无法得救。最终的结果就是这样。

——谁也无法得救。不久前，我看到一名读者写给一份报纸的信，写的是："我只想对我的同胞解释一件事：没有人会获救，假如我们不拯救我们全体的话。"

——这话说得很好，确实如此。

——我希望，随着时间的推移，我们最终能够抓住这个想法并付诸实践。您怎么想？有朝一日我们会做到吗？

——嗯……您，毫无疑问，会做到的；您是一个年轻人。我做不到了，我料想自己会在任何一个时刻死去，当然，我肯定赶不上那个日子了，因为我不知道我是否还会再活十年。肯定不会了，再者说这么做对我来说大概会是一个灾难吧。我已经将那个时限，生命的合理时限抛到身后了。《圣经》把它设定为七十岁，我八十四岁了。根据叔本华的见解，他更喜欢印度的计算法，他说在人的一生中，标准应该是一百岁。对此他解释说，因为假如一个人在一百岁之前死去了，他是因病而死的，其偶然性不逊于落入河中，或是被老虎吃掉。所以一百这个数字是准确的，因为一个人只有在一百岁之后死去才不会有痛苦，而是自然而然的，也就是说，忽然间无疾而终。而之前则不然，之前需要，像一场疾病，或一场意外，这样偶然的事情，来将他杀死。

——但您知道，博尔赫斯，奇迹可以无视时间。

——是的，然后呢？

——然后，也许突然间您很快就能看到这个我们渴望的国家了呢。

——啊！也许吧，另外还有一种可能，是萧伯纳提出的，就是一个永寿或不死的世代从我们开始（**两人都笑了**）。或许我们会是最初的永寿者，最初的不死者，就像在萧伯纳的那出精彩绝伦的喜剧《回归玛土撒拉》[①]里那样，在戏中突然冒出了一些活了三百岁的人。他们必须隐藏起来，很自然，为了不引起注意，因为如果太引

---

① 萧伯纳的戏剧。玛土撒拉为《圣经》中诺亚的祖父，寿 969 岁。

人注目的话他们就会被视为异类，可能受到处罚或迫害。但一个世代出现了……据萧伯纳说当时没有成年人，他相信在东方可能有成年人，在西方没有。在西方，萧伯纳说，一个男人九十岁死去的时候手里还拿着一根高尔夫球棒，就是说，他九十岁死去的时候还是一个孩子（笑）。

——两种可能性里的任一种：我们中间的奇迹，或者是永寿，任何一种形式都会是非常有益的。

——是的，但有点痛苦，人总会活厌的，是吗？

——是的，但有一种持久的更新，我们在您身上看到了：在您的旅行之中，在您的……

——好吧，我试图尽我所能地改变。

——您做到了。

——怎么会？

——您时时都在做到。

——我不知道我有没有做到，在我看来我总是在写同样的故事，总在发现同样的隐喻，总在写同样的诗句……不过有一些微小的变化，这可能是好的。

——这些变化也许可以证明，突然间，人是能够臻于完美的，哪怕只有一段时间。

——我不知道这是不是真的，但人必须要相信这一点。不然的话，我还有什么理由活下去呢。

——阅读您的作品，博尔赫斯，令我们相信这种可能性。

——非常感谢。

——没办法，我们必须再一次道别了。下星期再会吧。

——下星期再会，好的。

论哲学

奥斯瓦尔多·费拉里：就像在文学中您将幻想视为真实一样，博尔赫斯，在哲学中我相信对您来说真理就是唯心主义。

豪尔赫·路易斯·博尔赫斯：是的，就是说，生命作为一个长梦，或许并无梦者，这样一个概念，不是吗？一个梦着自己的梦，一个无主题的梦。就像人们说的下雪、下雨，也许还可以说思考，或想象，或感觉，而不必有一个主体在那些动词后面。

——是的，话说，艾丽西亚·胡拉多指出您的故事往往是从哲学的学说中获得灵感的，时常是源自于一个形而上的概念。

——是的，在某些情况下，特别是《阿莱夫》这个故事，它或许是其中最有名的吧。在其中我想到，用人们得出永恒概念的同样方式，也就是说：所有的昨天，所有的当下，所有的未来——一切都汇聚到唯一一个瞬间——这样便能够得出⋯⋯这样我们便能够将这个理念应用到一个更低下的范畴：空间的范畴，并设想空间的所有点汇聚到唯一一个点。从这种抽象思维之中产生了一个具体的故事，无论如何，是我试图梦想得有模有样的一个故事。另一个明显的例子大概是"环形废墟"吧：梦者被梦见的想法。后来我忘了曾经写过这个，又写了两首关于象棋的十四行诗，也是同一个主题：棋子以为自己在享受自由意志；移动它们的棋手也以为自己在享受自由意志；移动棋手的神也以为自己在享受自由意志。然后，我想象——出于文学的缘故，很明显不是吗，而并未考虑真实合理性——一条有着无限环节的链条，每一个环节都是一个神在移动着下一环，或是一个人在移动着棋子；这个想法我使用了很多次，或许从理性的角度看它不是很合理，但它带来了文字运用的愉悦感和瞬间的可能性。

——当然，但在唯心主义哲学之中，我觉得多年以来与您最亲近的哲学家，是贝克莱、休谟、叔本华⋯⋯

——确实如此，然后，唯心主义毫无疑问也是印度人早已思考过的，因为我读过杜森有关印度哲学的三卷本，马克斯·缪勒的《印度哲学六大系统》这部书。我得出的结论是一切都是印度人早已思考过的——在哲学思想这方面，当然。是的，一切都早已思考过了，但其思辨的方式所对应的心智却与我们的心智有本质的不同；所以我不知道这种哲学能够在何种程度上对我们有所帮助，尽管研究起来是颇为有趣的。因为或许要晚一点，我们必定会得出那些相同的结论，但是经由更简单的方法，或者在我们看来是更简单的方法；或许对于一个亚洲人来说反倒更复杂也未可知。

——呃，我们得知，比如说，对于印度教来说，宇宙几乎是一个包罗万象的幻觉。

——一个包罗万象的幻觉，是的，然后，我们又遇到了轮回的理念……话说，奇怪的是，这些残蚀，在一个宇宙结束与另一个开始之间的那些晦暗期间，有一些周期，呃，延续的时长即是印度教徒所说的劫，也就是……永恒。但在这漫长时间里那些《吠陀经》却留存下来了，尽管我不知道是怎么做到的；而它们便成为创造下一个轮回的原型。

——是的，但大乘佛教更进了一步，因为它把我的存在也一并否定了——否定感知现实的主体的存在。就是说，它否定现实与感知它的主体。

——是的，所以说一个人，在此生之中得到前生的奖赏或惩罚这种讲法是一个错误，因为那并不是他，既然他的"自我"是不存在的。不过假设是，在一生中，通过行为，通过词语，通过梦境，通过半梦半醒，我们一直在构筑这种名叫"业报"的心理诡计。这业报可被他人所继承，尽管我不知道我们是否有权使用"他人"这个词，因为"他人"这个词预设了一个"我"。我不知道正统的佛教在何种程度上允许使用"我"，但无论如何，人总会构筑一个业报，而这个业报总会创造一个结局或是未来；而这接下来又会生成另一个命运，如此直到无限，因为这过程是无限的。除非一个人完成了涅槃，于是他便掉出了生命之轮。这时候，一旦完成了涅槃，一个人所作的行为便不再投射任何业报，也就是说，一个人尽可以犯罪，这根本无关紧要，除非是假设如果人已经抵达了涅槃就不会再犯罪了。但他的行为已不再会产生业报，就是说，他不受惩罚而活。而不受惩罚，当然，不是一种有罪而不受惩罚：他既无惩戒亦无奖赏，但这些行为也不会投射未来的命运。现在，我们可以假设每一个个人——假如"个人"这个词是正当的话——经过众多抑或是无限的世代之后都可以达到涅槃。那么，宇宙会是什么样？我猜想它会停止，我猜想我们每一个人都注定会得到拯救，但却是一场无限遥远的拯救。就是说，您和我，费拉里，我们就是菩萨，或者说是未来的佛，但不是在此生，也不在来生，也不在下个或下下个来生，而是在无限数的来生之后，有朝一日我们终将拯救自己：我们将掉出生命之轮，也必定会到来一个时刻，这轮上将空无一人。我原本从未想过这个问题，直到我跟您交谈的这一刻。必定会有一个时刻，不会再有一个生命之轮，因为不会再有生命了。那时这无限的梦就将终止了，这没有开端的梦，因为佛教允准一个人可以被拯救——如果是佛陀的话，他在当下，在生时即被拯救了——但佛陀本人在过去有过无限数的转世，假设过去确确实实是无限的话。必须是这样，因为如果每个命运都是以之前的命运为前提的话，就不可能有最初的命运了，既然这最初的命运是任意的，它们的幸与不幸便都是不着边际的。

——所以我们都将是"轮回之中"或是虚幻的，直到抵达涅槃。

——是的，我们都将是轮回之中的，我们也始终如是，历经严格意义上无限数的……

——转世。

——或劫，是的，或永恒。

——话说，唯心主义哲学之中，我相信，博尔赫斯，对您来说一部根本性的著作是叔本华的《作为意志与表象的世界》。

——是的，正是为了阅读这本书我才自学了德语，又是因为阅读了它，还有在我小时候阅读了埃德文·阿诺德爵士的"《亚洲之光》"（*The Light of Asia*）这首诗，一首讲述佛陀的传说的诗。这种阅读……我们可以形容为幼稚的……不，我当时大概是十岁吧，在那时发现了《作为意志与表象的世界》。就是这两件事让我去学习了佛教。奇怪的是，我在布宜诺斯艾利斯得到了一套叔本华读过的书，这部书让他宣称自己是一个佛教徒。那是科本的两卷本，他是一位德国东方学者，研究所有这些题目，但却是怀着反讽研究的，仿佛是在研究基督教信仰那样——另外他还对佛的教义与基督教信仰进行了一番比较。这是一部写得很引人入胜的书，是我在布宜诺斯艾利斯这里买到的，它是我为了艾丽西亚·胡拉多和我为科隆巴出版社的系列手册而合写的那部著作，题为《什么是佛教》，而阅读和使用的很多书籍之一。

——而您和艾丽西亚·胡拉多合作的那本书还被翻译成了日语。

——是的，很奇怪，因为译者知道的肯定比我们多。

——在佛教方面。

——而且……如果它是日本的两种官方宗教之一的话，如果天皇是神道教徒，而又遵奉佛的教义——我说佛的教义是因为人们不用"佛教"这个词，而说"佛的教义"，这才符合佛陀的意愿，因为当他去世时，他的弟子们纷纷哭泣。他并不像基督那样对弟子们说他们会在未来相聚，他对弟子们说已经把自己的教义留给了他们——他不强求他们作为个人要再看到他，因为人格与自我都是虚幻的。话说，马塞多尼奥·费尔南德兹，当然，在很少程度上是通过休谟和叔本华的著作，但首先是通过他自己的沉思，便得出了那同一个结论，我在一篇题为《人格的虚无》或《自我的虚无》的文章里表达过，复述了马塞多尼奥和休谟的概念。我相信这篇文章是发表在《我们》①这份刊物上的，但我不能肯定。这一切都属于相当遥远的过去，对我来说很不幸，我拥有一个遥远的过去，在八十五岁之后人总会拥有一个遥远的过去，或者不如说是这个过去拥有他更准确，对不对？因为他处于这些昨天的操纵之下，它们已被遗忘，却依然有效：它们依然将它们的"业报"投射在我们的生命之上。

——毫无疑问，至于贝克莱和休谟的唯心主义对您的影响呢？

——说到贝克莱，他是一个虔诚的唯心主义者，因为他将上帝设想为一个持续不断的梦者。但人们向他提问："如果一个房间关上了门，那些形体与色彩会怎样呢？"他回答说上帝在感知着它们。

——上帝在吗？

——在感知着它们，是的，就是说，每件事物从每个角度，都有一个永恒而无处不在的旁观者，我猜想。因为不然的话很多事物便会消失了。但，归根结底，这些无限的属性对上帝来说根本不算什么。不过，在休谟看来则不然，休谟得出的结论是唯物主义和唯心主义同样都会出错，这将他引向了一种超越各种正统的唯心主义，甚至超越了宗教。

---

① Nosotros，1907－1943 年发行的阿根廷文学期刊。

——是啊，而且他这个哲学家……

——他否定了自我，因为他说过：每当我想要审视自己的时候，结果都是无人在家（两人都笑了）。当然，"Nobody at home"[1]，他正是这么说的。也就是说，在情感、知觉以外并没有一个自我：但是一个存在于这些归属于他的活动以外的自我……

——……他并不相信。

——并不存在，或者无论如何，休谟没有找到它。我不知道他后来有没有找到……很可能没有。

——无论怎么样，博尔赫斯，我们都可以看到您在哲学上的涉猎对您的作品颇有助益。

——是的，一直很有助益，我把这一切归功于我的父亲，是他教给了我这些被称为哲学的怀疑，而不使用"哲学"这个词。他向我简单地提问，邀请我与他分享困惑，我起初不明白他在做什么，他是在教我哲学、形而上学、心理学，所有这一切都是以口头的、亲切的方式，我一刻都不曾怀疑有一个教学的意图。这是最聪明的办事方法。当然，我父亲是心理学教授，他知道该怎么做，怎样让

---

①英语"无人在家"。

人对主题感兴趣，而不让人想到自己正在学习一门学科。

——关于哲学有记载的最奇怪的事情之一，是那个柏拉图的理念，他认为学习哲学，在某种意义上，就是学习如何死亡……

——不断完善自己直到死亡。

——是的，这是智慧的一种形式，哲学的智慧，可以这么说。

——是的，然而，斯宾诺莎说他传授的不是"Ars moriendi"[①]，而是恰恰相反。

—— "Ars viviendi"[②]。

——是的，他传授如何生活，他的哲学并非指向一种未来的生活，而是有关，不妨这么说，哪怕是禁欲地生活，享受思维的乐趣，它们或许是最激烈的，或者并不比别的少些激烈。

——他或许会同意伊壁鸠鲁的意见。

——或许会同意伊壁鸠鲁，只是做法大概是不同的吧，对不对？

---

①拉丁语"死的艺术"。
②拉丁语"活的艺术"。

——当然，关于伊壁鸠鲁有一点很是特别：桑塔亚那说，尽管世人都不相信，伊壁鸠鲁其实是一个圣人……

——我以前不知道桑塔亚那这样说过……当然，因为伊壁鸠鲁一直遭受着如此的污蔑。可是多么可悲啊，想到我们是通过对手的责难才知道这么多哲学家的。例如，那些前苏格拉底的哲人，我们一般来说是通过亚里士多德知道他们的，他反对他们；至于爱利亚的芝诺，我们是通过他的诋毁者的言论知道他的。因此，这一切抵达我们这里，有点像在历史领域中我们所见的——我相信我们前面说起过——迦太基，我们知道它是通过罗马人，它的敌对者，如此敌对以至摧毁了它的人们。谁知道我们眼中的罗马会是怎样，假如是迦太基人赢得了布匿战争的话。大概会是一个偏颇而且肯定不公正的图景吧。

——那是肯定的。那么我们就改日再说回哲学吧，博尔赫斯，不提哲学这个名字。

——好的，我赞成，很好的主意。

他的母亲，莱奥诺尔·阿塞维多·苏亚雷斯

奥斯瓦尔多·费拉里：在我看来，您的文学生涯中有一个决定性的人物，我们之前却没有特别讨论过，博尔赫斯，那就是您的母亲，莱奥诺尔·阿塞维多·苏亚雷斯。

豪尔赫·路易斯·博尔赫斯：是的，我亏欠我的母亲那么多……她的纵容，然后，她还对我的文学作品提供帮助。她劝我不要写一本关于埃瓦里斯托·卡列戈的书，向我推荐了两个好得多的主题：她建议我写一本关于卢贡内斯的书，另外一本，或许更有意思，主题是佩德罗·帕拉西奥斯——阿尔玛富埃尔忒。我心虚地回答她说，卡列戈一直是我们在巴勒莫的邻居。她对我说的话很有道理："好吧，其实每个人都是某人的邻居"，当然，除非有一个人是置身于旷野荒原里，对不对？但是我还是写下了那本书……我一直很热衷于这个或多或少是杜撰的，巴勒莫的神话。我得到了一个市级的二等奖，

这事非同小可，因为奖金是三千比索。三等奖被授予了希赫纳·桑切斯，一等奖不知道是谁得的。但归根结底，这些奖项带来的——我存下了一些钱——带来的是，不妨这么说，一年的悠闲。而我把这一年浪费在了写这本书上了，对此我非常后悔，就像对我写下的几乎所有东西一样，它的题目是《埃瓦里斯托·卡列戈》，维亚克雷斯波的堂·曼努埃尔·格雷塞尔为我出版了它。这本书配了两幅插图，是奥拉西奥·科波拉给巴勒莫的老房子拍的照片。我耽搁了差不多一年来写这本书，是它把我引向了某些探询，并引导我去了解堂·尼古拉斯·帕莱德斯，他曾经是巴勒莫的首领，在卡列戈那时候，后者教会了我，或者说告诉了我那么多事情——并非全都是伪造的——关于这个区刀光剑影的过去。另外，他还教了我……我当时不会玩特鲁科①（笑），他把我介绍给了牌手路易斯·加西亚，我打算什么时候写一写帕莱德斯，这个人物肯定比埃瓦里斯托·卡列戈更有趣。然而，是卡列戈发现了郊区的文学可能性。我写下了这本书，不顾我母亲的反对，或者更准确地说不顾她的放任。之后我母亲又给了我很多帮助，她为我朗读长文，哪怕她几乎已经发不出声，视力也越来越差了，她仍旧读给我听，而我对她却并不总有恰当的耐心……而且，还发明了我最有名的故事之一："入侵者"的结尾。那是她的贡献。其实，我母亲对英语懂得很少，但在我父亲去世的时候，一九三八年，她没办法阅读了，因为她读一页就忘一页，就好像读的是一张白纸一样。于是她给自己设定了一项必须全神贯

---

① Truco，一种在西班牙与南美流行的牌戏。

注的任务，就是翻译。她翻译了一本威廉·萨洛扬的书，书名是《人间喜剧》(*The Human Comedy*)，交给我的妹夫，吉耶尔莫·德尔·托雷看后，他就将它付梓了。另一次，亚美尼亚人在墨西哥街的阿根廷作家协会——那幢国立图书馆附近的老宅——为我母亲办了一个小型宴会。我记得我陪她去了，令我大吃一惊的是，我母亲竟然站在那儿做了一个小小的演说，长达十几分钟。这么说吧，我相信这是她一生中头一次当众演讲。那并不是很大一群听众，有一些姓氏以"伊安"结尾的绅士，无疑是莱蒂罗这个区的居民，我就住在那里，基本上是一个亚美尼亚区。无论如何，在这里亚美尼亚人多过其他地方来的人。附近还有一个阿拉伯区，但遗憾的是这些区都没有保留下来，或者是没有自己的建筑；那些名字肯定很引人注目，有这么多的托波里安、马木里安、萨洛伊安，毫无疑问。

——但我们也可以提一提您母亲的其他翻译，它们都非常出色，像 D.H. 劳伦斯小说的译文。

——是的，为这本书提供书名的故事是 "*The Woman Who Rode Away*"，她将它译为 "骑马出走的女人"，我相信是准确的。另外，为什么不承认她翻译了那本福克纳的小说《野棕榈》呢，之后我又修订了一遍，几乎毫无改动。她还翻译了其他法语、英语的书籍，都是很出色的翻译。

——是的，但或许您并不认同她对 D.H. 劳伦斯的喜好；我从来没有听您说起过劳伦斯。

——……不，她喜欢 D.H. 劳伦斯，而我，说到底，在他这里一直没什么运气。在我父亲去世后，她就开始翻译了。然后她想到有一种靠近他，或者说假装靠近他的方式，就是更深入地掌握英语。

——啊，太美妙了。

——是的，她这么喜欢他，以至最后都读不了卡斯蒂语了，成了这里很多阅读英语的人中间的一个……曾经有一个时候，所有入了协会的妇女都阅读英语，因为她们读得很多，而且读的都是好作家，这使得她们可以把英语说得很美妙。卡斯蒂语，对她们来说，有一点像是瓜拉尼语之于一个科里安特斯或巴拉圭的女士那样，对不对？这样一门语言，很家常。所以我在这里遇到了很多女士，往往都把英语说得很美妙，说起卡斯蒂语则很平庸。当然，她们所阅读的英语是一种文学的英语，相反，她们懂得的卡斯蒂语，则是一种家常的卡斯蒂语，仅此而已。

——我一直猜想，博尔赫斯，能说美妙的英语是您从未泄露的秘密之一。

——……不是，歌德说过法国文人不应该过分地受人崇敬，因为，他补充说："这语言会为他们作诗。"他认为法语是一种美妙的语言。但我相信即使一个人写过一页很好的法语或英语，那也并不足以充当任何评判依据：它们是如此精良的语言，几乎可以独自运行了。相反，假如一个人写出了一页很好的卡斯蒂语的话，他肯定克服了那么多的困难，那么多勉强的韵脚，那么多的"ento"，全都连着"ente"；那么多没有连字号的词语，总之要写一页很好的卡斯蒂语，一个人必须拥有至少是文学上的天赋。而英语或法语则不然，它们始终都是如此的精良，几乎可以独自运行了。

——您与您的母亲似乎还有另一个共同特点，是记忆的才能。有人告诉我说她能够记得她的童年和她曾经见过的，布宜诺斯艾利斯的往昔。

——是的，她告诉过我这么多事情，用一种这样生动的方式，现在我相信它们都是我的个人记忆了，其实都是对她告诉我的事情的回忆。我猜想每一个人都会是这样，在某个时候，尤其是遇到非常久远的事情的时候：会混淆自己听说的与自己感知的事情。而且，听也是感知的一种方式。所以我个人对……马佐卡，对牛车，对车场，对十一日；对北区的"第三道"①——我不知道它是穿过维亚蒙特街还是科尔多瓦街——南区的"第三道"——它经过独立街——巴拉卡斯的宅院的回忆……

----

①布宜诺斯艾利斯一河道，又名"芒索小溪"（Arroyo Manso）。

——"第三道"，那是什么？

——一条小溪，我相信。我拥有一种个人记忆，对于我不可能记得的东西，因为年代的原因。其实，我妹妹有时也会记起一些事情，我母亲就对她说："这是不可能的，你那时还没出生呢。"我妹妹回答她说："好吧，但我早就在那里走过了。"（笑）那就接近了孩子选择父母这种理论了：人们猜想佛陀，从他的无上天宇，选中了印度的某个地区，归属到某个种姓，或是某一对父母。

——因为记忆也是传承的。

——因为记忆是传承的，就像其他任何东西一样。我母亲有一个令人钦佩的特点，我相信，就是不曾有过一个敌人，人人都爱戴她。她的朋友是最多样的：她以同样的方式接待一个重要的老夫人和一个黑人老妇，那是她家族的奴隶的曾孙女，经常跑来看她。这个黑人死后，我母亲去到为她守灵的蓬屋，一个黑人从一张凳子上站起来，说那个死去的黑人曾经是我母亲的奶妈。我母亲就在那里，黑人环绕在周围，她就是这样做的，自然而然。我不相信她有一个敌人，呃，她曾经被捕过，光荣地被捕过，在独裁统治的初期。有一次她正在祈祷，当时侍候我们的科里安特斯妇人问她在做什么，她回答说："我在为庇隆祈祷。"后者已经去世了，"我为他祈祷，因为他真的需要有人为他祈祷。"她心里没有任何积怨，绝对没有。

——但说到这个，她的另一个特质显然是勇气。应该提一下那些电话。

——是的，我记得有一次他们给她打电话，一个理所当然是粗鲁而又恐怖的声音对她说："我要杀了你，你和你儿子。""为什么呢，先生？"我母亲对他说，带有几分出人意料的礼貌。"因为我是庇隆主义者。""好吧，"我母亲说，"说到我的儿子，他每天十点钟出门。您要做的只不过是等着他然后杀死他而已。至于我，我已经活了（我不记得什么年纪了，大概是八十几岁吧），我劝您不要浪费时间讲电话了，因为如果您不赶快的话，我会先死的。"然后，那个人就终止了交谈。第二天我问她："昨晚有电话？""是的，"她对我说，"一个傻瓜凌晨两点钟给我打电话。"然后告诉了我那场对话。之后就没有其他电话了，当然，那个电话里，恐怖分子大概是太吃惊了吧，对吗？他没敢故伎重施。

——这个轶事真是了不起。话说，她来自一个出过好几名杰出军人的家庭。

——是啊，她是苏亚雷斯上校的孙女，然后是索莱尔将军的侄女。但我有一回正在翻阅一本历史书——当时我还是孩子，那是这些有很多名流图片的书籍中的一本——我母亲指给我看其中一个人，对我说："这是你的曾伯父，索莱尔将军。"我问怎么我从来没有听说过他。我母亲对我说："一个站在罗萨斯一边的坏蛋。"所以他是家族里的害群之马。

——（笑）他是联邦派。

——他是联邦派，是的。后来有人来找我签一份不知道是什么请愿书，要树立一座索莱尔的骑像。我们不幸的祖国最不需要的就是骑像了，已经有了太多的骑像，在密密麻麻的骑像中间我们几乎已经无法走动了，所以我理所当然地没有签。另外，它们几乎全都很吓人，为什么要支持这个雕像呢。不过据说现在有一座堂吉诃德的雕像，其丑陋更胜以往。

——确实，更胜以往。但这些杰出军人中有一些曾经给您带来过灵感。像拉普里达[①]……

——是的，只是拉普里达不是军人……

——但他战斗过……

——他战斗过，但在那个时候连军人也要战斗呢（笑），无论

---

① Francisco Narciso de Laprida（1786－1829），阿根廷律师、政治家，与博尔赫斯有亲缘关系。1818 年当选图库曼议会（Congreso de Tucumán）总统并宣布南美各省联邦（Provincias Unidas de Sudamérica，即今阿根廷）独立，1829 年在逃往门多萨省（Mendoza）途中被联邦派军人阿尔达奥（José Félix Aldao, 1785－1845）的手下刺杀。

看上去多么难以置信。这我知道，但我的外祖父是平民，曾经打过仗……最初，在一八五三年，他当兵时中过一颗子弹——士兵伊西多罗·阿塞维多[1]——在欧罗巴街角上（当时是卡洛斯·卡尔沃街），我不记得另一条街是哪条了。后来他又在塞佩达，在帕逢，在阿尔西纳桥打仗。还有就是在一八九〇年革命的时候，那肯定不是一场太过血腥的革命，因为他住在那幢生下了我母亲也生下了我的房子里：在图库曼街和苏伊帕恰街。每天早晨，在七八点时，他就出门去革命——整个街区都认识他——就在拉瓦耶广场，当然，那就是公园革命[2]。然后在晚上，他从革命中返回，到家里吃晚饭，大约是七点半。第二天，他又再一次出去革命。这样一直持续到阿莱姆投降为止，至少一个星期。就这样他出门去革命，又从革命中返回。这一切并没有很大的危险，其实并不是那么可怕。尽管毫无疑问是有人死去的，而只要死一个人就足以让事情变得可怕了。

——是的，有某样东西打动了您，在我看来，在那些史诗般的命运里，甚至在您某些亲属的史诗命运里。

——确实，无论如何它们都已经被我用于挽歌的目的，用于写诗了。昨天我发现了一首被我遗忘的诗，我在诗中写道：

----

[1] Isidoro de Acevedo Laprida（1835－1905），军人，博尔赫斯的外祖父。
[2] 1890 年 7 月 26 日从布宜诺斯艾利斯拉瓦耶广场的火炮公园（Parque de Artillería）爆发的反阿根廷政府起义，数日后被平息。

我不是东面的弗朗西斯科·博尔赫斯

他胸口中了两颗子弹而死,

在血淋淋的医院的臭味里。 ①

——弗朗西斯科·博尔赫斯,他总是令您想起"拉维尔德"之战。现在,在这个国度里,有很多人自称基督徒却并不是,我相信您母亲的基督信仰是真正的基督信仰。

——是的,她是真诚信奉的。也像我的英国外祖母一样,因为我的外祖母是圣公会教徒,但有卫理会的传统,就是说,她的祖先带着他们的妻子和《圣经》走遍了整个英格兰。而我的外祖母在胡宁住了将近四年。她嫁给了我们刚才提到的弗朗西斯科·博尔赫斯上校,非常幸福——她对我母亲是这样说的——因为她有她的丈夫、她的儿子、《圣经》和狄更斯,这就够了。她没有人可以交谈——她置身于战士中间——而更远处,是与游牧的印第安人共有的平原;再远处是克里盖奥②的窝棚,他是印第安友人,以及平桑③的窝棚,那是持予的印第安人,印第安突袭者。

——告诉我,我们是否可以认为长久以来您对伦理价值、对道德的坚持,可能是特别传承自您的母亲?

---

① 博尔赫斯:《1972 年》(*1972*)。

② Ignacio Coliqueo (1786 – 1871),南美土著马普切人领袖,阿根廷军队上校。

③ Vicente Pincén,19 世纪中后期的南美印第安人酋长。

——我愿意这样认为。不过，我相信我父亲也是一个有道德的人。

——两人都是，当然。

——那些都是已经在这个国家消失了的准则，是吧？我有一种骄傲，即不是一个克里奥尔"精明人"；我或许是克里奥尔，但却是最好骗的克里奥尔，要骗我非常容易，我总是上当受骗……当然每一个上当受骗的人，在某种意义上都是那些骗他的人的帮凶。

——很有可能。至于您母亲对文学的熟悉……

——是的，她对文学的热爱，以及她在文学上的直觉，都是显而易见的。大约在百周年纪念的时候，她阅读了奎罗斯的小说《拉米雷斯的著名宅邸》。奎罗斯当时还不为人知，至少在这里是这样；因为他在那个世纪的最后一年去世了。她对我父亲说："这是我这辈子读过的最好的小说。""是谁写的？"我父亲问她。她说："是一个葡萄牙作家写的，名叫埃萨·德·奎罗斯。"看来她说对了。

——确实。呃，我很高兴我们以某种方式为她勾画了一幅肖像。

——我相信是这样，一幅不完美的肖像，当然。

——就像所有人的肖像一样，不过我们尽力做到最好。

——是的，感谢您和我一起谈论她。

关于序言

奥斯瓦尔多·费拉里：我发现，博尔赫斯，您对文学的热爱，您对作家的热爱，更多地表现在您的序言里，在为您一直以来都崇敬的作家和书籍而作的序言里，远胜于您自己的文章。

豪尔赫·路易斯·博尔赫斯：当然序言是介于批评研究和祝词之间的类别，可以这么说。也就是说，众所周知序言必定是有一点过誉的，读者自会打折扣。但与此同时，序言又必须是慷慨的，而我，经过了这么多年，在太多年以后，我得出的结论是人只应该写他喜欢的东西。我相信恶评是毫无意义的：例如，叔本华认为黑格尔是一个骗子或是傻瓜，或两者兼而有之。现在两人共存于德国哲学史上。诺瓦利斯认为歌德是一个肤浅的作家，仅仅正确，仅仅优雅而已，他将歌德的作品比作英国家具店……呃，现在诺瓦利斯和歌德是两个经典。这就意味着，攻击某人的文字并不会伤害到他，我也不知道颂扬的文字是否会抬举他，但我，从那么久远的时候起，始终只写我喜欢的东西，因为我相信假如我不喜欢某样东西的话，那更可能是因为我的一种无能或笨拙吧，我也没有理由要说服别人。

我曾经教过二十年的英美文学，我讲过我不会谈论对这些文学的热爱，因为那太过宽泛又太过模糊了，但会谈论对某些作家的热爱，或者具体地说，对某几本书的热爱；或者再具体一点，对某些段落或某些诗句，或某些情节的热爱。我一直是这样做的。在我看来为反对而写是毫无用处的。

其实，当然了，如果写得美妙，那么句子就会留存。例如，我记得拜伦的那句话：贺拉斯说过好的荷马有时也会睡觉，会睡着，拜伦接着又说华兹华斯有时也会醒来①（笑）。这句话很美妙，但并未伤害华兹华斯，因为如果一个句子说得美妙的话它是凭自身而存在的，它指的是此人还是彼人并不重要。这句"华兹华斯有时也会醒来"与华兹华斯令人崇敬的著作共存于世。

——当然。

——而并未伤害到他。例如，当格鲁萨克说"梅能德斯·伊·佩拉约的《西班牙哲学史》"——他还说标题有点声势逼人——的时候，他又加了一句："'哲学'这个名词的严肃性，或庄重性，为

①拜伦：《唐璜》（*Don Juan*）。

'西班牙'这个头衔的笑意所修正。"其实，这或许并没有伤害到西班牙哲学——如果有这样东西的话——因为这句话是因其本身而存在的。至于我，我已经写过很多篇序言。我曾经为当时跟我一样还不为人知的作家写序言，在所有这些序言里我都很慷慨。

——确实如此，不过您的序言有一些已经被收入了一本文集，它们表达了您在文学之中最高的敬仰，最深的情感。

——没错，那是我的侄子，米盖尔·德·托雷选的。因为我不想与任何人为敌，有时候总要作些应景的序言，是不是？出于客套的序言，不然就是纯粹出于真诚的序言，但写得不是太好，或者不太深思熟虑而仅仅是对一本书的赞誉而已。所以我让我的侄子来筛选文本。

——无论如何，可以说从来没有人像您这样的慷慨，在为青年作家或尚未知名的作家作序这方面。

——比如说，我给诺拉·朗热的第一本书作了序。我不知道这第一本书是否值得重读，但诺拉·朗热之后又发表了《童年笔记》，那是一本很美的书，回忆了她在门多萨的童年。

——在您的序言选集里，我们看到您为佩德罗·恩里克斯·乌雷尼亚作的序，比如说，文中清晰呈现了您对他的所有情感，您的所有敬仰，和您经由这情感发现的一切。

——是的，我对于恩里克斯·乌雷尼亚或许有最美好的回忆……
但我和马塞多尼奥·费尔南德兹也是这样：或许我记得更多的是他
们的对话，或是他们的在场，那是对话的一种形式，多于他们写下
的东西，对不对？但人类的伟大导师全都是口头的导师。

——正如您所说，那些在对话中表达自我的人。

——是的，毕达哥拉斯有意不著文字，因为他希望，我猜想，
他的思想在他的弟子中间不断分枝延展。现在，那句短语——希
腊语就是我的拉丁语，我用拉丁语来引述它——Magister dixit[①]
并不意味着一种严格的权威性，相反，当弟子们修改毕达哥拉斯
的教导，或者，更准确地说，继续延展这些思想超越了毕达哥拉
斯的肉体死亡之时，为了庇护自己他们会说："师云"。但众所周知
导师并没有将它形诸文字，就仿佛，他们是在继续推进毕达哥拉
斯的原初思想——那是一个人活着就要做的事：不是单纯地遵循他
说过或写过的东西，而是继续思考下去——全都可以修改，包括
他的意见。

在这方面，我们中间的例子可以是卢贡内斯，他是无政府主义
者、社会主义者、同盟国的支持者，即民主党人，在第一次世界大

---

① 拉丁语"师云"。

战期间，后来又鼓吹"刀剑时刻"①，即法西斯主义。因此许多人说："他是一个见风使舵的人。"不，他不是一个见风使舵的人，他是一个对政治很感兴趣的人，他在一生的不同时期得出不同的结论，而从来不曾用它们来获得好处。相反，他总是让自己愈发地不受欢迎，每当他说起这话：我错了，现在我这么认为。

——确实如此，博尔赫斯，在很多情况下都可以说，您是通过为人写序而发明作家的。例如，您有一篇给阿尔玛富埃尔忒写的序言，表达了对他的永久崇敬，在文中您以一种富有启迪的方式褒扬了他，可以这么说。

——我可以举一个很好的例子：当萧伯纳发表了他的《易卜生主义精髓》时，人们对他说在那本书里有很多易卜生作品中没有的东西。他说"假如我重复易卜生说过的东西，这部著作就一文不值了"，又补充说，"我在这里说的或许是一种抽象形式"——这大概是他写易卜生的秘密目的。就是说，他是在以某种方式延续易卜生，两者——像他说的那样："如果我的研究仅限于易卜生已经写过的东西，就毫无价值了。"所以他在那一刻，是一个易卜生的信徒或追随者；而易卜生以虚构、寓言、戏剧言说的东西，萧是以一种抽象的形式言说的。就仿佛易卜生提供了寓言，而他则为其展现了一种寓意，可能是也可能不是易卜生的。我是先知道那本萧的书——我

---

① La hora de la espada，卢贡内斯 1924 年一次演讲的标题。

相对来说还很小，读它的时候大概是十一岁——然后才读的易卜生作品；我看到萧所提供的概括或许并不是易卜生可能会提供的概括，因为它的创造性并不逊于易卜生的创造才能可能提供的东西。我觉得这很好。毫无疑问，一种如此复杂，包含了麦克白和哈姆雷特的作品，已经被……歌德、柯勒律治、布拉德利以及别的莎士比亚批评家修改过了。就是说，每一个批评家都以某种方式，更新了他所批评的作品，同时又将其延续。而这也与我对于传统所秉持的概念相契合：一个传统不必是对某物的模仿，它必须首先是延续以及分支。或许应该认为一个传统是某种活的东西，在不断地变化并以这种变化来丰富自己，当然。

——因此当一个作家写另一位作家的时候，我们可以认为他发现了他本人所偏好的那些深层事物。

——是的，这也是萧的理念。我们也许可以说神学或各种各样的神学，天主教或别的教，都对《圣经》做着同样的事，因为神学是一个智慧的架构，其根基在于，《圣经》里那些相当异类的书籍。不过，可以肯定《圣经》是一回事，而《神学大全》是另一回事。它们彼此并无冲突，当然。

——然而，曾经有人说过神学生于信仰的缺失；就是说，当一个宗教必须解释自己的时候……

——这已经有人说过了尤其是……有各种各样上帝存在的证明就意味着我们对这存在并不是非常确定。相反，似乎在如此丰富的印度哲学里面，并没有灵魂转世的证明，因为这是不言自明的事。就是说，其中有一种真正的信仰。

——无需神学。

——当然，没有人需要被说服，也没有人想过要对这一信念进行思辨。这对他们来说是一个自然的信念。对我们来说不是的：可以相信也可以不相信——我个人是不相信灵魂转世的——但在印度就不同了，那是人们本能地相信的东西。

——确实，现在，说回您的序言。哪怕只算那些为您偏爱的作家而写的序言，数量依然很多。

——的确如此，我相信没有人像我这样写过那么多的序言。

——是的，您已经将它转变成了一个类别，并且是一个富有情感的类别。

——是的，我试图做到，在这些序言里不仅有对于所涉书籍的赞美，更加入了我个人的想法，作者对此可能同意也可能不同意。

——您个人的发现。

——是的，因为我相信如果读一读那些序言的话——当然，我从来不重读我写的东西……但我相信其中也包含了我在美学主题上的观点。

福楼拜

奥斯瓦尔多·费拉里：命运有一种特定的形式，博尔赫斯，源自于体现了它的那个人的职业与决定；我指的是文人的命运，您看到这一点特别体现在福楼拜的一生之中。

豪尔赫·路易斯·博尔赫斯：是的，归根结底，恰如其分的，我始终认为我是一个文人。其实，说到福楼拜，他是一个作家，而又作为一个祭司实践了它，不是吗？

——当然。

——他有一句非常好的话："Je refuse d'hâter ma sentence"，意思是，"我拒绝催促我的句子"。就是说，他精心打磨每一个句子，不达到完美不往前走。

——是的……

——他将自己束缚于这种态度之内，称之为合乎自己的本性；他将句子大声地读了又读，他毕生致力于此。其实，他这样做并非出自虚荣；他写道：一个天才可以犯大错而不受惩罚。我相信他指的是莎士比亚、塞万提斯和雨果；但因为他不把自己当作一个天才，所以他不可以犯大错，而必须对他写的东西慎之又慎。

——啊，当然，我们所说的责任……

——是的，另外，当福楼拜说到 mot juste（恰当的词）时，并不是必然地、不可避免地意味着惊人的词语。不：正确的词，它时常可能是微不足道的，或是一种老生常谈，但却是确切的词。他不顾一切地把对 mot juste 的追寻强加给自己。因此他所实践的这种过分的谨慎，反映的并不是虚荣；相反，那是谦逊的一种形式。有一个被广泛使用的词，是由佛兰德斯①的画家创造出来的，我相信，完美主义这个词。现在，完美主义并不一定等同于虚荣，人们追求完美，因为他无法追求别的东西。尤其是福楼拜，他秉持这个略微涉及语音学的风格概念：他希望他的每个短语读起来都很容易并且愉快。他随后说，正确的词永远是最悦耳的词。但这

① Flandes，公元 10 世纪建立的西欧国家，覆盖今比利时、荷兰、法国、卢森堡等国的部分地区。

似乎有点奇怪……好吧，或许法语中的 mot juste，并不是卡斯蒂语或德语中的"正确的词"，很可能不是。所以大概只能这样认为了，就是随着语言的变化，正确的词也是各不相同的，因为在每一种语言里声音是各异的，也因为对它来说声音是非常重要的。现在，我相信我们错了，例如，当我们相信一个短语不应该有三个词以"ión"结尾，因为它们互相冲突的时候。我相信这一点更多是对应于一页文章的视觉方面，因为我注意到——毕竟我做过很多次讲座了——对口语来说这是无关紧要的；如果是口语的话我们尽可以说：可悲地（tristemente），令人高兴地（alegremente），接着又说发现（descubrimiento）。这在视觉上是有冲突的，但在听觉上无关紧要。

——确实。

——所以一个人公开演讲是可能犯下这些错误的，因为他说的话是诉诸听觉的，并不会引起注意；可是一旦它被印在一页纸上……

——就变了。

——但说的时候是无关紧要的。除非这人总是把他听到的一切翻译成书面的，但不会有这种事的。

——没有。

——更多是从声音达到意义。

——对，是视觉效果改变了这一点。但我们或许可以认为福楼拜对正确的词的追求，也可能，秘而不宣地，是一种让自己配得上正确的词的企望。也就是说，这份尝试与努力是一种自我成就，力求配得上那样一种呈现，您称之为……

——审美的事实？

——只为让这个词在某一刻被揭示给他看见。

——是的，我没有想到这一点，但不无可能……

——另一条路线……

——现在，认为凭借草稿就可以写好的观点在我看来是一个错误。

——当然，所以我说……

——人或许找得到或许找不到这个词。永远会有，就像我说过很多次的那样，某种出于机遇的东西，有一份赠礼，人或许收得到，或许收不到。

——人大概总想让自己配得上这份赠礼。现在，或许问题在于如何配得上这份赠礼。

——艾略特说他写过很多文本，当然，并不是诗，但是由诗句构成的。他也说起了缪斯，即灵感的偶然造访。

——当然。

——他说一个人必须要有写作的习惯，为了配得上这缪斯的偶然或最终的造访，因为如果一个人从不写作，而感觉到灵感来临的话，他可能配不上他的灵感，或者可能不知道如何将其完成。但如果他每天都写，如果他持续不断地作诗的话，这就使他养成了作诗的习惯，他就可以不仅是作诗，而且作出真正的诗歌。

——他已经预先让自己配得上了。

——他已经预先让自己配得上了，是的，我相信这是一个很好的建议。另外……我觉得这很好，应当练习一点什么，不是吗?

——没错，另一方面，您猜想有时候诗人或作家处于这随意而吹的灵体的掌握之下……

——当然，据圣约翰说，是的。

——然而，据我所见，您在整个文学生涯中表现出来的是您的文学从来不曾取决于任何人而只取决于您自己。

——……今天早晨有人问我是为了多数人还是少数人写作的。我回答说，就像我已经回答了那么多次的一样，哪怕我是荒岛上的鲁滨逊·克鲁索，我依然会写下去。就是说，我不为任何人而写作，我写作是因为我感到了一种这样做的内在需要。这并不意味着我赞成我写的东西，可能我并不喜欢，但在那一刻我必须将它写下来。不然的话，我就会感到……不正确也不快乐，是的，感到不幸。相反，如果我写作的话，我写下的东西可能是毫无价值的，但在写作的同时我会感到自己是正确的。我会想到：我正在完成我作为一个作家的命运，这超越了我的写作可能具有的价值。如果人们对我说我写下的一切都将被遗忘的话，我相信自己不会满怀喜悦地欣然接受这个消息，但我大概依然会继续写下去的吧，为了谁呢？不为任何人，只为我自己。这一点无关紧要，我要达成这个目的。

——您的命运。

——是的，我的命运，显然是这样……还有，一种文学的命运；如果当初我约束自己只阅读而不写作大概更明智一点吧。但这似乎很困难，是不是？似乎阅读会导致写作，或者，就像爱默生说的"诗诞生于诗"——惠特曼大概会否弃这个断言，因为他曾经轻蔑地说到"从其他的书里蒸馏出来的书"。然而，语言是一个传统，往昔的所有文学是一个传统，或许我们能做的仅仅是对已经写下的一切尝试某些温和的、谦逊之极的变体：我们必须讲述同样的故事，但却是以一种略有差别的方式，或许是改变一下重点，仅此而已，但这并不是让我们伤心的理由。

——我相信这也会得到福楼拜的首肯的。话说，关于福楼拜，您曾经说过……

——福楼拜总是做很多功课，如您所知。

——是的。

——奇怪的是,这倒让他犯了错:例如,在写《萨朗波》之前——他为了写《萨朗波》而跑到了迦太基——他去了解迦太基,在那里看到了仙人掌。所以在《萨朗波》里出现了仙人掌,但他不知道这些仙人掌是从墨西哥进口的（**两人都笑了**）。所以观察是好的,但这些仙人掌却是,未来主义的,不妨这么说。

——一个富有启迪的变体。

——是的（笑）。

——您说他所体现的文人之命运在古代大概是不可思议的,因为在古代诗人被视为神性的一件工具，姑且这么说吧。

——是的，然而在福楼拜的时代他是被视为作者的，拥有作者的名义。我相信我曾经告诉过您，我和我的一个表弟吉耶尔莫·胡安·博尔赫斯，和埃杜瓦尔多·冈萨雷斯·拉努扎还有弗朗西斯科·皮涅罗，想要创办一份匿名的刊物——一份不呈现主编，投稿者也不给自己的作品署名的刊物。但我们没能办成，因为所有人都认为自己的名字是很宝贵的，而这样做便会落到……不为人知的地步。

——他们鼓不起劲。

——不，他们做不到这样。我记得乔治·摩尔，摩尔说一个朋友曾经告诉过他一个情节，他打算写的不知道是一个故事还是一首诗的情节。对此乔治·摩尔建议改动一下，这样作品可能更完美一些，对方说不行，他不能接受这个，因为这个想法是摩尔的而不是他的，他不会接受别人的想法。摩尔说：我意识到他不是一个艺术家，因为对艺术家来说重要的是作品的完美，而不是这件作品是他的还是别人的这件事。

——其实，在某种意义上，作品是我们一起写下的。

——是的，当然这就变成了，可以把这当作抄袭的理由（两人都笑了），但这并不重要。如果作品改进了，又有什么不可以呢，为什么不能大家一起参与呢，无论如何这是摩尔的一个绝妙主张，对不对？因为他说：我早就意识到了我不是一个艺术家，因为我对个人的东西感兴趣，而对作品没有兴趣，那才是作家应该追求的东西。

——但摩尔在这里说得非常正确。

——是的，同时这又是一个奇怪的想法，我从来不记得听人说起过，对吗？就是一部作品的完美无法排除其他人的参与这个想法。

——确实，话说，您应该记得福楼拜是与他那个时代的理念："为艺术而艺术"的理念联系在一起的，它的奉行者还有波德莱尔和戈蒂埃，比如说。

——或许就因为这是一个正确的理念，无论如何，它支持艺术是它自身的目的，而不是一个单纯的工具，比方说，隶属于道德或是政治；或者在当今，隶属于社会学。"为艺术而艺术"很好，很有意义，不是吗？

——或许正是这个时代应该记取的意义。

——是的，这在如今很显然可能会导致一种 precieux①艺术，

———————————

①法语"高贵的、矫饰的"。

就像法国人说的那样，一种虚幻的艺术，一种装饰性的艺术。但那个理念不是这样的，那个理念是一首诗，比如说，是某种和宇宙间任何其他造物，任何其他事物同样真实的东西。因此，为什么不去追寻一首诗，或一个故事，或一幅画，或一张乐谱的美呢？全都是一样的，对不对？

——其真实不逊于生命本身。并且，我们所谓的生命本身主要就是由艺术构成的。

——其真实不逊于生命本身。

——理所当然。

——而语言是生命中至关重要的一部分。是的，语言——或许最早下此断言的是克罗齐——是一个审美的事实，就是说，每一种语言都是一个文学传统，并对应着某种感受宇宙的方式。我相信我们都曾经想过不存在完全的同义词。也许在涉及抽象事物这方面是有同义词的，但在美学方面是没有的，因为每个词都有一个不同的涵义，一种不同的气氛，一种属于自身的魔法，我不知道这在何种程度上是可译的。那个我总是提起的例子——毫无疑问在我们这里就提到过不止一次——是英语单词"moon"（月亮）。英语单词"moon"强加给声音一种其他词语所没有的缓慢。例如，如果您用"moon"来说月亮的话是不同的：首先"月亮（luna）"这

个词是由两个而不是一个音节组成的，而且可以说得很快。相反
"moon"强加给您一种缓慢，它以某种难解的方式恰与月亮相契
合。过去几天……是的，我们一直都在翻阅《一千零一夜》的一个
版本，书末有一个词汇表；我发现了"月亮之环"这个名字，真是
美极了，不过和moon无关：kamar。Kamar是一个很美的词，不是吗？
Silene，相反，尽管可以唤起一种神性，对于月亮来说似乎太长了点，
似乎月亮这个简单的圆形事物只需要……

　　——两个音节。

　　——或一个音节：moon；呃，"lune"也可以，对吧？因为"lune"
像"moon"一样轻。相反……一个坏消息，至少对我来说，我是那
么喜欢古英语：在古英语里月亮叫做"mona"，而且还是阳性的（**两
人都笑了**）。太阳则不然："sunne"，不过"sun"更美一些，只有一
个音节。

　　——确实，"sun"。

　　——是的，一个很长的词似乎对应不上像月亮这样直观的事物，
比如说，对吗？月亮，太阳，最好都应该是……

　　——简短的。

——单音节的，没错。

——我想，博尔赫斯，福楼拜想必会很高兴吧，对于我们今天提到了他和这些词语。

——我非常喜爱福楼拜，特别是他的《布法与白居谢》。我有一本《圣安东尼奥的诱惑》的初版，花了三百比索，这是福楼拜最不寻常或许也是最少被阅读的一本书。我相信还有一本《萨朗波》——一部不那么愉悦的作品——的初版。总之，我有福楼拜的所有著作，我尤其认为《布法与白居谢》的首章温柔，反讽，那么动人；因为一场友情的开端这个主题……这是相当少见的，对不对？主题就是这个，当然在所有的文学里都有友情，尤其友情是不可缺少的阿根廷主题，我会这么说，因为我相信我们对友情的感受比其他的激情更深一些。当玛耶阿发表了《一种阿根廷激情的历史》时，我就想什么或者怎样才可以算是阿根廷的激情呢——必定是友情。

——很奇怪，博尔赫斯，您居然这样关注一位长篇小说家，我说的是福楼拜。

——确实，因为我不是长篇小说的读者。但没读过福楼拜肯定是一个错误吧，如果我没有读过他的话，我一定会很贫乏。

论乌拉圭

奥斯瓦尔多·费拉里：谈到乌拉圭，您总是怀着特别的情感，博尔赫斯。我一直认为在这份情感背后肯定有文学上的原因，也有历史或家族的原因。

豪尔赫·路易斯·博尔赫斯：呃，家族的原因，当然：我祖父，博尔赫斯上校，是东岸国人。他父亲是葡萄牙人，母亲是埃斯特角①人，卡门·拉芬努尔——胡安·克里索斯托莫·拉芬努尔的妹妹。我祖父在围困蒙得维的亚时第一次拿起武器，那是在大战期间，在乌拉圭至今还是这么称呼的。他担任炮手保卫蒙得维的亚被围困的广场——他是"红党"，也就是统一派；围困广场的是"白党"，也就是联邦派，奥里维的人马。奥里维，顺便说一句，我相信他是乌

---

① Punta del Este，乌拉圭东南部城市。

利塞斯·佩蒂特·德·穆拉特的曾祖父，或类似的人。当时他十四岁，然后，在十六岁时，他在东部塞萨尔·迪亚兹师作战，就是这个师决定了卡塞罗斯战役的结局。然后，他最终加入了这里的内战，巴拉圭战争。他前去解救洛佩兹·豪尔丹军队对巴拉那的围困……他们的指挥官是一个名叫"铅弹"的加乌乔，因为他中过枪。我曾经有过一张"铅弹"的照片，我把它送给了卡洛斯·马斯特龙纳蒂，心想他作为恩特雷里奥斯人，比我更有权拥有它：那是"铅弹"，一个加乌乔，戴着法国平顶军帽，穿着件军用茄克和奇利帕①；他的手搭着马背，马鞍上横着来复枪。

——您对乌拉圭的情感还有其他的特殊原因吧。

——是的，当然，我想到我的叔叔，历史学家路易斯·梅里安·拉芬努尔，我的名字路易斯就是随他起的。路易斯·梅里安在乌拉圭变得非常有名是因为他攻击了，不妨说是两个乌拉圭的偶像。他说阿蒂加斯是一个非常残酷的领袖，讲到阿蒂加斯接二连三的失败，他在恩特雷里奥斯败于拉米雷斯。之后他藏身在巴拉圭，弗朗西亚博士庇护了他但不让他离开，认为他是个危险人物。所以阿蒂加斯死在了巴拉圭。后来他做了一个有关加乌乔的问卷，我叔叔用一种相当傲慢的态度回答说，"我们的乡民，"——这已经够贬义的了——"缺乏任何显著的特点，除了，当然了，乱伦以外。"这话

---

① Chiripá，南美洲农民的一种服装样式，即一块缠腰兜裆的布。

是得不到原谅的，因为那里的人都很敬重加乌乔。

——那是在乌拉圭。

——是的，那是在蒙得维的亚。我曾经想过，很显然，我的童年被划成了两份记忆，一份是蒙得维的亚旧城区——我叔叔的住家就在布宜诺斯艾利斯街上——一份是弗朗西斯科·阿埃多的宅邸，在帕索德尔莫利诺①。事实上，路易斯·梅里安·拉芬努尔的命运是可怕的，因为他立志要写一部公正的乌拉圭历史，超越他称之为派系的东西：白党和红党。他住在蒙得维的亚旧城区的一所房子里，还有，我记得，一间间屋子里满是书和收藏的报纸，一直堆到了天花板。这一切全都是为了他将要写下的这部乌拉圭大历史。我相信他在华盛顿担任某个外交官的职位，后来他认为既然人们可以通过电话或电报来直接沟通，外交官已经没用了。于是，他便辞去了这个职位——他跟他的同事们相处得不是很好——并回国在蒙得维的亚开设了他的律师事务所。但他一直保留着写历史这个计划。另外他还写过一本书：《十四行诗稿》——一个蒙得维的亚居民，押韵学徒的作品（笑）；和另一本书，《塔瓦雷西迪奥》②，攻击索里利亚·德·圣·马丁的《塔瓦雷》。他已经收集了我提到的所有这些材料来写这部历史，在那段时间他还旅行去了巴塞罗那。他在那里动了手术——我不知道是什么手术，应该是以某种方式来治疗白内障吧。

---

① Paso del Molino，蒙得维的亚一区。
②拉芬努尔：《真实传说与塔瓦雷西迪奥》（ *La Leyenda Real Y El Tabaricidio* ）。

但在路易斯·梅里安·拉芬努尔这里，他们却把他整个眼睛挖了出来，根本没告诉他。而他是乘上了船在海上想要检查眼睛时，才发觉自己已经没了眼睛。因为另一只眼睛是瞎的，他是不可能写出那部大历史了。他一生的最后岁月是在那些对他来说遥不可及的书籍的包围之中度过的，想着这部他一直渴望去写，梦想了一辈子的大书，然后便死去了。我的名字路易斯就是随他起的。然后，我也拥有对弗赖本托斯①的回忆……话说，记忆是多么奇怪啊，我以为我至少在弗赖本托斯住过几个月；后来我跟我母亲谈起了这事，她告诉我说我们在那里仅仅待了一星期而已。不过，当然了，对于一个孩子来说一天是很长的……我有证据，因为我已经心不在焉地活到八十五岁了。另外，我记得小时候我极其害怕（一直都很害怕）牙医。我知道我有一回拔牙的时候没打麻药，也就是说，那是一种难忍的剧痛。但他们对我说的却是："他们要给您拔一颗牙。"我说："什么时候？"他们回答说："明天下午。"我心想："不管怎样，明天下午还远着呢，就好像明年一样。"我本能地如此感觉。然而，现在不是这样了：现在我心不在焉……我始终是心不在焉的，已经八十五岁了。就在我们交谈的时候，我就快到八十六岁了，因为时间对老人来说就是过得这么快（**两人都笑了**）。

——连续不断的分心。

---

① Fray Bentos，乌拉圭西部城市。

86

——人们总是说这要归因于人是根据他已经活过的时间来度量时间的：对于一个只活过一点的小孩来说，它似乎是很长的；相反，对于一个活了很久的人来说时间就仿佛是飞快流逝的。

——了解。

——就如同无所事事的时间是最长的，而无论什么行动的时间都很少一样。这大概是必须不断工作的一个原因吧。而萧伯纳说过目前的体制，资本主义，判决了很多人，穷人判决他们受此刑罚：贫困，苦难。它判给富人的是某种更可怕的刑罚：判决他们无聊——必须以某种做作的方式填满他们的生命——用节庆之类的东西。就是说，这是一个对于双方，对于富人和穷人都有害的体制。并且，他又补充说——我相信可能性不是很大——最终成就了社会革命的也许会是富人，因为厌倦了富有。

——厌倦了无聊。

——是的（笑），厌倦了无聊，他们就打算去搞社会革命。但我不相信……说到底，很可能这只是一个玩笑，被萧伯纳加到一个可以辩护的想法上了。然后我也记得在乌拉圭结下的深厚友谊。我是埃米利奥·奥利维的朋友，我永远记得他的那些诗句，它是以一种相当平庸的方式起始的：

> *我出生在梅洛*
> *殖民地房子的城市*

　　当然，"殖民地房子"是略加伪装的殖民地房子，对不对？然后"在恐怖的无尽原野中间"，这在地理上是错的，在诗意上则是对的，因为那边有很多山脉：

> *我出生在梅洛*
> *殖民地房子的城市*
> *在恐怖的无尽原野中间*
> *邻近巴西*①

　　也就是说，凭借最后一个词整节诗附加了一个帝国而扩大了，不是吗？附加了这片幅员辽阔的领地，其中仍有未经探索的区域，这又使得它更加广阔；还有一亿三千万人和众多的种族。然后我也是费尔南·席尔瓦·巴尔德斯的朋友，我想在此时此刻回忆一首诗，他在诗中说到一场战斗的前夜，一场白党和红党之间的战斗。他说到号角，说在号角响起之时：

> *对于有些人火焰在血管里奔流*
> *另一些人则是寒冷在咽喉之上。*

---

① 奥利维:《呼喊》(*El Grito*)。

这直接指的就是斩首，不是吗？

——军刀，是的。

——当然，这是隐喻的力量，以一种间接的方式讲述事物，这种方式是最有力的，因为这种风格比使用斩首或军刀这样的词语要有力得多：它暗示它们，读者便立刻猜到它们。我也是佩德罗·莱昂德罗·伊普切的朋友。今天早晨我收到了一册伊普切的诗集，他写的一本书的书名就是一首诗，题为《节庆与恐惧》。我这里还保存着他在蒙得维的亚的塞万提斯酒店寄给我的一张明信片，在这张明信片上他写道，"我在某某时刻等您到我家吃午饭，"然后又加上一句："不来的话就杀了您。"（笑）一个玩笑，是的，一种克里奥尔式的机智。

——对于乌拉圭文学您还想到其他哪些方面？

——儿时的我也不断地听到我的表哥梅里安·拉芬努尔，他用吉他弹奏爱利亚斯·莱古列斯医生的"废村"和"加乌乔"，当时这些都非常流行，现在已经被遗忘了：

> 这是一座悲伤的废村
> 座落在山脊之上。

还有一首席尔瓦·巴尔德斯的诗，他在诗中说到那座废村，是这么写的：

> 它并不上升，蛰伏在山丘之上
> 像一只垂落着双翅的大鸟。

不过"它并不上升，蛰伏"是不错的。大鸟什么的我们可以忘掉，对不对？

——近年来，在结合了两国文学的作品之中，出现了一本名叫《两岸故事》的书，其供稿者除了您、比奥伊·卡萨雷斯和西尔维纳·奥坎坡以外，还有乌拉圭人奥内蒂和贝内德蒂。

——是的，这两人我都不认识。我还记得艾玛·里索·普拉特罗，她有幸当上了乌拉圭大使馆的文化专员。这让她得以在布宜诺斯艾利斯住了三年，看起来这是极难做到的，因为，很显然，这个职位很适合东岸国人，因为他们是在布宜诺斯艾利斯，离祖国仅一步之遥。似乎在欧洲当文化专员更容易一些，这她也当过：在伦敦三年，曾经在那里接待过我——她在那儿有一幅苏尔·索拉尔的画，后者曾经是她的朋友。然后在日本待了三年，因此她在我的故事《恶行通史》中发现了很多错误。当时我对日本一无所知，错误百出：例如，我说到餐厅、卧室、床单——这些都是与日本文化格格不入的元素，因为桌子或蒲团（坐垫）放在任何地方都可以。

——我看到，博尔赫斯，乌拉圭这个简单的词已经在您心中激起了很多回想。

——除此以外，我也曾经为东岸国人写过一首米隆加，我还记得某一节诗，它指的正是斩首。似乎在乌拉圭的最后一次革命，一九〇五年，阿帕里西奥·萨拉维亚那场革命里是有斩首的。那场革命——为什么现在不这么说了呢——是由我的叔叔，弗朗西斯科·阿埃多资助的，他曾经送他的雇工去革命，这在当时是相当普遍的。我的这节诗是：

> 那被遗忘者的米隆加
> 他宁愿战死而无怨；
> 被割开的咽喉的米隆加
> 从左耳直划到右耳。

然后是：

> 牧牛人的米隆加
> 看够了土地和道路
> 抽起黑色的烟草
> 在帕索德尔莫利诺。

——美极了。

——第一支探戈的米隆加
我们不关心那发源
是在胡宁①的屋舍
还是耶巴尔②的屋舍。③

说的就是那些名声不好的房子，在布宜诺斯艾利斯——胡宁街和拉瓦耶街——或是耶巴尔街，在蒙得维的亚市里的半岛南部。还有其他的诗句，或许比我刚才引用的那些更不值得记忆。总之，这首米隆加是怀着深情写下的。

——确实。

——我还结识了胡安娜·德·伊巴尔布鲁，是的，我也拥有对蒙得维的亚，对塞罗的私人记忆。对我来说塞罗比阿尔卑斯山脉、比落基山脉更加震撼。当然，因为我来自这里，来自布宜诺斯艾利斯，一个建在平原上的城市。

——在大草原上。

---

① Junín，布宜诺斯艾利斯街名。
② Yerbal，蒙得维的亚旧街，20 世纪初经城市改建后已不存。
③博尔赫斯：《为东岸人而作的米隆加》(*Milonga Para Los Orientales*)。

——在大草原上，这里最大的斜度，是什么呢？贝尔格拉诺①的沟渠，贝尔格拉诺街的斜坡，对不对？不过如此。

——于是，塞罗……

——于是，塞罗比勃朗峰更令我震撼，比如说。如果我能看到喜马拉雅山脉的话，呃，我是不可能看到它的，它给我的震撼也比不上塞罗，因为它是我的第一座山。

——呃，我相信乌拉圭将来会需要一次新的播音，博尔赫斯。

——好啊，有什么不可以？为什么不想一想东岸国人呢？

---

① Belgrano，布宜诺斯艾利斯北部一区。

诗的智慧

奥斯瓦尔多·费拉里：有一个观点，博尔赫斯，您曾经用一句短语表述过，说的是每一个有智慧的诗人都是一个好的散文家。

豪尔赫·路易斯·博尔赫斯：是的，我的出发点是史蒂文森，他说过散文是诗歌最困难的形式。它的证据大概是有些文学从未抵达过散文的这个事实。例如，盎格鲁 - 撒克逊文学在五个世纪里产生了令人敬佩的挽歌与史诗，但留给我们的散文实在是非常可怜、非常差劲的。这大概正好契合了马拉美的说法，他主张从一个人略微认真对待自己写的东西这一刻起，他就是在作诗了。所以说都是一样的。

——您得出的结论是不会出现作为一种常态的相反可能性，即一个智慧的散文家会是一个好诗人。

——呃，可能会出现散文并不排斥诗歌的情况，因为我猜想要一个人写下一段好的散文就必须要有听觉，而没有听觉就无法写诗，尤其是在自由体诗这里，它需要一种在节奏上的持续发明。

——当然，现在，您下定论说好的散文，无论如何，并不对应于那些可以不需要智慧的神秘诗人。

——（笑）我说过吗？

——是的（笑）。

——很好，我同意这句话，即使是我说的，即使是您刚刚送给我的一份礼物。

——哪里，但我对您有关诗人的智慧应用于散文这个想法特别感兴趣，因为，比如说，我读过的最迷人的散文，可以这么说，都是诗人写的。而在故事这方面也是一样；尽管在小说方面不是这样，肯定地说。

——不，在小说方面不是的；因为可以这么说，小说似乎需要让叙述者成为隐形的，或者是秘密的，不是吗？在一部好的小说里真实的是人物，而作者则不然，或者说作者不那么真实。这是我从未尝试过的一个类别，我不想尝试，因为要当一个好的小说家就必须先当一个好的小说读者；我相信除了康拉德，除了狄更斯，除了《堂吉诃德》的第二部——不是第一部——以外，我从未读过一部小说是不需要一份努力，一种学习的。在我看来这是不好的，因为阅读的目的应该是，我不会说快乐，而宁愿说是读者的情感。

——当然，不过说回到诗人的智慧吧。那种类型的智慧仿佛就是为了用另一种方式观照现实，或我们称之为现实的东西而生的。它与哲学或科学的智慧不同。

——是的，我猜想它是完全不同的……比如说，我想发生在我身上的一切必定是某种为我的作品而准备的黏土，但我不应当试图寻找词语来充当现实的镜子。我必须以某种方式更改这现实，而这些各式各样的更改名叫寓言，名叫故事，名叫叙述或者也叫诗篇；因此我要说我写下的一切都是自传性的。但从未采取直接的形式，而总是间接的形式——后者可能更加有效。另外，如果允许比喻的话，比喻是一种言说事物的间接方式；韵文也是，因为韵文的节奏并不符合口语的节奏。

——是的，现在，诗人的智慧与直觉之间的关系似乎比形式逻辑更紧密。您肯定记得，顺便提一句，佛教禅宗坚持不受逻辑的支配，同时给直觉留出位置。

——是的，不言而喻，在任何情况下，直觉才是根本之物。

——这是在东方，但在西方人们似乎尚未发现直觉的重要性，人们依然认为逻辑是唯一能够引导我们走向真理的东西。不过似乎正是靠着直觉，诗人才与神秘主义者产生了联系，或者是神秘主义诗人，这方面我们有很多例子。

——是的，因为两个类型都会出现的。但我相信人总在持续地直觉着事物；我不知道我说过没有，就是对我来说，思想的传播并不是一个，比如说，偶尔发生并且可以争论的现象，它是一种持续发生的东西。也就是说，我永远都在接收着信息，我相信我也在发送着信息。而这种交流产生的是名叫，友谊、爱、敌意还有仇恨的东西。这一切并非出自于所言，而是出自于所感。

——然而，您告诉我说在您一生中从未试过仇恨。

——是的，尽管苏尔·索拉尔告诉我说愤怒和仇恨是有用的，因为人总要释放他的情感。然而，在我这里，如果有人伤害了我——事实是人们一直对我非常好，说到底，从来没有故意地伤害过我——这带给我的更多是悲伤。或许悲伤是无用的；斯宾诺莎说悔恨也是无用的，因为悔恨，当然，是悲伤的一种形式。也就是说，他想到："作恶在道德上是应受谴责的，但悔恨已作的恶是将一份悲伤加于最初的之上。"因为斯宾诺莎相信平静是每个人都应该寻找的东西。

假如他正在思考着自己的罪，他便是在折磨自己，加深自己的不幸。现在，单就我而言，我是很容易遗忘的，因为我的记忆——就像柏格森对记忆的总体说法一样——是选择性的：如果我要思考我这一生漫长的，太过漫长的岁月的话，我只会记得那些快乐的事情。例如，我曾经动过很多回手术，尤其是眼睛的手术；我一生中很大一部分是在疗养院度过的，如今所有这一切都已经被我遗忘了。就是说，我可以想到在疗养院里的很多个白天，很多个夜晚，但我是把它们概括成了仅仅一个瞬间：一个不舒服的小小永恒。然而，它们是漫长连续的日子，尤其是漫长连续的夜晚，无疑是细致入微的，但所有这一切都已经被遗忘了。

——是的，近年来我们更多抵达的是平静。

——是的，前天我写了一首十四行诗——我还不能把它念出来，因为我必须要打磨它——但主题是这样的：主题是这些年或许是我一生中最好的年头。这些，我在诗中说道，被坦然接受的失明岁月。

——……是的。

——被坦然接受的失明，不是苦恼或忧伤的失明。我已接受了失明，就像我已经接受了衰老……当然，接受生活就不错了，不是吗？失明是生活的众多意外之一。有人对萧伯纳说不要以这样或那样的方式行事，因为那是草率的。对此，萧伯纳说道："生下来就是草率的，活下去也是草率的。"一切都是草率的，但那是一场美丽的冒险。

——（笑）现在您让我想起了一位智利诗人的两句诗，写的是："我丝毫不会介意／穿上十一巴拉①的衬衫"②。

——啊，很好，是的。真是奇怪，您如何想象一件十一巴拉的衬衫呢？我相信十一巴拉宽……

——多年来我一直尝试去想象它，可做不到。

——康宁汉姆·格雷厄姆说那指的是十一巴拉宽。我相信不是这样的，更有可能是一件十一巴拉长的衬衫，像条隧道一样，是不是？

——是的……

——就是说，一个人穿上这件衬衫，就消失在织物的隧道里了。

——（笑）是的。话说，还有另一位诗人，这回是阿根廷的，阿尔贝托·希里，他告诉我对他来说，人类中唯一不变的真理就是"认识你自己"。诗歌能够引领读者更好地认识自己……

---

① 长度单位，合 0.8359 米。
② 帕拉：《警告》（*Advertencia*）。

——华尔特·惠特曼曾经读过一本书，一本著名的传记，他沉思半晌，然后说道："这就是所谓一个人的生活吗？这些日期？这些名字？我死了之后人们就会这么写我吗？"随后他又在括号里补充说——当然是为了更加强调这个句子——他对于自己了解得非常少或是根本不了解，但是为了探询到某些东西，他写下了他的诗句。用另一种修辞，维克多·雨果说道："Je suis un homme voilé pour moi même"，"dieu seul sais mon vrai nom"。我是一个对于自己隐蔽难解的人；然后又说，唯有上帝知道我真正的名字。①显然，这是名字即事物的理念。

——以及名字是秘密的理念。

——以及名字是秘密的理念，是的。

——当然，如果诗人在写作中剖析自己、认识自己的话，就是在帮助读者唤醒自己的直觉，也让他更好地认识自己。

——当然，因为读者在某种意义上就是诗人。我在很久以前曾经写过，当我们阅读莎士比亚的时候，我们就是，哪怕只在瞬息之间，莎士比亚。

---

① 雨果:《断头台》(Un Échafaud)。

——确实，这是一个很有您的特点的想法。

——是的，我以前说过这话，我相信它是正确的。尽管，或许在某些情况下我们可以令莎士比亚延伸得很远，因为莎士比亚的文字一直在不断地得到充实，不仅是因为那些评注者而更是因为历史，因为这些名叫历史的不断重复的经验，不是吗？

——是的，但是所有这一切，再一次，都涉及前面曾经说到过的两大哲学路向：柏拉图的，它结合了直觉或神话或诗歌，以及亚里士多德的，即逻辑的路向。

——是的。

——但由于亚里士多德的路向始终占据着上风，可以这么说，诗人的使命，在我看来，大概就是重新创造柏拉图式的路向吧。

——是的，也就是说，以神话的形式，或者也以寓言的形式来思考。

——或是帮助人们在思考中纳入它，同时也并不排斥逻辑，对吗？

——对，因为它们是两件同样宝贵的工具。

——而且是互补的。

——话说，当然神话出现得更早：宇宙起源学先于天文学，占星术也是，神话先于三段论。

——确实。

——当然，这是最古老的形式，而这种古老形式正是我们做梦时回归于其中的形式。

——没错。

——因为当我们做梦的时候，这个行为可能是令人迷惑的，但它更像是——正如我们曾经说过的那样——一种虚构，尤其是一种戏剧式的虚构，而非一篇逻辑论文。

——很自然，不过显而易见的是，在所有的时代里，我们的时代或许是最不接受神话之真实性的时代。

——然而，我们却在不断地创造着它们，对吗？例如，可以这么说，不同的国家就是不同的神话；还有谈论，现在人们总是大谈民族性的认同，而且还在不断地追求着它：在世界上任何地方人们都假设有一种特殊的美德是出生于这个或那个地方，对不对？当然，这是非常危险的，因为它会带来冲突、战争、敌对行动；总之，会带来那么多的罪恶。但它也对应着美丽的梦想，可以拥有一种美学价值，甚至还有道德的价值，因为人们总是为这些范畴而死。

——所以神话有时是会独自产生的，并非出于我们的本意。

——是的，我们应当尽量保持理智，对吗？因为我们往往会陷入传奇和神话之中……但这并不取决于我们。

——但我相信，理智也包括接受直觉和诗歌的真实性，连同逻辑一起。

——是的，如此我们便再一次拥有了这两种相反的力量，它们是互相调和与互相补充的。

阿尔玛富埃尔忒

奥斯瓦尔多·费拉里：不久前，博尔赫斯，您说过这个国家曾经出过两个天才人物：第一个，是我们已经谈论过的萨米恩托；另一个是阿尔玛富埃尔忒。我想，鉴于他具有您所确认的重要性，我们是无法将他忽略不提的。另外，您对阿尔玛富埃尔忒已经形成了一种理论。

豪尔赫·路易斯·博尔赫斯：是的，我相信阿尔玛富埃尔忒更新了道德，并且引领基督教超越了基督。他曾经被比作尼采，但却很难找到两个像尼采和阿尔玛富埃尔忒那么不同的人。话说，尼采像吉本一样反对基督教，因为他认为这是一种奴隶的宗教，宽恕对应的是怯懦；相反阿尔玛富埃尔忒谴责宽恕却并非因为它是谦卑的一种形式，或是一种"懈怠"，用克里奥尔的话来讲，不是吗？他谴责宽恕是因为他认为这是骄傲的一种形式。我不记得那些诗句是怎

么写的了……对，

> 当上帝之子，无可形容者
> 宽恕了来自各各他的恶人……
> 便是在宇宙的脸上投下了
> 想象之中最可怕的侮辱！①

　　也就是说，阿尔玛富埃尔忒认为，或者不如说阿尔玛富埃尔忒
感觉到我们所有人都是一群卑微者，我们无权宽恕。他谴责宽恕是
因为他视其为骄傲的一种形式，因为宽恕者自认为高于对方。

　　——一种妄断……

　　——一种妄断，然后他又补充说他不相信自由意志，他在另一
节诗里说从创世的第一刻起那些犹大、彼拉多②和基督就已经被预
见到了。其实，如果人们否定了自由意志的话——我就倾向于否定
它——那么宽恕与复仇就毫无意义了，因为每个人都是像他必定要
做的那样行事的。也就是说，如果我们否定了自由意志，我们就不
可以惩罚任何人了，也不可以奖赏任何人，既然每个人都是以注定
的方式行事的。而阿尔玛富埃尔忒是无神论者，所以我猜想当他领
悟到……说到一种注定的行为方式时，他想到的并不是一个始终主

---

① 阿尔玛富埃尔忒：《传教士》(*El Misionero*)。
② 彼拉多（约 25 - 36），将耶稣钉上十字架的裁判官。

宰着万物的上帝。他想的更可能是因与果的分权之树，在时间里无限地延伸。就这样，每一个瞬间都是由前一个瞬间生成的，而前一个又是生于更前一个，依此类推以至无限。所以在这里我们就有了一种新的道德，一种谴责宽恕的道德，是因为宽恕被视为傲慢的一种形式。但他谴责基督教——正如尼采也谴责它——是出于相反的原因，因为尼采是像一个异教徒那样谴责它；在阿尔玛富埃尔忒这里，呃，我们可以把阿尔玛富埃尔忒当作基督教的一个最终结果，当作一个最终形式，因为基督不但宽恕而且比宽恕走得更远。

——确实。

——这大概是一种道德上的创新，提出它的……是二十世纪初，一位不仅写过卡斯蒂语中的最佳诗句，也写过最糟诗句的诗人。他在一个完全不值得拥有他的环境下提出了这种创新，因为如果有什么事情是阿根廷人不感兴趣的，我相信，那就是道德。或许是因为天主教的影响，因为在天主教里有忏悔的理念；忏悔可以赦免一个人的罪恶……然后，还有通过劳作而获得救赎的理念：在这些劳作之间还有弥撒，它反映了，可以这么说，教会最商业化与唯利是图的一面。也就是说，人可以通过劳作而获得救赎，人可以通过忏悔而获得救赎；不，事实是我不知道人是否可以凭他所做的事而获得救赎。阿尔玛富埃尔忒是一位怀有这种道德的神秘主义者，阿尔玛富埃尔忒就是这样一种可怕的东西——卡莱尔也是的：一个没有上帝的神秘主义者。

——一个没有上帝也没有希望的神秘主义者，您说。

——没有希望，也没有恐惧。因为，正如恺撒所说的，我记得，在萧伯纳的《恺撒与克娄巴特拉》里，人们对他说："恺撒，绝望吧！"恺撒回答道："没有过希望的人是无法绝望的。"

——当然。现在，您对阿尔玛富埃尔忒的看法，视之为一个没有上帝也没有希望的神秘主义者，让我想起了克洛代尔对韩波的观点，他形容后者是："一个野蛮状态的神秘主义者。"

——是的，只是野蛮状态意味着之后他会达到文明的状态。

——呃，未必。

——至于阿尔玛富埃尔忒，还有卡莱尔，他们都不信仰一个上帝，他们将世界看成仿佛是一架果与因的冷酷机械。我先说果，然后再说因，是因为如果以果开始的话，我便暗示了这宇宙的进程是无限的，因为这个果是出自一个因，而这个因又出自另一个因。也就是说，我们可以回溯至无限。

——我了解您与阿尔玛富埃尔忒第一次接触的途径是对埃瓦里斯托·卡列戈的阅读。

——不，不是阅读。

——是对埃瓦里斯托·卡列戈的回忆。

——卡列戈背下了阿尔玛富埃尔忒的《传教士》。

——是的……

——我记得那是一个星期天的晚上……卡列戈是一个矮小的人，一个纤弱的人，双眼里闪着那样的光……像是肺痨一样，有一副非常洪亮的嗓音。他在背诵——我不知道自己当时几岁——那时候我望着他，倾听着他背诵那首长诗《传教士》……我并不理解它，但我做得更好：我感受着它，我通过卡列戈感受到了阿尔玛富埃尔忒的力量。话说，卡列戈的写作最初是模仿阿尔玛富埃尔忒的，例如，《狼》这首诗：

> *一个如此严酷的冬夜*
> *苦难走出了大门，*
> *在她们的病床上*
> *患病的母亲哭着儿子，*
> *用灵魂中邪恶的冷*
> *和静脉中苦艾的热，*

穿过一片阴郁的痛苦沉默

　　一个可怜的醉鬼在酒馆里吟唱。

然后又说道：

　　同伴：不要出去，我有预感

……然后是他的一个幻觉，想象街上到处是狼：

　　在可怕的时辰它们挠着门。

他说。到诗的结尾处，他沉默下来，说道：

　　就因为这，那疯狂的，那诡异的

　　半首歌，留在了瓶中。"

　　卡列戈为这首诗而骄傲。后来他遗忘了它，一心歌唱起了郊区、外围一带了。那个外围，在卡列戈这里，就是洪都拉斯街和迪亚兹上校大街，不是吗？（笑）

　　——巴勒莫那里的。

　　——是的，但在当时那就是外围了。

——那个时候，您还很年轻，就感觉到所谓"阿尔玛富埃尔忒无可解释的诗歌力量"了。

——是的，阿尔玛富埃尔忒是向我揭示了诗歌的那些人中的一个。

——当然。

——然后就是我父亲念诵诗歌的声音……尤其是斯温朋和雪莱的。我依然很喜欢斯温朋，但我从来都不是很喜欢雪莱，说到底。我母亲说当我念诵斯温朋、雪莱、济慈、拜伦、华兹华斯的诗句时，我用的是，或者曾经是，我父亲的声音。我从未觉察到这一点。不过事实上，我念诵英语的诗句时，发出的的确是我父亲的声音。

——因为是他对您作了这些诗的启蒙。

——是的，是他启蒙了我，然后，卡斯蒂语诗歌也以一种出类拔萃的方式，由《传教士》向我呈现出来了；或许那是阿尔玛富埃尔忒的至高诗篇。

——精妙绝伦。

——由他的一位狂热的弟子，埃瓦里斯托·卡列戈背诵的……

——就这样您以直观的形式感受了它。但阿尔玛富埃尔忒的神秘主义，除了是……

——是那种绝望的神秘主义，因为它是不期待任何回报的神秘主义，也不惧怕任何惩罚。

——当然。

——或者不如说，我相信他肯定一直感觉到生命是某种可怕的事物，因为他是一个神经质的人，他肯定一直感觉到生命仿佛是一场漫长的病痛。他对很多事情并不敏感。例如，他说他对风景没有感觉，又补充说："我就像但丁一样。"呃，不必指责他这样谈论但丁，因为卢贡内斯也提到过但丁，是吧？在这个题目上。阿尔玛富埃尔忒断言："我感受到的生命无非是人类的。"其他的，风景，天空的美，土地的美，他对一切都漠然以待。很可能音乐也是一样，尽管不是词语的音乐，因为他的听觉极好。

——阿尔玛富埃尔忒那种神秘主义还有另外一个非常奇怪的特征，不仅仅是一种不可知论的神秘主义，可以这么说，因为他什么也不相信；它也是一种失败的神秘主义。

——是的。

——像 T.E. 劳伦斯一样。就是说，他看到失败是人类每一条道路、每一种命运的最终目的。

——是的，我不知道他是在《传教士》还是《感谢上帝》里这么说的，其中有这样的诗句：

我想失败配得上它的桂冠和凯旋门。

他意识到了失败的尊严。

——的的确确。

——史蒂文森也说过："我们不知道我们已注定会得到什么，肯定不会是成功。"[1]

——当然。

——他接受了这一点，但他是用微笑的方式来说的；相反，阿尔玛富埃尔忒则是"雷霆万钧的"，不是吗？奔涌而出。

---

[1] 史蒂文森：《穿越平原》(*Across the Plains*)。

——话说，您也曾经说过从一九三二年起就看到了一本有关阿尔玛富埃尔忒的书的构思或轮廓。

——是的，我这里有一篇关于阿尔玛富埃尔忒的理论，不过只有五六页，我大概必须要找一些例子吧……但或许那五六页可以是一个阿尔玛富埃尔忒研究者的起点，尽管现在看来研究诗人是不可能的，因为我们有了结构主义（笑），它似乎阻止了对诗人的任何研究，并且坚定地拒绝去感受美；它还很喜欢以句法来评判诗歌。在我看来，这是相当可悲的，不是吗？我说的是，拒绝去感受，而专注于一个短语的结构，在我看来是一种悲哀。不仅是批评家的悲哀，也是作家的，因为，毫无疑问，结构主义一直以来对于批评是如此地有害，必将给我们带来根据这种理论来写作的诗人。到那时，那些作品将完全没有情感，完全没有意义，但它们会提供形式，语段——我相信是这个名字——或是诸如此类的东西，它们被认为是必不可少的。所以结构主义引发了双重的危险，我们已然经历了这个危险的开始：批评被缩减为句法的细枝末节这种情况。奇怪的是阿尔玛富埃尔忒就讲到过"您的细枝末节，您可怕的细枝末节"[1]（两人都笑了），就仿佛他预感到了即将发生的事一样。毫无疑问，现在我们就有了为了得到结构主义者的赞誉而写作的诗人。

[1] 阿尔玛富埃尔忒：《传教士》。

——但这些结构主义的细枝末节似乎是不去理解诗歌的最佳途径。

　　——不仅不去理解，而且不去感受，这才是更严重的。它们是为了不敏感的人而打造的，不是吗？当然了，他们一个个安之若素，因为宇宙从不震惊他们，诗歌从不打动他们。他们可以专注于那些形式上的，纯粹是形式上的点点滴滴，当然。

　　——我们很希望，博尔赫斯，阿尔玛富埃尔忒的记忆把我们从这另一种微不足道、细枝末节的记忆中拯救出来。

　　——确实，我们可以这样希望。

佛教

奥斯瓦尔多·费拉里：在我们的多次交谈之中，博尔赫斯，您曾经涉及过，曾经不经意地呈现了一种对东方哲学和宗教的特殊了解，特别是佛教。

豪尔赫·路易斯·博尔赫斯：是的，确实如此。我接触到佛教……我小时候读到一位非常平庸的英国诗人，埃德文·阿诺德爵士的一首诗，题为《亚洲之光》，即佛陀。他在诗中讲述了——用很容易遗忘的诗句——佛陀的传说。我记得最后几行诗，是这么写的："露水在叶上 / 升起吧旭日"，然后是"露珠消失在灿烂的海中"。就是说，个体的灵魂消失在整体之中。我读完了这首诗，费了点劲，但这些诗行——大概是一九〇六年前后读到的（笑）——自此以后始终陪伴着我。我从没有想过要把什么背下来，从没有强迫自己去完成这项任务，但总有些诗句，有好的也有坏的，挥之不去，而我的记忆，我的记忆……多么可悲啊，是由引文构成的，尤其是，就像阿隆索·吉哈诺一样，我对我读过的东西，比对我身上发生过的事情记忆更深。就这样，我读到了这首诗关于佛教的诗——对佛陀的传说或多或少有了一个大致的了解——我听到过"涅槃"这个词，这个词……我不知道，似乎如此地丰富，如此地无可穷尽，不是吗？涅槃——在日语中叫做"nehana"，就不是那么动听——还存在"nivana"，更不好听了。然而"nirvana"[1]似乎是完美的，我不知道是为什么。后来我读了叔本华——我应该十六岁了吧——叔本华谈论佛教，说他是佛教徒。这令我……我不知道一部科彭的书，一部两卷本是如何落到我手中的，这本书如今已被遗忘了，当年却是叔本华读的，正是它让他领略了佛教[2]。这本书立刻让我大感兴趣，后来我又读了马克斯·缪勒的书，《印度哲学六大体系》，还读了——那要晚得多了，在布宜诺斯艾利斯——叔本华的弟子杜森的《哲学史》，他用论印度的三大卷开始了他的《哲学史》，然后才述及希腊。一般来说都是从希腊开始的，但他不是，他是从印度开始的。还包括略微有点肤浅的一章讲到中国哲学，读着这一些，缪勒和杜森的书，我得出的结论是一切都早已在印度和中国被思考过了：所有可能的哲学，从唯物主义到唯心主义的各种极端形式，一切都早已被他们思考过了。但却是以一种不同的方式思考的，所以从那时起我们始终在致力重新思考在印度和中国被思考过的一切。我读过两部中国哲学史。相反，据我所知日本并没出过哲学家。呃，某

---

① 西班牙语、英语等多种语言中的"涅槃"。

② 科彭：《佛之宗教》（*Die Religion des Buddha*）。

个佛教的颂扬者，但仅此而已。但在中国和印度总有各种各样的哲学流派，有着彼此截然不同的哲学家。例如，爱利亚的芝诺的著名悖论，就是说运动之物从出发点开始，要抵达终点——我父亲在一块棋盘上给我解释过这个——但在之前，姑且说吧，假设有一个车，在到达对方的格子之前它必须要经过王的格子。在经过王的格子之前它必须要经过的象的格子，再之前要经过马的格子。那么，如果一条线是由无限数量的点构成的，如果任何一条线都是由无限数量的点构成的——比如说界定这张桌子的线，或者从这里连到月亮的线——任何一条线都包含有无限数量的点，空间是无限可分的，那运动之物就永远无法抵达终点，因为永远有一个中间点存在。与这个题目相关，我当时正在读一部庄子著作的翟理思英译本，书中讲到一位哲学家惠子提及一个王朝的故事。这个王朝的国王有一柄权杖，在临死之前，他把权杖交给儿子：切掉一半，把另一半传下去；儿子又切掉一半，把这一半传给他的儿子，就像权杖在理论上是无限可分的一样，王朝也是无限的。就是说，那正是阿基里斯和乌龟的悖论，运动之物的悖论，芝诺飞矢的悖论，但思考的主旨略有不同。我是在阅读两部中国哲学史的时候发现这一点的，很奇怪购买的地方是同一个：弗赖莫乔书店，在萨米恩托街，里奥班巴街和卡亚俄街之间。在那里我找到了中国哲学史，一部是用英语写的，另一部是德语的。我阅读了它们，发现一切尽在其中，但一切都略有不同。我对印度也有同样的感觉：我看到他们已经思考了一切，但却是以一种对我们来说有点费力的方式。例如，印度人也有演绎推理，但我们这种通常是由三段组成的，我相信他们那种包含五六段，但全都是一样的：一连串的命题。因此我相信一切都早已在东方被思考过了。话说，至于最本原的事物之一，即灵魂转世的学说，在印度教和佛教里是理所当然的，就是说，人们直接认可这一点，并不需要证明，就像我们不需要三加四等于七的证明一样，因为我们感觉就是这样。他们感觉到有无限数的，确确实实是无限数的化身，在此生之前；然后这仍将继续下去，除非我们在涅槃中得到拯救。因此我对印度哲学，以及中国哲学，怀有最大的尊重和最大的热爱。因为如果我学习这些哲学，凭借对西方哲学的某些了解，就了解了这么多东西，这就意味着无疑还有很多我还未曾了解的东西，因为它们尚未出现在西方，但它们会出现的。所以说，那些东方的哲学，确实是无可穷尽的。

——我也曾经想过，通过赴日本的旅行，或许您已经和神道有所接触了吧。

——和神道以及佛教：我曾经和一位佛教僧人交谈过——他不到三十岁——他告诉我说他曾经达到过两次涅槃。他不知道那种神秘的经验延续了多久，但他已经达到了它，因为那是某种全新的东西。我对他说，然后呢？他对我说，然后我继续活着，然后我遇到了身体的苦痛，身体的快乐，不同的味道，不同的颜色，友谊，孤独，乡愁，喜悦，悲伤，但所有这一切我都是以一种不同并且更好的方式感受的，因为我有涅槃的经验。他还对我说：我可以跟另外一个僧人谈论这件事，因为他也有过这份经验，跟您我没什么可说的。当然，我很理解：每一个词都以一种共有的经验为前提，因为如果您在加拿大说起马黛茶的味道，没有谁能够知道它究竟是怎样的。相反，如果您跟，这一带的某个人说的话，他马上就能明白您指的是什么。就是说，每一个词都以一种共有的经验为前提，而因为我从来不曾共有——据我所知——涅槃的经验，他没有办法跟我谈论这件事。

——当然。

——所以我希望重读杜森的三卷本，我希望重新查阅马克斯·缪勒的《印度哲学六大体系》；然后，我不知道是不是要阅读东方的文本，因为东方的文本不是为解释什么而写的，它们是为了暗示什么而写的。为此我阅读了——我一直对秘法很感兴趣——我读过《佐哈尔》（"光辉之书"）①，以及其他秘法书籍的英语和德语译本，它们不是为了让人理解而写的，它们是为了暗示什么或记录某种经验而写的，并不加以诠释。因此，比如说，关于秘法最好的书是热尔肖姆·舒莱姆写的那本，他在书中解释了种种事情。相反，如果您寻找东方文本，或引自这些文本的文本的话，它们仅仅宣称，例如"En-soph 存在，en-soph 有六道光焰"，但 en-soph 的意思却并不是非常明白，光焰的意思也不清楚。不同的是，舒莱姆对此做出了解释。

---

① *Zohar*，犹太秘法文学经典，13 世纪时首次出现于西班牙。

——我希望，博尔赫斯，在以后的播音里我们还能再次谈到东方。

——是的，我的身体与心灵都很愿意回到东方去，另外，我没有一天不在回想我的日本之行，那是我一生中最美好的经验之一。

——那就让我们随你同行吧。

——有何不可。

"史诗的味道"

奥斯瓦尔多·费拉里：博尔赫斯，有一种味道，您在一篇文章里说，往往不为我们的时代所感知：英雄体的原初味道。

豪尔赫·路易斯·博尔赫斯：是的，奇怪的是诗歌始于史诗，也就是说，诗人起初歌唱的并不是他们的痛苦，或是他们个人偶然的好运；他们选中的是史诗的主题。人们总说长篇小说是史诗的一种降格。现在，降格这个词是贬义的，我不想使用它；但为什么不假设它是从韵文开始的呢——当然，它比散文更易于记忆——而这种韵文原本就是……英雄体的，史诗性的……

——是的。

——奇怪的是史诗比抒情诗，甚至包括挽歌更能打动我。有时候——为什么不承认呢，因为这里只有我们两个——有时候我读到什么就会流泪，我总是读到什么史诗性的东西就会流泪，我读到另外一些悲伤的，哀婉或是感伤的东西就不会。但我对史诗的这种喜好是如此之深，以至于我会以史诗的标准来评判小说家，这显然是不合逻辑的。或许正因为这个缘故，我会说在我看来，小说家——尽管没有理由只选一个，人选有的是——大概就是约瑟夫·康拉德了。在康拉德这里史诗的元素是显而易见的，另外，在他这里还有大海的主题，那也是史诗性的，因为那是冒险的、英雄远航的主题。所以在康拉德这里——他对我来说就是小说家——感觉得到那种艰难的，如今已求之不得的史诗味道。

既然我们正在谈论史诗，我想要顺便提一下，某样我毫无疑问早就提到过的事情，就是在这样一个时代，当诗人已经忘记了他史诗性的起源，以及，有什么不能说的呢，他成为史诗性的使命之时，是好莱坞，为了全世界，担负起了这份使命。现在西部——Far West——遍布于世界每一个角落，因为在世界每一个角落，平原和骑手的神话——我们已经可以称之为神话了——牛仔的神话，都在发生。在世界每一个角落都有人走出电影院，有点惊奇地发现自己是在……无论什么地方：在布加勒斯特，在莫斯科，在布宜诺斯艾利斯，在伦敦，在蒙特利尔，他们走进这些城市，他们自己的城市，但却是从西部走出来的。不是真实的西部而是神话的西部：牛仔的西部。

——就是说，好莱坞已经令史诗在我们的时代无所不在。

——是的，它是为商业目的而制作出来的这一点并不重要，重要的是史诗的味道。我不知道我是否曾经告诉过您——为什么现在不提一下呢——我相信是"Grettir saga"，格雷蒂尔萨加，强力者格雷蒂尔的萨加，里面的一段情节。情节是这样的：一个人在一座山上有个农场，听到有人前来就叫喊起来，但喊声很轻而无人留意。然后他再次更用力地呼喊，接着又走了出去。来到了户外他感到一点困扰，因为正在下着小雨。就在那一刻——到来的是他的敌人——敌人就在屋子周围等待着，后者猛扑上来，用一把刀子杀死了他。于是这个人在临死时——当然，无疑他们都很喜欢白刃的武器——在临死时说道："是啊，现在都用这么宽的刀了。"看得出这是一个非常勇敢的人，他忘记了他自身的死亡，他不说任何悲伤的话，而只关心此时此刻都在用这么宽的刀这样的细节，这么宽的刀正在将他杀死。

——这里就有史诗的味道。

——是的，我第一次读到的时候，我流泪了。现在我已经讲述了这么多次，再讲眼睛也不会湿了，但我相信这段情节有史诗的味道。任何别的作者，无论是欧里庇德斯还是莎士比亚，都会让这个人说点跟那一刻有关的话，但正因为这个人是勇敢的，他忘记了自己即将死去，并发出了这番言论。我要给您带来一个坏消息，就是德语译者——他是一个很好的斯堪的纳维亚学者，但在美学方面没有任何感觉——他没有按照应该的那样把这句话翻译成"现在都用这么宽的刀了"，而是翻译成了类似于"这样的刀很流行"。毁掉了一切。

——全搞砸了。

——全搞砸了，对吧？这表明要翻译一本书仅仅成为一个学者是不够的，还要感受它。这一段——在我看来是文学之中最悲怆的，具有一种无可置疑的史诗味道的一段——却被"流行"一词毁掉了。多么奇怪啊，因为他是一个非常出色的斯堪的纳维亚学者，我相信他还担任了一系列斯堪的纳维亚萨加，斯堪的纳维亚神话书籍，冰岛文化研究的编辑……然而，他却犯下了这个 gaffe[①]，可以这么说，足以让他丧失翻译的资格。应该还有其他史诗方面的例子……例如，我记得《马丁·菲耶罗》里有这一节——但不知道它是不是史诗性的，或者可不可以把它归类为史诗：

> 来时总是睡意蒙眬
> 无论谁从沙漠回返
> 看我是否解释得清
> 面对这般古怪的人群
> 是否在感受吉他之际
> 我可以从梦中苏醒。

_____

① 英语"过失、蠢事"。

124

我相信这句"来时总是睡意蒙眬 / 无论是谁从沙漠回返"让人感受到了沙漠的辽阔与单调，不是吗？

——没错。

——因为通过某种方式沙漠被比作了睡梦——一种间接的，也是最有效的方式。但是，即使在当代文学中也依然可以找到史诗的特征。说到最近的书籍，我要说的是……我想到两本书：在劳伦斯上校的《智慧七柱》里，我记得有两段——都是史诗性的。两段都发生在一场胜利之后——或许是同一场胜利——一场阿拉伯人在他的指挥之下，对土耳其人的胜利。在其中一段里，他说（他正骑在一匹骆驼上）他感觉到"成功那实实在在的耻辱"，胜利那实实在在的耻辱。另一段更加精彩：说的是一个由德国人与奥地利人组成的军团在作战，理所当然是土耳其人那一方。这时，那些土耳其人纷纷逃走，而德国人和奥地利人的军团却仍在顽强坚持着，因此……当然了，他们是欧洲人，劳伦斯原本就可以感受与他们的亲近关系。但最好忘掉这个；这时他难忘地写道："在这场战役里，第一次，我为那些杀死我兄弟的人们感到自豪。"为敌人的勇敢而自豪这件事是史诗性的。

——它呈现了一种特殊的伟大。

——当然，我不相信这是常有的事；一般的设想是打仗就必须要仇恨敌人。这一点，政府明白得很，它们煽动仇恨，因为假如不是为了仇恨；为了这份很遗憾是如此强大的激情，人们就会领悟到一个人杀死另一个人是毫无意义的罪行。相反，有了仇恨的刺激就可以做了。但劳伦斯肯定没有感觉到对那些敌人的仇恨，可以为之自豪——我相信这在文学或历史上都是独一无二的——可以为他的敌人的勇敢而感到自豪。一种高尚的情感。仅凭这两句话就足以证明一件不证自明的事情了：就是劳伦斯是一个天才人物，一个非同凡响的人。感到胜利或成功是一份耻辱；实实在在地感到这份耻辱，为敌人的勇敢而感到自豪，是两个，据我所知，在别处从未见过的特征。

我的大半生都用在阅读，或者说重读上了，因为我相信重读是一种像阅读，像发现一样愉悦的享受。另外，当一个人重读的时候，他知道自己重读的东西是好的，因为它是被他选中来重读的。在这里我要提一下叔本华，他说他从未读过任何问世未满百年的书籍，因为如果一本书已经延续了一百年的话，其中必定有些东西值得其延续。相反，如果一个人读一本新出的书的话，他所遭遇的并非永远是惊喜。因此经典的好处大概就是：它是已被公认的。当然时常是出于迷信，也有时是爱国主义……总之，出于各种理由。但尽管如此，一本书延续了下来这一点，就表明其中有些东西是人们曾经发现，并且想要重新发现的。我相信这是普遍接受的理论，即文学始于史诗，然后才抵达小说——那大概就是史诗的一种散文形式，尽管萨加，其中很多都是英雄故事，都是用散文写的，所以这并不重要。

——但那种味道，那种史诗的味道，无疑给您的篇章带来过很多灵感……

——但愿吧，我不知道我是否……我相信我是读者多于作者（笑）。

——（笑）我现在想到，在我们的作家中间，在阿斯卡苏比身上，您发现了那种史诗的快乐，几乎可以这么说。

——是的，这是《马丁·菲耶罗》中找不到的东西，比如说。因为马丁·菲耶罗是一个勇敢的人——一个勇敢、忧伤的人，很容易怜惜自己的苦难，而不是别人的苦难。相反，在阿斯卡苏比身上有一种——我曾经写过这句话，为什么不再说一次呢，既然没有人记得——"华丽的勇气"。就是说，那样一种勇气的意思，那种像一朵花，像一袭盛装一般的勇气。

——"歌唱与战斗着"。

——是的，那本书的副标题，精彩之极，或许胜过了书中的许多篇章："阿根廷和东岸乌拉圭共和国的加乌乔，歌唱与战斗着，直到推翻暴君堂·胡安·曼努埃尔·罗萨斯及其党羽。""党羽"不是很好听，但这无关紧要，"歌唱与战斗着"这个想法……说到这个，前几天我一直在翻阅马可·波罗游记，他在书里说道——我在最近的一首诗里也提到了——鞑靼人总在战斗中歌唱。毫无疑问那肯定是史诗的词句，但他们会把这些词句唱出来，我相信直到最近战斗中有音乐伴奏才成为常态。

——您还说您曾经在《伊利亚特》中感受到了英雄壮举的味道，明确无误。

——在《伊利亚特》中是的，不过，在《奥德赛》里就没有——不如说那是一种冒险的、旅行的浪漫味道……在赫克托尔告别自己妻子的时候就感受得到，不言而喻——两人都知道他们不会再见了——赫克托尔就要去，和一个半神阿喀琉斯：一个神和一个女人的儿子，对决了。

关于阿喀琉斯的诞生，我记得诗人吕柯弗隆，人称"晦涩者"的一个短语，他把赫克力斯叫做"三夜之狮"。为什么是"三夜"呢？因为宙斯，为了让快乐延续得更久，就让自己成为赫克力斯之父的那一夜延续了三夜之久。而"狮"则很自然是英雄的代名词，但是这个短语，初看无疑是晦涩的，"三夜之狮"，指的是成为赫克力斯之父的那个三重夜晚。现在，我要发表另外一个主张，即：我已经诠释了这个短语，就是评注家们给出的诠释，但我相信即使不知道这个诠释，这个短语也依然精彩，不是吗？

——美妙之极。

——美学的效果先于逻辑的诠释。

——当然。

——人们听到这个短语。

——就够了。

——就够了，或许被诠释本身就很可悲——不对，在这件事情上不是的，因为给它提供了理由。但或许美学总是先于诠释的吧，就是说，如果一个短语乍一听就很好的话，就是很好。加以诠释是应该的，理当如此，它不应该是荒谬的，因为这可能会干扰审美的愉悦。如果可以被诠释的话，当然更好。无论如何，诠释是次要的，我相信人们立刻就会感受到那种审美的情感，当他听到"三夜之狮"的时候。

——那种效果就是，像希腊人说的那样，"自明"的，不言而喻、一目了然的效果。

——是的，这是一目了然的，而且还有那么多的史诗味道。我曾经提起过那么多次，当撒克逊国王对挪威国王说，答应给他"六尺黄土"，而既然他个子那么高，那就"再加一尺"①。嗯，这话说

① 1066 年挪威国王西固尔达尔松（1015－1066）入侵英格兰，并于同年在斯坦福桥被盎格鲁－撒克逊末代国王哈罗德二世（1022－1066）击败并杀死。据说在与挪威军队交战之前，哈罗德二世被问及愿意向西固尔达尔松奉献何物以解困时，回答说"六英尺英格兰的黄土或是七英尺，因为他比大多数男人要高"。

得很好，因为在这里威胁是作为一份礼物献上的，不是吗？当然，对方想要土地，那就答应给他"六尺黄土"吧。

——暗指坟墓的话。

——暗指坟墓，但这要比"六尺埋了他"这样的话有力得多。

——当然，这是暗示性的。

——既然我们谈到了土地，我想起一句话，我相信是巴顿将军——我不知道，法国人，很有些忘恩负义地，谴责他有某种帝国主义倾向；美国派来参战的，我相信，有一百万人，至少。其中很多人为了解放法国而死去了。对此，巴顿回答说，他只向法国要求必需的土地来埋葬他们死去的人。他以此来提醒他们想想他为他们做过的一切。他用的是一种间接的方式，比别的方式更加有力；如果他说"我只要求必需的土地来埋葬为你们而战死的将士"就不行，那样就没有力量了。

弗吉尼亚·伍尔夫、维多利亚·奥坎坡和女权主义

奥斯瓦尔多·费拉里：博尔赫斯，有一个女性文学人物，您已经翻译了她的两本书，我们此前从没有提到过……

豪尔赫·路易斯·博尔赫斯：弗吉尼亚·伍尔夫。

——那个英国作家，没错。

——我原以为我不喜欢弗吉尼亚·伍尔夫，或者说，我不感兴趣；但《南方》杂志委托了我翻译《奥兰多》。我同意了进行这个翻译，而在翻译过程中，在阅读的时候，令我惊讶的是，我对这本书越来越有兴趣了。确实，这是一部伟大的书，主题——我不知道您是否知道——是一个奇怪的主题：讲的是萨克维尔家族……

——萨克维尔·韦斯特家族。

——是的，然后这部小说致力呈现的，不是这个家族里的某一个人——除了她的朋友，维多利亚·萨克维尔·韦斯特——而是，可以说，那样一种概念，这个家族作为一个柏拉图式的原型，一个普遍的形式——这是经院学者起给原型的名字。然后，为了实行这个目标，弗吉尼亚·伍尔夫设想了一个生活在十七世纪，之后又来到我们时代的人。这种手法威尔斯也实行过，在他的一部小说里——我不记得是哪部了——书中的人，为了小说家的方便，目的是将他们安置在历史上的不同时期，能活到三百岁。萧伯纳也玩过永生不死这个概念。

——在《回归玛土撒拉》里。

——是的，只是仅有一些人长寿，其他人则是通常的寿命……此时此刻我冒着成为那些长寿者之一的风险，因为活到了八十五岁是危险的。我随时都可能活到八十六岁。但归根结底，希望不会吧，希望我不会是那些可悲的被恩宠者或是可悲的被吞噬者中的一员，身受时间，长久的、太久的时间的摧残。话说，在这本书（《奥兰多》）的插图里有这个家族的画像，不言而喻他们全都是奥兰多。同时这本书也可用来评判各个时代，以及各种文学风尚。所有这一切，照理说，似乎必定会带来一部难以卒读的书。然而并不是，这本书非常有趣。

——是的，还有一件事，就是萨克维尔·韦斯特的宅邸，作为此书的背景，据维多利亚·奥坎坡说共有三百六十五个房间。

——当然，所以它便成了一幢占星术之宅，因为三百六十五与占星术和年份的计算有关，很自然。

——确实。另外您还翻译了弗吉尼亚·伍尔夫的《自己的房间》，我了解到。

——是的，现在我要向您透露一个秘密，因为只有我们两个人，就是这本书其实是我母亲翻译的。我略微修订了一下译文，就像她修订我的《奥兰多》译文一样。事实上我们是一起工作的。是的，《自己的房间》，我不是很感兴趣……主题，当然，可以这么说，仅仅是偏向女性和女权主义的一段论辩而已。但因为我是一个女权主义者，我不需要论辩来说服我，因为我是相信的。现在，伍尔夫变成了这个主张的传道者，但因为我是赞同这个主张的，我尽可以无视传道者了。然而，这本书，《奥兰多》，实在是一本令人钦佩的书。可惜的是它在最后几页泄了气，但书往往都是这样的。例如，在《百年孤独》这里：似乎那孤独不一定非要延续一百年，八十年就可以了，不是吗？但是，为了书名它必须是百年孤独。作者疲惫了，读者感觉到了那份疲惫，并且……分享了它。还有《奥兰多》的结尾，在我看来有某一样东西，我不知道，我模糊地联想到了钻石，但这些钻石大约已经消失在遗忘中了：我只看到了闪光……但这是一本非常非常好的书，我记得有一章，有一页出现了莎士比亚而并未提到他的名字。但没有一个读者不能意识到那就是莎士比亚。那是一个正在观看一出戏的人，那样子就像是在一出戏的中间想着别的东西：大概是在想着喜剧或是悲剧。人人都明白他就是莎士比亚。假如把这说出来，那就全毁了，因为暗示可能比表达更有效。

——确实《奥兰多》回溯穿越了不同的时代，我相信，有些时候，这本书是幻想文学的一个杰出的范例。

——毫无疑问，另外它也是一本无与伦比的书，因为我不记得有任何其他书籍是这么写的。我相信一开始人们都不知道奥兰多会一直活下去，不是吗？奥兰多将会是，我不知道是不是永生不死的，也是几乎永生不死的。

——永生不死并且无处不在。

——是的，永生不死并且无处不在。我不是那么喜欢弗吉尼亚·伍尔夫的批评著作。在谈到某一代作家时，她用阿诺德·贝内特来举例……很奇怪她选了阿诺德·贝内特，其实尽可以选择萧伯纳和 H.G. 威尔斯这两个天才人物。我相信弗吉尼亚·伍尔夫说过，贝内特在她相信是一个小说家最根本的一点，即人物的创造方面失败了。但我相信这话用在贝内特身上是错的，我也不能肯定人物的创造是小说家的根本。好吧，我不知道这个主张是否正确，但我们认为归根结底，查理·卓别林和米老鼠（笑），劳莱和哈代，都是人物。所以说看起来创造人物并不是那么难嘛，对吗？它们被层出不穷地创造出来——一个漫画家就可以创造一个人物。

——您知道西尔维纳和维多利亚·奥坎坡也对弗吉尼亚·伍尔夫很感兴趣，并且非常关注。维多利亚·奥坎坡写过……

——是的，维多利亚认识她本人，但或许是有点从属性的关系，因为我记得维多利亚曾经告诉过我《南方》有一期是献给英国文学的。当时我和卡萨雷斯组织了一系列的文本，结果发现维多利亚已经承诺了要发表由维多利亚·萨克维尔·韦斯特和弗吉尼亚·伍尔夫在英国编辑的一个选集。我不是很想发表这些诗歌，因为我不喜欢，但她对我说不行，这一期已经安排好了，然后就这样出版了。之后我在《南方》上发表了我们原来选中的，被弗吉尼亚·伍尔夫和维多利亚·萨克维尔·韦斯特武断地排除在外的作家的文本。我相信这两个作家希望发表她们团体的作家。相反，我一直想要出一部能够代表当代英国文学全体的选集。我记得维多利亚·奥坎坡对弗吉尼亚·伍尔夫说她来自阿根廷共和国，然后伍尔夫对她说她自信可以想见这个国家。她想象到一个场景，人们在晚间的花园或草地上用着茶点，在一个有树木和萤火虫的地方。维多利亚非常客气地对她说，这正是阿根廷共和国的样子（笑）。

——当维多利亚·奥坎坡写到弗吉尼亚·伍尔夫时，用很大篇幅讲述了维多利亚时代晚期，英格兰甚至阿根廷的妇女状况。真的，博尔赫斯，读过以后女权主义和他们的主张就都可以理解了。

——当然了。读到它之前我的想法也是一样的，没错。

——这些维多利亚时代针对妇女的习惯态度的受害者之一——但她能够克服这一点——就是弗吉尼亚·伍尔夫。

——啊，我原来不知道这个。

——她从她的父亲那里经受了这一切，后者命令她"No writing, no books"（不准写作，不准读书）。

——我相信她父亲是《英国文人》（*English Men of Letters*）的编者，但我原来不知道……

——他反对女儿读书和写作。

——他主编的那个选集里面有几部传记是值得赞扬的，比如哈罗德·尼科尔森那本，写斯温朋的，还有一本写爱德华·菲茨杰拉德的，然后还有一本普里斯特利写梅瑞狄斯的很是非同凡响。

——有些奇怪的话，弗吉尼亚·伍尔夫曾经对维多利亚·奥坎坡说过。她在信里写道："像大多数没文化的英国女人一样，我喜欢读书，我始终喜欢读书。"

——（笑）没文化这话也许是她的一个玩笑，不是吗？但是，不对，很可能一个作家对于一个科学家或哲学家来说就是没文化的吧……

——反之亦然，显而易见。

——反之亦然，但很可能我们这样的作家，无论是文学的还是历史的，比如说，都是完全没有文化的。我知道，跟"街上的人"相比我是一个无知的人，因为毫无疑问，我肯定用过很多次、太多次电话，却依然不知道什么是电话，更不用说什么是电脑了。我勉勉强强算是明白了什么是晴雨表或温度计；或许我已经忘了我理解的东西。

——当然，我对您说过在维多利亚·奥坎坡和弗吉尼亚·伍尔夫之间，似乎已经确立了一系列的主张：维多利亚·奥坎坡在一封信里引用了《简·爱》中的一段，并对此说道："听得见夏洛蒂·勃朗特的呼吸，一种被压迫的，气喘吁吁的呼吸。"她又补充说这种压迫是时代施加于她的，就在她的妇女状况之中。

——是啊，现在似乎我们每个人都有权受压迫和气喘吁吁了，对不对？男人也一样（**两人都笑了**）。不幸的是，我们可以领略这份忧郁的特权，它此前是专属于妇女的。

密谋者

奥斯瓦尔多·费拉里：尽管您认为当代作家的书籍应该在未来阅读，而不是现在，博尔赫斯，您最新的诗集《密谋者》似乎已经具备了阅读和欣赏所必需的成熟度。

豪尔赫·路易斯·博尔赫斯：我不知道，我写下了这本书，我没有校对过，它的内容我有点模糊了。我知道他们要求我写三十首，我写了四十首，我试图用这样一种方式来排列它们……比如说，我把类似的诗一首挨一首放到一起，这样它们令人瞠目的雷同就不会被人发现了。但我猜想我写的书这一本跟那一本是不可能有很大不同的，我猜想在我这个年纪某些主题、某些句法是意料之中的，或许还有单调也是意料之中的；假如我不单调的话，我是不会令人满意的。或许一个作家在某个年纪，必须要重复自己吧。据切斯特顿说，每一个作家，或者尤其是每一个诗人，最后都会成为他最好的以及非自愿的戏仿者：斯温朋的最后篇章像是斯温朋的戏仿，因为作者总有某些习惯，他会夸大它们。就我而言，我相信最明显的习惯就是列举，不是吗？我相信这是我的一个习惯，有时它带给我不错的结果，有时，不妨说，就差一点。无疑还有些句法习惯，我不是很了解。想必每一个作家，随着时间的推移，都会令自己的词汇枯竭，或是将其简化。

——不如说是围绕那些根本性的东西简化的。

——是的，但总有某些反复出现的主题，某些反复出现的隐喻。然后，就我而言，因为我从一九五五年或一九五六年开始就不能阅读我写的东西了，也许我相信自己是在写一首新诗，其实我写的是我往日写作的一个回声，一次差劲的抄袭。然而，在我的印象中每一天都是不同的，但我不知道我是否能用我的写作来反映这样一种日日常新，因为我受制于，就像我说的那样，某一套词汇，某一种句法，某些修辞手法……我希望不要太过明显，您读过这本书吗？

——读了，我有一些意见，打算不久以后向您提出来……

——有什么不可以，我们就谈谈这本书吧。但是，显而易见，毫无疑问您比我更了解它，因为您一定已经读过了，假设说，好几次了吧，而我只写过一次（两人都笑了）。因此这本书与其说是属于我的，不如说是属于您的。另外，您刚刚读过这本书，这是一个当下的经验。我写下它应该有一年了，那是已经过去的经验，已经作废了，而且我一直想要忘掉它，因为我想要忘掉我写下的东西。正因为这个我才会经常重写我已经写过的东西而毫无觉察。不过，我现在正在写一个故事，主人公是但丁。我觉得这个故事不会跟我的任何其他故事相似。我会尽量让它不那么学究气。另外，我对于但丁的学问极其薄弱。我会搜罗一下有关但丁最后日子的资料，就是说，他在威尼斯度过的最后日子。在回到拉文纳之前，他就是在那里去世的，对吗？我要看看我能不能避免写风景——故事将在威尼斯开始——在我看来威尼斯的风景已经被尝试过那么多次了，而且运气又都那么好，我没有任何理由落入其中，或是再试一次。

——我记得在我们谈论但丁的时候，您曾经猜想过他身在威尼斯是什么样的感受。

——是啊，我从这个疑问说起，然后又说到别的。现在我有非常多不确定的地方，但我相信我会写下这个故事的。

——现在，关于《密谋者》这本书，我相信书名是令人惊讶的，这竟是一本诗集。不过，"密谋者"们怀着一个善的目标行事，以及将有志于一个善的目标的人称为密谋者这个想法，至少从一九三六年起就在您头脑中产生了。

——我不知道，为什么是一九三六年起？

——因为您在一九三六年，在布宜诺斯艾利斯建城四百年庆典的致辞中，曾经说过："在这一间美洲的屋子里，世界各国的人们曾经密谋要消失在新人类之中，他还不是我们任何人，但我们预言他将是阿根廷人，让我们由此向希望迈进。"

——我说过这话？

——是的。

——一段有点华而不实的话，不过可能彼时彼刻人们期待的就是华而不实的话吧，对不对？（笑）

——（笑）后来您又补充说"克里奥尔就是那些密谋者之一"。

——但愿吧。

——"他既已构成了整个民族，却宁愿成为众多的民族之一，现在。"就是说，他选择了，可以这么说，同样消失在新人类之中。

——是的，我有过这样的想法。但是……在那些民族主义的时刻，我想的是：真奇怪，这个国家，它主要是专注于移民，就是说，专注于以某种方式消失。但我有这个想法是在很久以前了，在一本书里，书名我不想提起，因为我希望这本书被人遗忘，书里有一篇这个主题的文章：仿佛失败就是我们的命运，并且是自愿的失败，是的，我已经完全忘记了……

——但是现在，在这里，为这本书提供书名的人是汇聚在欧洲中心的密谋者。

——是的，他们是我的同胞，不妨这么说，瑞士人。真奇怪，我是最早将一首诗献给瑞士的人们中间的一个，因为瑞士的风景……我猜想瑞士的酒店老板们要把他们的繁荣部分归因于比如说拜伦，不是吗？归因于那些歌唱阿尔卑斯山的人，包括席勒在内。但是我相信为瑞士作一首诗，将瑞士设想为一个理想，这想法是一个新想法。尽管瑞士出现了联邦的完美典范，因为我们有德语瑞士人、法语瑞士人、意大利语瑞士人……就像我说的那样，不同种族、不同语言、不同宗教，或不同无神论的人，他们全都下定了决心要成为瑞士人，这倒是有点神秘啊，不是吗？

——是的，为此您提到了帕拉塞尔索斯、阿米勒、容格和保罗·克利。

——是的，他们彼此间全然不同。我原本还可以提到一个建筑师，他的建筑我并不喜欢，也是瑞士人：勒·柯布西耶；我原本还可以谈论一下达达运动的创始人（其中有某个瑞士人）。但我对勒·柯布西耶的那些立方体，或达达那些支离破碎的文学都不感兴趣，所以并没有提起他们。然后还有一个大诗人，凯勒，但是……

——歌特菲尔德·凯勒。

——是的，但我猜想如果我把他放上去的话，读者大概会以为我想要把名单加长，故意放进不认识的名字吧。

——但无论如何，所有人都符合两个基本特征：他们都是具有理性与信念的人。

——是的，确实如此。

——而这份理性与这份信念带来了通向一种新智慧的希望，在我看来。

——容纳了"世界公民"这个词的智慧。

——当然。

——应该是这样。真是奇怪，过了这么多个世纪，它似乎依旧有些遥远，那个古老的……

——那个希腊的理想。

——那个希腊斯多葛派的理想，是的。话说，可能那些设想了它的人也没有把它看得很清楚。毫无疑问他们认为自己是希腊人，别人都是野蛮人，不是吗？

——很有可能。

——尽管，谁知道"宇宙"这个词是否——宇宙的意思不仅是希腊更是世界——但很可能世界对他们来说就是希腊吧。

——当然，这就是问题所在。

——然而，他们必定感觉到了一种来自我们所谓的东方的引力，毫无疑问的是，埃及，据希罗多德的判断，令希腊人印象至为深刻。我相信正是希罗多德改写了那句话，就是对于埃及人来说，希腊人乃是孩童。也就是说，他们必定感觉到了有什么东西比他们更加古老，对不对？就是我们现在想到希腊时的那种感觉。奇怪的是，在日本，人们提到中国时也是这样的感觉。

——说回《密谋者》……

——对呀，说回《密谋者》吧。

——（笑）在这本书的序言里，你提出了一些新的想法，它们涉及您的一些新发现，例如美，就像幸福一样，是常有的这个想法。

——是的。但我相信要得出这个概念必须要经历很多的生活，对吗？因为一个年轻人，或许对生活有太多的期望，他关注的主要是幻灭之处，在他心里首先是失望。反之，如果是一个老人的话，在他心中，最重要的是感激。尤其是我，因为超越了失明这个身体的意外，是人们对我的热情接纳，那种包容一切的接纳，我在这么多国家都感受到了；我得到的荣誉，甚至有人在街上拦住我，对我谈起我写的东西。在我看来这一切都如此的惊人。我八十五岁了，随时都会活到八十六岁……就这样，我对所有人的纵容都充满了感激。

——我注意到您在书中是以无比的率然，无比的平静谈论死亡。这种率然和平静传递给了我们所有人。

——但愿是这样吧。我已经应邀去参加一个会议——我相信会有很多医师来——议题是死亡。我会说我等待着它，心中没有急躁，只有希望，不是吗？嗯，没有太多的急躁，当然。

——这种平静类似于您在苏格拉底的最后一场对话中看到的那一份平静。

——那场对话非同凡响，是的。其中有一句如此暧昧，或者说暧昧得如此心领神会的话，当时苏格拉底对他的一个门徒说："记住我们欠阿斯克勒庇俄斯一只公鸡。"这话的意思被诠释成了阿斯克勒庇俄斯治愈了他最重的疾病，亦即生命。因为如果不是的话，他欠阿斯克勒庇俄斯一只公鸡这件事就不是很有趣了，对不对？

——在那一刻确实如此。

——是的，但在那一刻他说的却是，"记住我们欠阿斯克勒庇俄斯一只公鸡"，死亡已近在咫尺，他能够思考别的东西，或者谈论任何事情而不涉及死亡都是不可能的。

——是的，在您的书中我想要指出的另外一点……

——不，其实我寻找题外话就是为了不谈论我的书（笑）。

——(笑)我明白，我明白，但尽管如此，我还是想谈谈《密谋者》。

——当然可以。

——另外一点是，我要说，您已经走完了一条几乎是圆形的道路。在诗歌方面，在某种意义上又回到了原点：《密谋者》里的诗篇有着宇宙起源、开端，或重新开始的调性。

——我原来想的是它们有《布宜诺斯艾利斯的热情》的调性，当您说到开端的时候，我相信不是的，对吗？我原以为您指的是我在文学上的原点。

——不，在这里我指的是一种博尔赫斯式的创制，不过是新的一种。

——不，我相信不是的，让我们希望那是某种更广大的事物吧。

——它们是广大的，但它们终将回归，我要说，最根本的东西：大理石、石头、火、木头、人类的原初样貌、恺撒、基督……

——我相信这些词语是更有力的词语。

教学

奥斯瓦尔多·费拉里：博尔赫斯，有一个悖论，我想过很多次，就是您已当过多年的教师，却永远以学生而非教师为更好的职业；或者说以求学而非教学为更好的职业。

豪尔赫·路易斯·博尔赫斯：我的印象是我的学生教了我很多东西。我父亲说是孩子在教育父母，那也是一样的想法。现在，当然了，我一向更偏爱研讨小组，我不知道怎么会有愿意教很多学生的老师，因为，很多学生是很难管理的。

——全班都是一盘散沙。

——是的，一点没错。我在科尔多瓦大街的天主教大学当了一年的教授，然后就辞职了，因为它有，大概说吧，八十个英语文学的学生，刚好四十分钟的课时，我什么也做不了：他们进来出去的工夫，四十分钟就过去了，谁也没做成任何事情。相反，理想的方案是一个研讨小组，最大数量为六个人——如果是五个人会好一点，如果是四个人就更好了——和两个小时。这样才可以做点事情。就是这样我相信我们在研究古英语——盎格鲁-撒克逊语——的时候得到了很多成果，在国立图书馆，当时我是馆长。我相信我们有五个人，有时是六个，但从来没有更多人；我们掌握着一段没有必要精确计量的时间，因为它始终慷慨地流淌着，我们善加利用了它。后来我有了一个哲学和文学的教席，先是在维亚蒙特街，然后是在独立大道上。

——接下去，我相信，是在美国开了四个四月期的阿根廷文学课程，以及一系列讲座。

——是的，在四个大学，在合众国不同的州开设的有关阿根廷作家的讲座。我非常高兴开这些讲座，但现在我已经发现了——全宇宙中的其他人也发现了——我不懂得如何教书，我不懂得如何讲课，我更喜欢对话。前天晚上我到一位女士家中做客，她在维亚克雷斯波办了一个文学工作室，我回答了一些问题——非常仁慈，非常有趣的问题——关于文学的主题。他们告诉我这场问答历时两小时零五分，要我来算的话那段时间是半个小时，因为它就这样慷慨地流淌而过了。

——带着那些向您提出的问题。

——带着那些问题，是的。现在我意识到，对话是对我来说最好的形式。我希望对我们的听众和我们的读者也是一样（笑）。

——多年以来，我觉得，您对大师班始终有一种永恒不变的拒斥。

——啊，是的，在"大师"这个词最专横跋扈的意义上，是的。我的一个朋友，埃米利奥·奥里维，那个乌拉圭诗人，在蒙得维的亚大学的艺术学院教授哲学。他是一个令人生畏的人，是个聋子——这在某种意义上让他变得水火不侵了，因为他不想听到什么就不听——听说他曾经设立过这种奇特的仪式：在响铃前十分钟，那个令人生畏的人——很像阿尔玛富埃尔忒或萨米恩托——就把眼睛闭上了。于是，学生们就知道他们必须离开了，这节课的时长会少十分钟。他设定了这个仪式，学生们心领神会，他们尊敬这个令人生畏的人，他已经假装睡着了。这是他的学生告诉我的，他们并不因此而讨厌他，他们认识到这是很自然的，再说了，我不知道，四十分钟的课以后，他一定是有点疲倦了吧，对不对？

——当然，至于讲座，我不知道我的年表是不是正确：我相信，您最早是在高等研究自由学院开了几个讲座。

——是的，当然，在我不得不辞去禽蛋销售稽察员这个小小的职位时，我被请到了高等研究自由学院，做了一系列讲座。最早是关于美国经典文学的，我讲到了爱默生、梅尔维尔、霍桑、艾米莉·狄金森、梭罗、亨利·詹姆斯、惠特曼、爱伦·坡。第二个系列是关于佛教的课程。

——随后我相信您在阿根廷英国文化协会继续教学。

——是的，我也在那里开过课，还有很多讲座。然后我又在各个大学讲课。在拉普拉塔我开过很多课，还有在拉普拉塔天主教大学。尽管无人不知我并不是天主教徒，但是，无论如何，在四十五分钟里人们都原谅了我不是天主教徒（笑），能够完全自由地发言。我也努力做得毕恭毕敬，当然。

——随后，是哲学和文学院。

——是的，那里只有英美文学的课程。我的助教是哈伊梅·莱斯特，现已去世，他负责美国文学，我负责英国文学。那里是四个月一学期，除了某些不可避免的名字，比如说，乔叟、约翰逊博士、莎士比亚、萧伯纳以外，我也尝试了替换作家。举例而言就是说，如果我的学生对切斯特顿有所了解，对萧一无所知的话；或者如果他们对史蒂文森有所了解，对乔治·梅瑞狄思一无所知的话。我尝试更替作家，例如，我交替地讲解丁尼生和布朗宁，但后来我发觉学生对丁尼生不感兴趣，而对布朗宁非常有兴趣。这很自然，因为丁尼生的价值主要是听觉上的，不是吗？我说的是，它们是非常悦耳的诗句。相反，对布朗宁来说，每首诗都是一个技巧上的意外，此外又是人物上的发明，是非常可信、非常生动的人物。然后，还有那个由他发明，被后人不断模仿的模式：不同的主人公讲述同一个故事。此前威尔基·柯林斯已经这样做过了，在《月亮宝石》里，故事的各个人物都在讲述这个故事，这样我们才能够知道人物彼此之间是怎么想的。当然，这一切应该都是源自于书信体小说，也许。我们现在难以卒读的书信体小说，然而，是它催生了这个文学品类。就是说，在一篇虚构里面一个人可以从每个人物的视角来欣赏，可以参与他们的"同情与分歧"这个想法，就像阿尔丰索·雷耶斯也许会说的那样。是的，我很怀念那些教书的年头，尽管人们告诉我说我是个糟糕透顶的老师。但这无关紧要，假如我曾经做到令某个学生转而热爱——我不会说热爱文学的，那太过宏大了——只是热爱一个作家，或是一个作家的某一本书……

——那就足够了。

——这样我大概就没有白活，没有白教了吧。

——关于您作为图书馆长的那十八年，博尔赫斯，是否会有一种方式能够在记忆中总结那十八年呢？

——呃，那必定是一段非常生动的记忆，因为无论我在世界哪个角落，我都会梦见蒙塞拉特区，更具体地说是梦见国立图书馆，在墨西哥街上，秘鲁街和玻利瓦尔街之间。是的，很奇怪，在我的梦里我永远置身于此。所以这座老建筑必定留下了什么东西。尽管我没有权利称之为老：这座建筑建立于一九〇一年，不幸的是我出生于一八九九年。因此它对我来说是一幢年轻的建筑，不论怎么说它都是一个拥有九十万册书的弟弟。而我，我不知道我一辈子是否读过九百册书（笑），很可能没有。但我查阅过很多书……因为只有您和我，我可以告诉您我相信我从来没有把任何一本书从头读到尾过，除了几本小说，除了伯特兰·罗素的《西方哲学史》以外，我相信我没有完整地读过一本书。我一直都喜欢翻阅，意思就是说我总是抱着做一个享乐主义的读者的想法，我的阅读从来不是出于责任感。我记得卡莱尔说的：一个欧洲人将《古兰经》从头读到尾，只能是出于责任感的驱动。

——或许您总是回到那些您曾经熟悉，而从未研读其全部内容的书籍的索引之中。

——我不知道是不是这样，嗯（两人都笑了），我不想自夸，不过因为重读永远有一种阅读所没有的愉悦……是的，举个例子，我总是说我最喜爱的作家是托马斯·德·昆西。话说我有十四本以前买来的书，我死以后人们肯定会发现在那本我最喜欢的书里有那么多页都没裁开过。但这并不意味着那本书不是我最喜爱的，这意味着我的记忆总是回到它那里，我已经重读过很多次了。

——或者您一直是零散地阅读的，把其余的书页保留下来。

——可能吧，但或许我一直没到阅读那些书页的境界吧，或许它们原本会是我最喜欢的呢。昨天有人读给我听我曾经非常喜欢的一页，篇名我相信是《创造者》，几行过后我想起来那是我写的。已经过去了这么多年，如今我接纳它时心里有惊讶，有感激，也有某种嫉妒，我想到：天呐，博尔赫斯那时候写得多好啊，现在他已经明显退步了，早就写不出那样的段落了。当然，我原来是可以写的——我多少还有点视觉，我写作，修改草稿，重读——这让我能够完成不聒噪刺耳的长句。现在不行了，现在我必须把一切保留在记忆里，我一直在努力救回我能救回的东西。

——然而，您的读者与您的意见并不一致。

——读者很会发明。史蒂文森说过读者总是比我们智慧得多，对吧（笑），确实是这样。

——他们是不可缺少的。

——不可以，但是如果一个人留着一份手稿，把它忘在一个抽屉里，三个月后再回头细看的话，在某种意义上他就成了一个比作者更有智慧的读者。我记得曾经在吉卜林的自传中读到过，他写了一个故事，然后就把它收起来了。后来他重读了它，并不可避免地发现了不少很初级的错误，非常非常恶心的错误。在发表某篇东西之前，他总是要等上至少一年，好让它变得成熟。有时候我写一篇东西，弄出一个很蠢的地方，看上去似乎是不可能纠正的，然后，突然间，在街上散着步我就找到了解决办法，永远简单之极：它明显到了看不见的地步，就像爱伦·坡的著名故事"失窃的信"一样。

——所以昨天您是《创造者》的读者。

——是的，这对我来说是个惊喜，因为我已经把它忘了。那本书由很短的篇章组成，它必定是好的，因为它们没有一篇是为了构成一本书而写的，它们每一篇都回应着我在某一个瞬间感觉到的，写下它的需要。在这种情况下，这本书是不可能太过糟糕的，尽管毫无疑问会有错误，也会有错误的瞬间。

——它是出于必需而写下的。

——是的。

伯特兰·罗素

奥斯瓦尔多·费拉里：博尔赫斯，有一位当代的思想家，我相信一直陪伴着您来观照我们的时代，他是伯特兰·罗素。

豪尔赫·路易斯·博尔赫斯：是的，当然，我将那本书读了又读，那本《数学哲学引论》，还把它借给了阿尔丰索·雷耶斯。那是一本简单的书，很有阅读乐趣，就像罗素的所有著作一样，我记得把它借给雷耶斯了。我在这本书里第一次读到了一段对德国数学家康托尔的集合论的阐述，在我看来是最好的，也是最易于理解的。雷耶斯读了这本书，也读得兴趣盎然。有时候人们向我提起……不断有人向我提出我到荒岛上会带什么书这个问题——报章杂志上的老生常谈。我起初回答的是我会带一部百科全书，但我不知道我可不可以带十到十二卷，我相信是不可以的（笑）。后来我就选了伯特兰·罗素的《西方哲学史》，这或许是我会拿到岛上的书吧……但是，当然，要读这本书的话我既没有岛，也没有视力，不是吗？（**两人都笑了**）这本书我是有的，但那还不够。

——除非有一个读书的人陪着你。

——在这种处境下是的，在这种处境下一切都改变了。另外，书籍的记忆……我大概会想要在这本书里查阅，我曾经读过又遗忘了的东西吧。

——就是说，要恢复对这本书的记忆。

——是的，我想要带上的这本书的记忆。如果一切都完美的话，这本书也应该就在我手边。我想的是曾经有过一个时期……呃，在穆斯林当中现在我相信有人背下《古兰经》是很平常的事。存在哈菲兹这个词，意思是"记忆大师"，特别是《古兰经》的记忆大师。如今我相信还有那样的教育方法，它并不强制学生——可能是一个小孩——理解这部书，但他们必须凭记忆来学习。假如我当初可以享受这个方法的话，那或许会是我的一份幸运吧，因为我会背下很多书籍，现在就能够理解和阅读它们了，这样就好极了。例如，假如我小时候能够用这个方法来阅读罗素的《西方哲学史》的话，我当时肯定理解不了多少，但现在就可以查阅这本书了……

——您的记忆可以阅读。

——当然，我的记忆可以阅读。所以这个方法，对于最终会失明的人，对我来说应该是一个极好的方法。但很可惜我没有这种幸运，当时要求我做到的是阅读和理解。相反，如果给我的要求仅仅是一种记忆练习的话，我很可能正在阅读那么多如今已遥不可及的书呢。大概就是因为这个我才提到了伯特兰·罗素的许多书。后来我又读了他的其他几部书，他在其中构筑了他个人的哲学体系，但是我一直感觉跟这个体系格格不入；就是说，其中的每一页我在读的时候都理解了，但随后，当我试图把这一切在头脑中组织起来时，我就总是失败，特别地失败。

——但是，您对罗素的体系形成了怎样的看法呢？

——这是一个非常严谨的体系，是一个逻辑的体系，但是，不知何故，如果要我现在去想象它的话，我想象不出来。

——我相信您感兴趣的首先是罗素观照当代社会与政治事件的独创性……

——是的，我相信他是一个特别自由的人——摆脱了我们时代流行的迷信，例如，民族性的迷信。我相信他摆脱了它。然后他还有另一本书，《我为何不做基督徒》，不过，因为我不是基督徒，这本书的阅读我开了个头就放下了，因为我觉得这是多此一举：我并不需要这些论点来说服我不做基督徒。

——您对国家的观点也与他不谋而合。

——对国家的观点也是，没错，但我相信这说到底要归因于英国式的个人主义，因为我们有……无政府主义的创始人之一应该是斯潘塞，是的，当然。

——您曾经评述过罗素的那部著作，一部散文集：《让众人思考》(*Let the People Think*)，我不知道您记不记得？

——啊，是的，我评述过……是一段时间以前了，对吧？

——是的，这些散文中有一篇题为"自由思想与官方宣传"，另一篇是"法西斯主义的谱系"。

——我完全同意罗素。我猜想在这个谱系里肯定会出现费希特和卡莱尔，对不对？

——一点没错。

——是的，因为我记得有一篇切斯特顿的文章谈到了希特勒的信条是多么陈旧，它大致上是属于，或者说事实上就是，维多利亚时代的东西。

——在这里就有了当前的事件来源于过时的理论这个想法。

——是的，我要说的是政客其实是终极的剽窃者，作家们的终极门徒。不过，一般来说对于一个姗姗来迟的世纪，或者更长一点时间，是这样的。因为人们称之为当今的一切其实都是……是一个博物馆，通常来说是很古老的。现在，比如说，我们都对民主神魂颠倒，这一切都将我们引向潘恩，引向杰斐逊（笑），引向可能是一种激情的东西，在华尔特·惠特曼写下他的《草叶集》的时候。一八五五年。所有这一切都是当今，所以政客也许就是迟来的读者，不是吗？过时的读者，旧图书馆的读者。事实上我也是，现在。

——或许正是他们带来了这样一句话的概念："现实总是不合时宜的。"

——这句话是谁说的？

——是您……（笑）。

——我相信您刚刚把它赠送给我了。

——没有，没有。

——我是同意这句话的，但是同意到了觉得它不像是我说的地步，对吗？一般来说我会同意我读到的东西，而不同意我想到的东西。那句话是怎么说的？

——"现实总是不合时宜的。"

——而我肯定对您说过这句话，是吗？

——它出现在您对罗素的著作"法西斯主义的谱系"那篇文章的解读之中，收入了您的《其他探究》这本书。

——啊，好吧，在那里，说真的这本书对我来说充满了惊喜（笑）。它是我那么久以前写的，现在看来已经变成新的了。

——您在文中评论了威尔斯的一本书，也评论了罗素的这本书。

——但是当然了，它是发表在《民族》上的，很清楚，在那上面罗素说应该教给人们阅读报纸的艺术。

——的确。

——这句话是修改过的，因为它可能也适用于《民族》自身，他们登出来的是"阅读某些报纸的艺术"，这样就把自己排除在外了（笑）。是的，我记得，在第一次世界大战期间——当时我们都希望这会是最后一场——比如说：德军发起一次进攻，占领了 X 镇。然后，他们便宣布占领了这个镇子或这个城市。而同盟国，过了两三天，说的却是德军的进攻已经失败了，它未曾越过那座他们已经占领的城市。总之，同一件事有两种说法。

——当然。

——罗素希望提醒读者防范的，恰恰正是这一类错误。

——为此他才说"自由思想与官方宣传"，当然。现在，他……

——我相信那是我们在这个国家早就明白的一样东西，不是吗？或许太多了，或许全都是！毫无疑问我们仍处于这种宣传的支配之下。

——罗素得出了一个奇怪的结论，他说十八世纪是理性的，而我们的世纪是反理性的。当然他说这话针对的是法西斯主义和纳粹主义，在那个时候，是不是这样？

——但他针对的是那么多东西：针对超现实主义，针对混乱的崇拜，针对某些诗歌甚或散文形式的消失，针对标点符号的消失，那是一个极为有趣的创新，不是吗？（两人都笑了）

——另外他还补充说，对个人自由的威胁在我们的时代比一六〇〇年以来的任何时候都更严重。不过，同样我们必须记住他是在纳粹主义和法西斯主义最高潮的时候说的这话，对不对？

——是的，但这个高潮并没有终止。

——您这么看吗？

——我说的是，在这场斯潘塞在"个人对国家"里设想的对决之中，显而易见，今时今日国家无所不在的地方，就是苏联。

——尽管西方各国之中的国家也在威胁着我们，像您始终牢记的那样。

——或许此时此刻它正在威胁着我们（笑），在我们说话的同时，可能就是我们两个在这里对谈的同时。

——罗素还有一个非常特殊的方面是他对宗教所持的立场：不仅是对于基督教的，也是对于宗教这一现象的。您一定记得《宗教与科学》这本书吧。

——是的，我是以前读的这本书，但还记得。那种对立在我看来是显而易见的，当然，长远来看退却的总是宗教。例如，希莱尔·贝洛克回答威尔斯的时候，他并未质疑进化，等等，只是说所有这一切都已尽在圣托马斯·德·阿奎那，在《神学大全》之中了。但肯定不在摩西五经里。是的，宗教，显然，总是变得越来越玄妙；它不断诠释着科学，试图调和科学，我不知道跟《圣经》是否可以，不过跟神学是肯定的，跟各式各样的神学。但最终获胜的是科学，不是宗教。

——据说我们活在一个去神圣化的时代，无论如何它归属于科学的时代。

——就是说，无论如何，在伊朗，他们信奉一场科学的战争，而不是弯刀和骆驼。而在这里，我们已然经受了一场战争。或是一场小型战争；它很可怕，像所有的战争一样——即使历时仅几分钟——我希望提一下，据我所知，有两个人公开发言反对那场战争——我希望它很快被完全忘记：西尔维娜·布尔里奇和我。我不记得其他人，所有其他人，或是沉默，或是喝彩。当然想必有很多人跟我们是同样的想法，但他们没敢发表出来。

——无论如何，您与伯特兰·罗素的另一个巧合之处正是反战的立场。

——是的，当然。

"猜测的诗"

奥斯瓦尔多·费拉里：我无法拒绝的诱惑，博尔赫斯，是阅读并与您一起讨论您的《个人文集》里的一首诗。收录即表明您也很喜爱这首诗。

豪尔赫·路易斯·博尔赫斯：或者说我随它去了，是不是？因为从要做一个选集这一刻起，它就必须有一定的长度……所以，无论如何，我已经对那首诗听之任之了。我希望它不会太长。

——那首诗的好处是给了我们一个如此具象的历史视角，仿佛实际上不是您在说话而是历史通过您在说话。我指的，很自然，是"猜测的诗"。

——啊，是的，它的起首句是"在这最后的傍晚子弹呼啸"。

显然"这最后的傍晚"故意写得很隐晦，因为它可以指下午将尽时，也可以指主角、我的远房亲戚拉普里达的最后一个傍晚。

——题辞里写的是："弗朗西斯科·拉普里达博士于一八二九年九月二十二日被阿尔达奥的游击队刺杀，他在死前想到："

——是的，当然，我写这首诗的时候，我知道这在历史上是不可能的，但如果象征地观照拉普里达的话，这首诗是可能的。当然他的思绪肯定是十分多样的——更加零碎，或许不会有对但丁的博学引文，对不对？

——然而，整首诗从头至尾有一种历史的一致性：

"在这最后的傍晚子弹呼啸。
一阵风，风中满目烟尘……

——我不知道这是否合乎情理，但效果不错。在美学上可能是合理的。有没有烟尘，我不知道，可能点着了什么吧。但这无关紧要。我相信读者的想象会接受这些不可信的烟尘，对吗？

——（笑）是的。

……日子和扭曲的战斗

分崩离析，胜利是别人的……

　　——"扭曲"跟"战斗"放在一起很奇怪，"日子和战斗分崩离析"说得很好，我觉得。

　　——很棒。

　　……野蛮人胜了，那些加乌乔胜了……

　　——是的，我特意要让这两个词成为同义词，因为很不幸，对加乌乔的崇拜是存在的。

　　——这时，在猜想之下，拉普里达说道：

　　……我曾钻研过教会法和世俗法，

　　我，弗朗西斯科·纳西索·德·拉普里达，

　　我的声音曾宣布了这严酷的

　　土地的独立，被打败了，

　　满脸的血污和汗水，

　　没有希望，没有恐惧，四顾迷惘，

　　穿过最偏僻的郊野向南突围……"

　　——是的，我相信他向南走是一桩幸事，因为"南"（sur）是一个有回响的词。相反，"西"（oeste）和"东"（este），在卡斯蒂语中就没有；"北"（norte）稍好一点，但"东"和"西"……可以把它们改头换面变成"东方"（oriente）和"西方"（occidente），听上去会好一些。

—— ……*就像《炼狱》中的那个上尉，*

他徒步奔逃，血染平原……

——这行诗很好，因为那不是我的，那是但丁的，"Sfuggendo a piede e insanguinando il piano"，我是精确地直译，没有什么困难，当然。

——*被死亡所蒙蔽和践踏*

在一条黑暗之河失去名字的地方，

我也会那样倒下。结局就是今天。

沼泽地两侧的沉沉黑夜

窥伺着我，阻止着我。我听见

我灼热的死亡之蹄把我追逐

用骑兵，用口络和长矛。

渴望成为别人，成为法官，

渴望读书，渴望宣判的我

将躺在沼地之间开阔的天空下；

但一种莫名的，秘密的快乐使我

鼓起了勇气。我终于面对了

我这南美洲的宿命……

——嗯，这是最好的诗句。我发表这首诗的时候，它不仅是过去的历史，更是当代史，因为某个独裁者刚刚上台，而我们全都面对了我们这南美洲的宿命。我们假装自己在巴黎，可我们却是南美洲人，不是吗？所以在那个时候读到它的人都明白这是当下之语："我终于面对了 / 我这南美洲的宿命。"南美洲的，在这个词最凄楚，或是最可悲的意义上。

——但是通过这两行诗，您为我们的宿命开启了一种形而上的理解：因为现在我们大家都知道，在某一个时刻我们将会面对我们的南美洲宿命。

——我要说的是我们早就面对过它了，太多次了，不是吗（笑）？奇怪的是人们也往往为它所吸引，是吧？因为之前人们想到南美洲，南方的美洲，是一个非常遥远的地方，有某种异国的魅力。而现在则不同，现在我们是南美洲人，我们唯有甘心领受这一点，要无愧于这份宿命，它最终，归根结底是属于我们的。

——当然。继续读这首诗：

……把我送往这毁灭的黄昏的

是那脚步混乱的迷宫

它是我的日子编织的，自从

一个诞辰日开始。我终于找到了

我的岁月的隐秘的钥匙，

弗朗西斯科·德·拉普里达的命运，

那缺失的字母，那完美的

形式，上帝起初就了如指掌。

在这黑夜的镜子里我追上了

我那无可怀疑的永恒的脸。圆环

即将合上。我等待着它的到来。

——这首诗很不错，是吧？即使是我写的，还是很不错。

——越来越好了（笑）。

——就在此时此刻被你改进了，是的，你的朗读是这样充满信心。

——结尾是这样写的：

……我的脚踩上了寻找着我的

长矛的阴影。我死亡的嘲弄，

骑兵，鬃毛，一匹匹战马，

向我收紧了包围圈……这是最初的一击，

现在坚硬的铁把我的胸膛刺破，

亲切的刀子穿透了咽喉。

——我一直在读布朗宁的戏剧独白，就想到我要做点类似的尝试。但在这里有某种……在布朗宁之中没有的东西，就是这首诗呈现了拉普里达的意识——这首诗结束在这意识结束的时候。就是说，这首诗的结束是因为那个思考着它或感受着它的人死去了："亲切的刀子穿透了咽喉"是他意识的最后一刻也是最后一行。这为诗篇注入了力量，我觉得，不是吗？

——是的，毫无疑问。

——尽管，当然，那是完全不可信的，因为那些拉普里达的最后时刻，在那些刺客的追杀之下，肯定不会那么理性，会更零碎、更混乱。他肯定一直通过视觉，通过听觉在感受着，时时疑惑着他们会不会追上自己。但我不知道这对一首诗有没有用，最好假设他能够看到这一切，通过契合于诗歌的平静，通过大致上构筑得不错的句子。我相信如果那是一首现实主义的诗，如果它是乔伊斯所谓的内心独白的话，这首诗一定会损失很多。最好它是假的，也就是文学性的。

——但是，尽管如此，这首诗仍有一些可能对每个人来说都是真实的地方：您在诗中表示说他生命中所见的"那脚步混乱的迷宫"，是那个宿命"编织"的……

——当然，我曾经走过很多国家，曾经迈过多少脚步，这些脚步带我走向那最终的、我仍不知道的所在，它会在恰当的时刻向我呈现出来。可能很快，因为到了某个年纪，一个人可能会在任何时刻死去。或者无论如何，一个人有希望在任何时刻死去。

——或者他可以继续旅行……

——是的，或者他可以继续旅行，是的，这事没人知道。我本应该对生活厌倦了，然而我却依然好奇得很，尤其是在想到两个国家的时候：一想到中国和印度，我就觉得自己有责任去认识它们。

——多年来我一直想要与您讨论有关"猜测的诗"的至少两种可能的演绎。

——是什么呢？

——这首诗通过"脚步混乱的迷宫"和那把"钥匙"，即其中的宿命，暗示了每一种宿命都可能具有一种关联性。它可能关乎宇宙，因此也是有意义的。

——我不知道它是不是关乎宇宙，但它是预先注定的。话说，这并不意味着有什么或者有谁预先注定了它，真正的意思是因果的总和或许是无限的，我们是由这种因果的分岔所决定的。因此我不相信自由意志。所以，那一刻才会是最后的时刻，它是由拉普里达所迈出的每一步所注定的，从他生命的开端开始。

——博尔赫斯，另一个可能的演绎，是我们南美洲人——因为这首诗说的就是这个——也许已经以某种方式上抵达了自己的一个宿命，一个南美洲的宿命。

——并且是一个悲惨的宿命，对吗？一个众多独裁者的宿命。但似乎我们在某种意义上是预先注定的：没有哪个大陆出过这样的人，他们想要被称为"至高无上的恩特雷里奥斯人"，如拉米雷斯；"至高无上者"，如巴拉圭的洛佩兹①；"伟大的公民"，如委内瑞拉的不知道哪一个②；"首席劳动者"，无须解释了③。这是非常少有的，在美国从来没有出现过；可能有过某个独裁者——我相信林肯是一个独裁者——但他并没有用这些头衔来装饰自己。或者还有"法律的恢复者"④，这就更少见了：谁都不知道是什么法律，也没有人想要弄个明白，只要有头衔就够了。这大概是维多夫罗所谓"创造主义"

---

① 独裁者 Carlos Antonio López（1792 – 1862）与 Francisco Solano López（1827 – 1870）父子。
② 指委内瑞拉总统 Juan Crisóstomo Falcón（1820 – 1870）。
③ 指阿根廷政治家，三次当选阿根廷总统的 Juan Domingo Perón（1895 – 1974）。
④ 指罗萨斯。

的一例吧，对不对？一种与现实毫无关系的文学。"法律的恢复者"，什么法律？他恢复了什么法律？谁都不在乎。似乎人人都想要拥有一个 epiteto ornens[①]。

——然而，我们有时候似乎是有能力走向成熟的：在我们的宿命为我们保留的诸多可能性中间，就像您不久前说的那样，这个我们此刻正在经历的新希望。

——但愿吧。无论如何，我们必须忠实于这份希望，尽管我们或许要付出一些努力。我们还有什么别的希望呢？让我们相信民主吧，有何不可。

---

① 拉丁语 "装饰性的绰号"。

关于诗歌的新对话

奥斯瓦尔多·费拉里：博尔赫斯，根据一种古老的东方传统，亚当在天堂里是用诗说话的……

豪尔赫·路易斯·博尔赫斯：我以前不知道，我知道他说的是希伯来语，当然，因为柯勒律治的父亲，英格兰一个小镇上的牧师，教民都很喜欢听他讲道时插进来的长篇大论，直接使用了圣灵的语言（The Immediate Tongue of the Holy Ghost），那自然就是希伯来语。他去世以后，接替他的是另外一个布道者，不懂希伯来语或是没有使用它的习惯，教民就感到很失望，因为哪怕他们一个字都听不懂也不重要，他们喜欢听牧师直接用圣灵的语言、用希伯来语说话。托马斯·布朗爵士在一篇文章里说，把两个孩子留在一座森林里会很有趣——比如说罗穆洛和勒莫①——因为他们与世隔绝，不会模仿他人，这样就可以恢复原始的、伊甸园的，或属于天堂的希伯来语发音了，那大概就是这些孩子们所说的语言吧。但似乎这个实验已经做过了，孩子们决定不说话：他们发出了几个无法理解的声音。总之有人设想过丢弃两个孩子也许就能恢复人类的原始语言了。

——原初的语言……

——希伯来语的确是，但我原先不知道亚当是用诗歌说话的。不过，我记得曾在一本有关秘法的书里读到——我读过的不多几本有关秘法的书里的一本——有人猜想亚当（当然，亚当是直接从上帝的手中诞生的）是最好的历史学家，最好的玄学家，最好的数学家，因为他生而完美，领受的是神或天使的教导。也有人猜想他原本极其高大，是后来开始降下来的；莱翁·布洛瓦有一句很妙的话，说亚当被逐出天堂的时候，他并不像一团火，而像一堆正在熄灭的余烬。还有人设想秘法有一个非常古老的传统，因为它是天使教给亚当的，亚当又将它教给了该隐和亚伯，他们又把它教给了自己的孩子，就这样把这个传统一直传到了中世纪的中期。因为现在如果一个理念是新的，我们就会欣赏它；相反，以前不是这样的，一个理念要得到尊崇，就必须是非常古老的。那样的话，又有什么古老

---

① Rómulo 与 Remo，罗马建立的传说中的孪生兄弟。

得过以亚当为第一个秘法学者的传统呢。

——圣灵教导的第一人。

——是的，显然对他来说，天使也是秘法学者。天使们也与上帝非常靠近。

——无论如何，我们都知道文学是从诗歌开始的……

——所以这个亚当的传说应该是佐证了这一点。

——当然。

——我相信人们对希伯来语韵文谈论得很少，除了排比以外，对不对？因为圣歌的音节数量不是固定的，也没有尾韵或头韵，我相信。不过当然了，它们都有一个节奏，是华尔特·惠特曼，太迟了一点，曾经想要模仿的。

——他重现了它。

——我不知道他是否重现了它，但无论如何，他是从主教版英语《圣经》里的大卫圣歌出发的。

——同样博尔赫斯的作品也是从诗歌开始的，因为它开始于《布宜诺斯艾利斯的热情》。

——是的，但那应该说是打引号的诗歌，因为我相信它并不是诗。那是一种多少还算精致的散文，但我在写下它的时候，我记得很少想到惠特曼，我是将他引为导师的，更常想到的是克维多的散文，我当时一直在读他。我相信这本书充满了拉丁词语，像克维多一样，后来我曾努力减少它们。

——然而，对惠特曼的召唤依然延续着，因为那时候您使用的是自由诗。

——在这本书里是这样，现在，我不知道我的自由诗是与惠特曼的相似，还是与克维多的押韵散文相似，或者是萨维德拉·法哈尔多的，当时我也读了很多他的东西。

——博尔赫斯，您有一些诗歌方面的想法让我很感兴趣，您曾经说过任何基于真实的诗歌都必定是好的。

——嗯……人说话应该或是出于真实，或是出于绝对的想象，不是吗？后者恰好相反，呃，不对，但想象也必须是真实的，在诗人必须相信他想象的事物这个意义上。我相信最糟的是把诗歌当作一种文字游戏，尽管这有时也可能会带来节奏。我相信这是一个错误，对不对？

——是的，但我相信您特别感兴趣的是情感的真实，可以这么说。

——情感的真实，就是，我发明一个故事，我知道这故事是假的，这是一个幻想故事或一个侦探故事——那是又一个幻想文学的类别——但在我写的时候，我必须要相信它。这也合乎柯勒律治的观点，他说诗歌的信仰就是对不相信的暂时搁置……

——这话说得太妙了。

——是的，比方说有一个人，在一个剧场里，正在观看《麦克白》。他知道那些都是演员，是化了妆来背诵十七世纪诗句的人，但这个人却忘掉这一切，相信他正在目睹麦克白的可怕命运：被女巫、被自己的野心，被妻子麦克白夫人驱使着而去大开杀戒。

——当然。

——或者当我们看一幅画的时候，我们看到的是一片风景，并不去想那是画在一块布上的幻象；我们看着它，就好像画框是朝向那片风景的窗口一样。

——确实，话说，您也说过词语的音乐，在应用于诗歌时，是一个错误或一个隐喻。语言有一种自己的调性。

——是的，比如说，我相信我对于萧伯纳所谓的词语音乐具有某种听觉，我对乐器或演唱的音乐则没有什么听觉，或是非常少。

——那是两种不同的事物。

——是的，那是两种不同的事物，另外，我也和对词语音乐毫无听觉的音乐家交谈过，他们不知道散文中的一段或诗中的一节是否音律和谐。

——您有关诗歌的另一个观点，是诗篇完全可以免除隐喻。

——我相信是的，除了在这样一种意义上……当爱默生说语言是化石诗歌的时候。在这个意义上，每个抽象词语都会变成一个具体的词语，成为一个隐喻。但是，要理解一段抽象的话语，有时候，我们必须忘掉每个词语实在的根，即词源，我们必须忘掉它们都是隐喻。

——是的，因为隐喻的词源……

——就是转换。

——转换……

——是的，但隐喻是一个隐喻，隐喻这个词就是一个隐喻。

——每一件事物都有一个象征意义，但我觉得最有趣的想法之一，在里尔克那里是以一种形式呈现的，在您这里则是类似的另一种形式：里尔克说过美无非是恐怖的开始，而您曾经将诗歌与恐怖联系起来，很可能让人想到凯尔特诗人"人并不完全值得拥有诗歌"这个想法。您曾经提到过，用《圣经》般的语句，说人是不可以望见上帝的，因为看见便会死去。您更推断说或许诗歌也是类似的样子。

——我有一个故事就是基于这个古老的想法：讲的是一个凯尔特诗人，国王命他写一首有关宫殿的诗。诗人在三年中将那首诗试写了三次。前两次他提交的是一份手稿，但最后一次不是，他没有带来任何手稿，只向国王说出了一个词，这个词肯定不是"宫殿"，而是一个以一种更完美的方式表达了宫殿的词。然后，诗人一念出这个词，宫殿就消失了，因为宫殿没有必要继续存在，既然它已经被表达在仅仅一个词里了。

——诗歌与魔法。

——是的，就是这样，在另一个可能的结局里，我相信国王给了诗人一把匕首，因为诗人已经成就了完美：他已经找到了这个词，就没有必要继续活着了；也因为发现了一个能够替代现实的词就如同是一种亵渎吧，不是吗？岂可以有一个人发现一个词，能够取代宇宙万物中的一物？

——您刚才所说的话让我想起来，在宗教的角度，古代城市的名字曾经被认为是秘密的。

——是的，德·昆西提到过罗马的例子，说出了一个因为泄露了这个秘密而被处死的罗马人的名字，然后，德·昆西又补充说，这个秘密的名字一直被如此地严守着，至今仍不为我们所知。

——当然。

——人们都领会如果有谁拥有了罗马的秘密名字，他就拥有了罗马，因为知道某物的名字就是主宰它。这里或许正对应了我们曾经在别的地方说过的那句话："我是我所是。"①就像……就像上帝的一种委婉说法，以免向摩西道出真名。这是马丁·布伯的意见。

——现在说的是上帝的秘密名字。

①《出埃及记》3：14。

——是的，曾经有过一个秘密的名字，但上帝不想泄漏这个或许会将自己注入摩西的力量之中的名字，就对他说"我是我所是"，于是便避开了一个确切的回答——这应该是上帝的一个托词。

——是的，不过回到前面，我想要向您提问，您个人是否曾经感觉到有一种联系介于恐怖与诗人，或诗歌，或美之间；就是前面提到的那些语汇。

——在恐怖与美之间，是的，因为……这我曾经感到过，在我认为我们根本不配拥有美的时候；相反，现在我相信美是极为常见的，为什么不欢迎并接受它呢。

——我觉得非常重要的另一个方面，我们在谈论柏拉图和亚里士多德的时候曾经提到过，就是很可能诗人依然能够同时使用思辨与直觉，或……

——或神话。

——是的，或许在当代社会里正是诗人依然在掌管着两者。

——他们能够同时使用两者，是的，但诗人总是倾向一方更多于另一方，不是吗？我一直受到指责说我是一个智性的诗人。

——这是错误的。

——是的，但这很奇怪。似乎布朗宁起初遭到责备说他是一个太过装饰性的诗人，然后，到最后，人们又说他智性到了无法理解的地步。

人类登上月球

奥斯瓦尔多·费拉里：在我们的时代有一件事，博尔赫斯，似乎让您印象特别深刻，尽管它是在相对较近的时间里发生的，却并不常被提起——我指的是人类登上月球。

豪尔赫·路易斯·博尔赫斯：是的，我写过一首这个主题的诗。现在，出于政治原因，也就是说，偶然与短暂的原因，人们总倾向于贬低这一成就的重要性，在我看来，它是我们这个世纪的至高成就。并且他们荒唐之极地把发现月球与发现美洲相提并论。这似乎是不可能的，然而却十分常见。当然，对于发现这个词；因为人们已经说惯了"发现美洲"，于是就用它来说"发现月球"，或者是，比如说，发现有来世，对不对？我相信一旦发明了船，一旦发明了比如说，船桨、桅杆、船帆、舵轮，发现美洲是不可避免的。我甚至要说用"发现"来形容其实是一种轻描淡写，用它来谈论发现美洲更好一些，因为已经发现了那么多次了。我们可以从神秘性质的发现开始，例如，亚特兰蒂斯，我们在柏拉图和塞内加的篇章里可以找到；或是圣布伦丹的旅行，那些让他抵达了银狗追逐金鹿的岛屿的旅行。但我们可以抛开这些神话了，它们或许是一种真实事件的歪曲反映，我们可以来到十世纪。在这个世纪里那位骑士的冒险有一个确切的日期，他也是一个维京人，而且，就像那种纬度、那个时代的所有人一样，是一个凶手：看起来埃里克，红色埃里克①，就像我们现在说的那样，在挪威欠下了很多人命。这让他去到了冰岛之岛，在那里又欠下了别的人命，不得不逃往西方。我们想象距离在那个时候比现在要大得多，因为空间是由时间来度量的。总之，他和他的舰船抵达了一座名叫格陵兰的岛——我相信在冰岛语中是greneland。现在对此有两种解释：一说是冰的绿色——那似乎不太可信——另一说是埃里克把它命名为格陵兰（绿色大陆）来吸引定居者。红色埃里克对一个英雄来说是一个美丽的名字，对于一个北方的英雄来说，不是吗？

——对于一个噬血的英雄来说。

——对于一个噬血的英雄，是的。红色埃里克是异教徒，但我不知道他崇拜的是把自己的名字交给了英语星期三的奥丁②，还是

---

① Erico el Rojo，即埃里克·托尔瓦尔德松（Erik Thorvaldsson，950-约1003），发现格陵兰的探险家。

② 英语星期三（Wednesday）意为日尔曼神沃登（Wodan，即奥丁）之日。

把自己的名字交给了 Thursday，星期四的托尔，因为人们将前者等同于墨丘利①——星期三，后者等同于朱庇特——星期四。重要的是他来到了格陵兰，带来了定居者，进行了两次远征……然后他的儿子，莱夫·埃里克松②，发现了这个大陆：他来到拉布拉多，越过现为加拿大边境的地方，进入了现在的美国。然后又有了更多的发现，克里斯托弗·哥伦布的，亚美利科·韦斯普奇的，后者把自己的名字交给了这个大陆。此后又有数不清的葡萄牙、荷兰、英国、西班牙航海家，从四面八方前来，不断发现着我们的大陆。其实，他们寻找的是印度，却撞见了这个如今已如此重要，我们正在其中交谈的大陆。

——另外，他们还相信它是印度的一部分。

——是的，他们相信它是印度的一部分，所以他们才使用了印第安人这个词来指称这里的土著居民。就是说，这一切只是一件注定要发生的宿命之事，证据就是它确实发生了，按历史的角度说是从十世纪开始。无论怎样它都会发生的，鉴于已经有了航海这件事。相反，发现月亮是完全不同的。它不仅是一件实实在在的壮举——我不想否认阿姆斯特朗等人的勇气——也是一件智慧与科学的壮举，是一件计划出来，实施出来的事情，不是一个机遇的遗赠。这

---

① Mercurio，罗马神话中的过渡、分界、行旅、蓄牧、商业、才艺、通信之神。星期三（Miércoles）源自拉丁语 Mercurii díes，即"墨丘利之日"。
② Leif Ericson（约 970 – 约 1020），冰岛探险者，在哥伦布之前从欧洲发现美洲的人。

是完全不同的，另外，它又是一件——我相信它是发生在一九六九年，如果我没记错的话——为人类增光的事，不仅是因为有不同国家的人参与其中，更是因为登上了月球绝非平凡之举。奇怪的是，两位曾经在书中写过这个主题的小说家，我指的是……第一位，按照时间顺序，是儒勒·凡尔纳，另一位，显而易见，是H.G.威尔斯，两个人都不相信这一壮举是可能的。我记得，在威尔斯出版第一部小说时，凡尔纳非常震惊，说道：他纯粹是杜撰。因为凡尔纳是一个理性的法国人，那些威尔斯的梦想和古怪念头在他看来是异想天开的。两人都相信这是不可能的，尽管威尔斯在某一本书里，我忘了是哪本了，提到月亮说，这个月球将会是人类征服太空的第一件战利品。现在，在这一伟绩实现之后没几天，我感到非常高兴——我相信在这首诗里我说世界上没有一个人更幸福了，在这一伟绩已经实现的当下——苏联大使馆的文化参赞跑来看我，抛开了边界的，姑且说吧，或是地理的偏见，它们现在都很时髦，他对我说："那是我一生中最快乐的夜晚。"就是说，他忘记了那是在美国策划完成的，他想到的仅仅是：我们抵达了月球，人类抵达了月球。但现在，世界对美国表现出了奇怪的忘恩负义。例如，欧洲已经被美国，从荒谬的暴虐中拯救了两次：第一次和第二次世界大战。当今的文学是不可想象的，如果没有……我们要提到三个名字：我们要提到埃德加·爱伦·坡、华尔特·惠特曼和赫尔曼·梅尔维尔，更不用说亨利·詹姆斯了。但我不知道为什么这一切都没有得到承认。或许是因为美国的力量吧。呃，贝克莱，那个哲学家，早就说过历史上第四个也是最大的帝国将会是美国。他建议百慕大的定居者和红皮人，为他们未来的帝国宿命早做准备（笑）。然后我们又有了这个伟大的壮举，我们看到了它，感到无比快乐，而现在我们却打算，卑鄙地，把它忘掉。不过，这场对话被我垄断了（笑）。

——（笑）其实这很有趣啊。它是几年前开始的……这个壮举的开端发生在一九五七年，当时发射了——在这里是苏联——第一颗人造卫星。而十二年后……

——就是说，这两个敌对的国家，事实上，是在合作。

——在这场太空竞赛中合作。

——是的，应该是出于竞争的原因，但事实上我们把这一壮举的实现归因于这场竞争。

——人类的壮举。

——是的，这场人类的壮举，它在我看来是二十世纪的最高成就。当然它是通过计算机等等而成为可能的，那也是这一世纪的一个发明，对吗？也就是说……二十世纪，当然，我们每个人都觉得我们正在衰落，但我们考虑的是道德或经济的原因——尤其是在这个国家。或许十九世纪文学更丰富一点。如今他们已经发明了一系列的荒谬科学，例如，动态心理学，或社会语言学之类。但归根结底，这些都是转瞬即逝的笑话而已，不是吗？（两人都笑了）希望它们被迅速遗忘吧。不过，在科学方面已经做到的一切是无可否认的。

——当然，您说得很对，因为正如我们已经说过的那样，仅仅二十年前人类才刚刚开始，这么说吧，飞出地球的冒险，然而，它却并没有理所应当地被人说起……

——没有，人们不谈论这事是因为他们都在谈论选举，当然，人们都在谈论所有主题之中最可悲的一个，就是政治。我要说的是，肯定不是第一次了，我敌视国家和所有国家，还有民族主义，这是我们时代的祸害之一。人人都坚信出生在星球的这个那个地方或角落就有了特权，不是吗？我们与那个斯多葛学派的古老梦想是如此遥远，在那时人是由城市来定义的：米利都的泰勒斯，爱利亚的芝诺，以弗所的赫拉克利特等等，他们自称是世界公民。那应该是希腊人的一个令人震惊的悖论。

——不过，说回到希腊人吧，或许也可以把人类登上月球视为丹尼斯·德·鲁日蒙所谓的"人类的西方探险"的最新结果。

——确实。

——它包含了我们在《伊利亚特》或《奥德赛》中看到的远征，自然也包含了克里斯托弗·哥伦布的远征。

——说帝国的坏话这种惯例的确是有的，但帝国正是世界都市的一个开端，可以这么说。

——您说的是世界主义吗？

——是的，我相信帝国，在这个意义上，一直做得很好。例如，它们会散布某些语言，目前我相信最近的未来大概会属于卡斯蒂语和英语。不幸的是法语正在衰落，而俄语和中文是太过困难的语言。但最终，所有这一切都可能将我们引向期望中的统一，当然，它会消除战争的可能性，那是当今的另一个危险。

——现在，在这种西方精神之内，在这种长久以来一直允许发现的西方好奇心之内，既然您说到了帝国，应该记住哥伦布是以"基督教"的名义进行他的发现的，并且哥伦布被称为"Colomba Christi Ferens"，即基督的传鸽使者。

——啊，真好，这我倒不知道。当然，Colomba，是的。

——是的，另外克里斯托弗也暗指基督……

——是的，因为我记得，有一幅版画——我不知道是谁刻的，总之很有名——是圣克里斯托弗正抱着婴儿耶稣过一条河。

——那么，依您来说，可不可以将引发了哥伦布的发现的"基督教"视为帝国的一个版本呢，在那时候？

——有什么不可以，现在，呃，伊斯兰教现在已经呈现出了一种政治形式，但最终，事情都是这样的，就是说，长远来看……长远来看，所有的事情都是好的。

——那时候，发现就是迈入未知的领域；相反，美国和苏联这些飞出地球的探索，或许也指向了未知。

——当然，至于月亮，维吉尔的月亮和莎士比亚的月亮在发现以前早就是人所共知的了，不是吗？

——确实如此。

——是的，它们已经陪伴了我们这么久。月亮的感觉是那么亲切……真是奇怪，维吉尔有一句话说的就是"Amica silentia lune"①。这句话指的是片刻的短暂黑暗，让希腊人能够从木马上下来，入侵特洛伊。但是王尔德，他无疑是知道我刚才说的这句话的，却更喜欢说"月亮友好的沉默"。而我曾经在我的一首诗里说过："月亮寂

————————————————

① 维吉尔：《埃涅阿斯纪》。

然无声的友情 /（我篡改了维吉尔）陪伴着你。"

——无论怎样，即使在这个题目上，我们依然需要未知的存在。

——我相信它是非常必要的，但我们永远不会缺少它，因为，假设外部世界是存在的；我相信它存在，我们可以通过我们拥有的直觉和五种感官认识到它。伏尔泰曾经想象，设想一百种感觉并不是不可能的，多出一种或许就会改变我们的整个世界观。就目前而言，科学已经改变了它，因为对我们来说是一件实体的东西，对于科学来说，是一个原子、中子和电子的系统。我们自己就是这些原子与核子的系统组成的。

——没错，然而，抵达月球的壮举也许会令数世纪前的人们震惊，也许会让他们想到未知。

——他们也许会庆祝它。

——威尔斯本人，他既属于上一个世纪也属于我们的世纪，认为这是不可能的，如您所说。

——是的，但威尔斯和儒勒·凡尔纳不同，夸耀说他的想象是不可能实现的。就是说，他肯定不会有这样一台机器，不仅可以穿越空间，更能穿越时间，速度比我们的机器还要快。他肯定一个隐形人是不可能的，也肯定月亮是不可企及的；他总是夸耀这一点。但现在似乎现实已经下定决心要反驳他了，要对他说他原本相信是想象的东西，纯粹是预言性的；无非是预言而已。

俄罗斯作家

奥斯瓦尔多·费拉里：诚然，在我们已经讨论过的各个话题之中，博尔赫斯，或许我们并没有辜负斯多葛派的理想，我们表现得像世界公民那样；然而，我们至今为止仍未涉及斯拉夫作家，我们没有提到过托尔斯泰，比如说。

豪尔赫·路易斯·博尔赫斯：确实。我曾经在很长时间里认为陀思妥耶夫斯基是最伟大的小说家，在读了《罪与罚》之后。后来我又读了《附魔者》，我相信俄语的题目是《群魔》。然后，呃，我打算见识一下《卡拉马佐夫兄弟》。我被打败了。虽然我依然尊崇陀思妥耶夫斯基，但同时我也感到自己已经没有要再看一本他的书的欲望了。《死屋手记》也让我失望。另一方面，我也曾反复阅读过单单一本书，对吗？托尔斯泰的《战争与和平》，现在依然觉得它很令人敬佩。我相信这是普遍的看法：托尔斯泰更胜一筹。

——相比陀思妥耶夫斯基？

——是的，相比陀思妥耶夫斯基，不是吗？

——很有可能。

——我相信是这样的，无论如何，对于俄罗斯人来说。现在，我也阅读过那个著名的俄国作家，他的名字我想不起来了，尽管我很想记住的：《洛丽塔》的作者……

——纳博科夫。

——是的，纳博科夫说他正在编一部俄罗斯散文选集，陀思妥耶夫斯基一篇也收不进去。不过这话看上去像是一种责难，其实并不是，因为我不知道一部小说是否应该包含适合收入选集的篇章。我记得莫米格里亚诺谈论邓南遮的话，说到他最不可饶恕的罪恶，或是他最大的错误，姑且说吧，或是他最大的缺陷，是他只写适合收入选集的篇章。当然，因为一篇是一个单位，而一部小说是无法浓缩到它的任何一页的，更不可能简化成为它的任何一个句子、短语——小说必须作为一个整体来阅读，并且，无论如何，它是作为一个整体被记住的。所以纳博科夫的话对于陀思妥耶夫斯基来说可能并不是一个责难，或许一个伟大的小说家根本无需适合收入选集的篇章。

——或者他所有的篇章都可以收入。

——或者他的某些篇章可以收入。

——当然。

——尽管，似乎只是谈到小说，不可避免就会想到《堂吉诃德》。《堂吉诃德》的大部分篇章都不适合收入选集：它们似乎写得随随便便，但最后一章和第一章确实令人难忘，很适合收入选集，将它们排除在外大概仅仅是选家的专断之举。话说，当然了，我以往对于文学有一种以选集为上的概念。当时我写下一个句子，比方说，一般都很长，所以有点……总想要写得很雄辩，要令人难忘——总有四五行那么长。之后我再重读，慢慢修改它，但是指导修改的理由是大错特错的，总是不得要领。随后我会转到下面一句，然后是第三句。这样的结果就是整篇文章都读不通了，因为它是由孤立的碎块组成的。相反，现在我写得很顺畅，或是尽量写得顺畅，然后再修改写下来的东西。

——那个时候，也许您应该写的是一首诗，而不是散文。

——我相信是这样，因为在一首诗里默认每一句诗都应该是好的。尽管或许有些好诗并没有值得铭记的诗句，有些坏诗是仅由值得铭记的诗句组成的。不过，我们似乎是离题了，我有这个跑题的习惯……后来我又读了，我们全都读过的，这些故事，草原上的人们的故事。话说，我觉得俄语是很美的，每次听到有人说俄语，我就很懊恼自己听不懂。我曾经打算过要学习俄语，在一九一八年前后吧，大致上，第一次世界大战将结束的时候，当时我还是共产主义者。不过，当然了，那时候苏维埃的共产主义意味着全人类的、超越国界的友谊，现在我相信它代表的是新沙皇主义。

——一种新沙皇主义，您说的是？

——我相信是这样，无论如何，他们拍过两部有关伊凡雷帝的电影，我相信。在其中一部里面他是个讨厌的人物，在另一部里则相当值得一看。但这是自然的，这个苏维埃政府已经跟原先的政府一样了，也就是说，如果一个政府是民族主义的，它就会跟这个国家的历史一致。不过，说回陀思妥耶夫斯基吧，如果想到陀思妥耶夫斯基，我首先想到的是《罪与罚》。我曾经读到过，我不知道是不是真的，真正的书名应该是《罪与赎》，因此这本书，如我们所知，会是第一部：谋杀，杀死放债人和另一个女人的故事。然后一整部都是警察在追捕他。当然，是巡官和凶手之间那些难忘的对话。然后是下一部。我相信最后一句说的是，讲述拉什科尔尼科夫在西伯利亚的经历就是讲述一个灵魂是如何转变的。就是说，它讲述的多半应该是未见于第一部的惩罚，或救赎，其实都是一样的。黑格尔有一句话很可怕，或者说看起来很可怕，说惩罚是罪犯的权利。这看上去是一句残忍的话，不过未必：如果惩罚可以救赎，罪犯便有权受到惩罚，也就是得到救赎。这句话一直被人评判为愤世嫉俗之语，但或许并非如此。

——法律的惩罚。

——是的，您怎么看？

——呃……

——初看似乎很可怕："惩罚是罪犯的权利"，罪犯有进监狱的权利。是的，但假如监狱让他进步，为什么他没有这种进步的权利呢，就像一个病人去医院或做手术一样。

——我会反对这一点，鉴于有罪犯被杀死而没有被给予文明地接受惩罚的可能这种情况，从法律上讲。因此我要说是的……

——在这种情况下是的，这是一种犯罪。

——当然，因为他有受到法律惩罚的权利，而不是预先决定的死亡。他有权利文明地接受惩罚。

——我个人比较喜欢死刑，因为我觉得监狱很可怕。苏尔·索拉尔对我说他不介意入狱一年，只要他是一个人就行。但他肯定要跟坏人住在一起的，肯定会很可怕，不是吗？

——（笑）非常有可能。

——相反……我一直以为，从某种意义上说，我一大半的时间都处在孤独的监禁之中，不是吗（笑）？

——我们全都是的。

——……是的，但或许人永远都是独自一人……不，但有人陪伴我就感到非常愉快，只要不过度就行，只要不是一所监狱，或是一个cocktail party①，或者一个学院里的会议之类就行（**两人都笑了**）。只要不太多，我都非常乐意，是的，跟一两个人在一起，这是非常愉快的。相反，跟二十个人在一起我就觉得很可怕了，不是吗？

——当然。

——这是天堂的缺点……不，但或许天堂里的人口不多呢，是不是？因为被召唤者多，被选中者少。在这里我想起那句克尔凯郭

---

① 英语"鸡尾酒会"。

尔的可怕言论，他说假如他赶上最后审判，假如只有一个人会被判入地狱，而他就是这个获罪之人的话，他会唱起 profundis[①]来赞颂主和他的正义。除非我们认为这句话是对上帝的一个贿赂（笑），他想跟上帝搞好关系，但我相信不是这样的。

——一种赢得天堂的途径。

——是的，但我相信不是的，最好不要认为这是一种贿赂行为，或者上帝会接受这个贿赂，对不对？

——我想说的是可能纳博科夫是对的，他说陀思妥耶夫斯基对他来说更是一个剧作家而不是一个小说家。

——确实，人们记住的是那些对话。

——是的，那种语调，那些辩论。另外还有悲剧的元素。

——是的，但是情节剧的风格不应该受到指责，我觉得。我相信艾略特曾经说过，应该时不时地探索一下情节剧的可能性。当然，陀思妥耶夫斯基是情节剧式的。毫无疑问俄国小说在全世界都产生了极大的影响。话说，我相信我曾经读到过，陀思妥耶夫斯基是狄

---

① 拉丁语"自深处"，见《圣经·诗篇》130：1。

更斯的读者，似乎曾经有一个时候，据福斯特，狄更斯的朋友和传记作者说，狄更斯说他哪儿都看不到，他想不出一个没有谋杀的情节。

——嗯，有点像陀思妥耶夫斯基。

——是的，看得出来，因为我相信那些人物的谋杀，狄更斯的谋杀，可以跻身最佳之列，不是吗？看得出来他深深地感受到了它们，我记得，几乎没有一本狄更斯小说是没有谋杀的，除了《匹克威克外传》(*Pickwick Papers*)，这些谋杀，都非常令人信服而又各个不同。

——或许比某些侦探小说都更胜一筹。

——是的，或许更胜一筹，实际上在侦探小说里谋杀是侦察的一个借口。没有犯罪也可以写出一部很好的侦探小说。举例来说，最好的侦探故事之一：爱伦·坡的《失窃的信》，其中最重要的是把信隐藏在一个明显的地方，那封信正是由于这个原因才让人视而不见，不是吗？

——在那里重要的是那个谜团，可以这么说。

——重要的是那个谜团，是的。当然犯罪是一个很好的解谜借口，因为有必须要侦察和发现的东西。

——现在，说回托尔斯泰吧，在托尔斯泰那里我们总能看到，例如，就像在陀思妥耶夫斯基那里一样，根本上是宗教的元素。据纳博科夫说，托尔斯泰心中的艺术家与传道者始终在交战。

——是的，有时赢的是传道者。

——是的……

——对于托尔斯泰来说，如果我没有记错的话，他是一个苦行者，放弃了物质的财富。我读过一篇论托尔斯泰和陀思妥耶夫斯基的文章，文中说奇怪的是陀思妥耶夫斯基理解贫穷，相反托尔斯泰却寻找它以便理解它。

——确实。

——但奇怪的是在那篇文章里面这一点被当成了一个反对托尔斯泰的论据，因为在我看来放弃某样东西，当一个苦行者这件事，要比贫穷这件事更有趣，后者并不是那么值得褒扬。

——如果不是寻找得来的话。不过托尔斯泰很可能想要远离写作，于是就走到更远得多的地方。他想要远离写作而接近人民，这很可能是一个错误，不过是一个非常私人的错误。

——也是一个值得称道的错误。我谦恭地……当然，年轻时我曾经想要成为卢贡内斯，然后我意识到卢贡内斯就是卢贡内斯，在一种比我更令人信服得多的意义上。现在我已经甘心……做博尔赫斯了，也就是说，成为所有我曾经读过的作家，其中不可避免就有卢贡内斯，对不对？

——因此与其成为众多的人，不妨成为众多的作家。

——我相信每一个作家都是这样的。在当下，我们继承了语言，语言是一个传统，语言是一种感受世界的方式，每一种语言都有其可能性和不可能性；一个作者在语言中能做的事情很少。最明显的例子大概是乔伊斯吧，他总在寻求世界上最难以破解、最复杂的风格，但这种风格以先前的全部英国文学为前提。

斯宾诺莎

奥斯瓦尔多·费拉里：博尔赫斯，在哲学中有一个可以说是颇有争议的人物，您曾经为他专门写过两首诗，在您的文章里也时常引用：巴鲁赫·斯宾诺莎。

豪尔赫·路易斯·博尔赫斯：斯宾诺莎，是的，正好我不久之前刚刚讲过他。我跟您说过我在美国看到了一本题为《论上帝》(*On God*) 的书，由斯宾诺莎的文本构成，但完全去除了那套极难对付的几何体系，定义、公理、推论之类；这些全都被删掉了，那些文本是由斯宾诺莎写给他朋友的信组成的，结果就是一本很好读的书，一本不需要专门学习、读起来很有乐趣的书。书中没有一个词，一个句子不是斯宾诺莎写的，只是拆掉了那些公理、定义、推论的架子，它们对于读者来说太难对付了。这些全都被剔除了，结果就是一本很方便的，很有阅读乐趣的书。不同于斯宾诺莎的《伦理学》，后者总是把人引向命题、公理，或是先前的定义。

——而且是用近乎几何的原理架构起来的。

——斯宾诺莎本人就是这么说的：几何规则。在这里，他采用了他的导师笛卡尔的理念。出发点就是笛卡尔。当然，因为他相信，他的整个世纪都相信几何学的效率就在这些思辨、这套体系之中；之后全世界才意识到并非如此。事实是理性接受几何学，但并不是因为这种诠释的方式而接受它的。

——当然，不过他跟笛卡尔有一个区别：我认为笛卡尔是二元论或多元论者，而斯宾诺莎则是一元论者，可以这么说。您应该记得"上帝或自然"吧……

——是的，Deus Sive Natura，当然，因为我相信笛卡尔的严谨——人们对笛卡尔式的严谨说得太多了——是一种，不妨这么说，表面或虚构的严谨。因为如果一个人从严谨出发，最终却抵达了梵蒂冈的话，对我来说有点费解。我说的是从严谨出发，最终抵达的却正是天主教的教义。然而，笛卡尔就是这样做的，所以他是以一种严谨的虚构来做的。这次交谈……我多年以前与卡洛斯·马斯特龙纳蒂交谈过，因为他和我谈起笛卡尔式的严谨，我对他说这种严谨是一种虚构，简直是明摆着的，不是吗？这样的严谨并不存在。从这事上就看得出来，他从一种严谨的思想出发，最后抵达的却是天主教信仰这样异想天开的东西。看上去是不可能的。所以这种严谨是假的。相反，在斯宾诺莎这里，很有可能一旦接受了这些假设，就必然会得出这个结论。而这个结论，似乎更容易接受一些，因为它不需要一个属于我们的神话。人们可以接受，比方说，上帝与自然的等同。而这就已经属于泛神论了，那是一种非常古老的信仰，同样也可以说是日本神道的根源，举例而言；或者我们曾经提起过的那句维吉尔的短语：Omnia sunt plena Jovis[1]（万物都充满了朱庇特，万物都充满了神性）。这其实就是泛神论。奇怪的是，"泛神论"这个词是一个斯宾诺莎从未听见过的词，因为它是在斯宾诺莎去世以后，在英国发明出来解释他的哲学的。

——这倒很有趣。

——是的，因为，当然了，过去人们都说他是一个无神论者，都在谈论他的无神论。于是就有人为他辩护说：没有，他不是无神论者，那并不是没有上帝的理念，而是一切都是神圣的理念。所以这个词是在斯宾诺莎去世后新造的，他从来没有听说过它，尽管他可以立刻认出它来。当然，人们总以为词语是一直有的，但每一个词都是一个，不言而喻，独立的发明。我们在其他地方曾经谈到过"乐观主义"，伏尔泰发明出来反对莱布尼茨的词；还有"悲观主义"，它是作为乐观主义的反面而产生的，很自然。就是说，一旦发明了

---

① 维吉尔：《牧歌》（*Bucólicas*）。

"乐观主义"这个词，就必定会出现"悲观主义"这个词；而一旦发明了"无神论"，就必定会出现"泛神论"。

——没错。

——但所有这些词语都是在某一天，在并不很遥远的某一天里被第一次说出的。

——当然，我相信除了哲学以外您在斯宾诺莎之中也看到了一种伦理观念：例如，斯宾诺莎对自由的态度，对独立之于权力的态度。您想必记得他甚至被逐出了犹太宗教吧。

——是的，因为他是……现在犹太人又为他平反了，但他当时被犹太教会革除了教籍。他不愿接受基督教，而现在人们也把他视为犹太人，当然他是犹太人，但犹太教会把他开除了。很清楚，他既已著名，他们就收回了逐出教会的成命，但尽管如此，那个判决就在那里，对不对？这很可怕，因为在那里他被说成是获罪之人，他必定是有罪的，无论是在他站起的时候，睡下的时候，出去的时候，进来的时候；在白天，在夜晚，在晨昏之际，永远都是。这个被大肆宣扬的判决是可怕的。因此他被留在了教堂与犹太会堂的半途之间，独自一人怀着那份信仰……

——或许是对理性主义的信仰吧。

——是的，对理性主义的信仰，但他被孤立了。伯特兰·罗素说或许斯宾诺莎的哲学并不总是令人信服的，但不可否认在所有的哲学家里，最可爱的（Lovable）是斯宾诺莎。

——真奇怪。

——这话是在他的《西方哲学史》里说的，他说可以肯定最可爱的哲学家是斯宾诺莎，尽管人们可能会更喜爱别的哲学思想。但他始终是作为一个人存在的。也就是说，如果我谈论斯宾诺莎的话，其清晰生动并不逊于谈论，我不知道，鲁滨逊·克鲁索，或是谈论马其顿的亚历山大，他始终是作为一个人物存在的，一个既可爱而又备受爱戴，为所有人热爱的人物。

——是的，但斯宾诺莎的理性主义，举例而言，和您的有所不同，博尔赫斯，它不接受发生奇迹的可能性。对他来说，一切都遵循着不变的法则。

——是的，他认为一切都是预先注定的。他有可能是正确的。但我们知道得这么少，或许奇迹也未必没有可能。

——当然，但他并不这么看。

——是的，或许说万事皆为预先注定是我们的一种傲慢……或许仍留有自由的缝隙，无论如何——我们已经说过了不止一次——自由意志是一个必要的幻觉。但我们每时每刻都需要它，如果提到我们的过去，或者是那另一种名叫"宇宙进程"的过去——普遍的历史——的话，我们可以认为万事皆为预先注定，但至于我此时此刻究竟会说什么，至于我把手放到桌子上的姿势，我们必须认为那是自由的。不然的话我们就会感到非常，非常地不愉快。

——您与斯宾诺莎不谋而合的地方，博尔赫斯，是那种超乎一切的，对思想，对智慧生活，或者是对智慧之道的喜好，可以这么说。

——是的，还有智慧之爱，如他所说。我想要变得智慧，但我不知道有没有做到，或许经常失败吧。我也不知道如果要当作家的话……这两样东西是否必要，对吗？必须要有智慧，但没有情感的智慧什么都做不了，没有情感在先也就没有任何理由去打造一件美学作品了。情感是必需的，东西不可能以纯粹的修辞来完成，假如纯粹的修辞是存在的话，我相信不是的。假如没有情感在先一件艺术作品的创造是不合情理的。

——确实如此，在您身上我看到了一种介于亚里士多德式理性主义和柏拉图式直觉与情感之间的平衡。

——但愿我做得到吧。

——这在我看来是您非常典型的特点，因为在斯宾诺莎这里，比如说，他是完全理性主义的，也不接受神话之类的东西。

——不，我有一首关于他的十四行诗，我在诗中写道："免于比喻也免于神话，他磨光／一片艰深的水晶：那无限的／地图，祂所有星辰的总和。"或许成功就在于地图这个词，它暗示了某种浩大的东西，对不对？

——确实，不过为了让听众和读者理解您这首诗的全部意义，我想把它读一遍。

——……我相信您没有必要读它，因为我打算把它背诵出来。

——啊，当然可以。

——您肯定记得斯宾诺莎是打磨镜片的，同时也在打磨他的哲学那座水晶的迷宫，对不对？

——是的。

——所以，在那首诗里，我对这两件事等量齐观：双手打磨镜片与头脑打磨哲学体系的双重劳作。这首十四行诗是这么写的：

斯宾诺莎

那个犹太人半透明的双手
在暝色四合之际打磨着水晶①
而消逝的傍晚是恐惧和寒冷。
(傍晚与傍晚毫无二致。)

那双手，和犹太区的边缘
化为苍白的风信子空地
对于这沉静之人几乎不存在，
他正梦想一座光明的迷宫。

声名并没有令他迷乱，那反影
是另一面镜子的梦中之梦，
处女们可怕的爱情也没有。

免于比喻也免于神话，他磨光
一片艰深的水晶：那无限的
地图，所有星辰的总和。

就是这首十四行诗。后来我又写了一首，那首我记不得了，不过还保留着一句诗，就是"某人在幽暝中构筑上帝"②，或是"一个

---

① 斯宾诺莎曾以打磨透镜为生。
② 博尔赫斯：《巴鲁赫·斯宾诺莎》（*Baruch Spinoza*）。

人在阴影中生养上帝"，诸如此类。

——他就是斯宾诺莎。

——就是斯宾诺莎，是的，"一个人生养上帝"，一个人正在用人的词语创造神性，在一本书即斯宾诺莎的《伦理学》之中。

——不过显而易见的是您对斯宾诺莎有着极其深刻的感悟，所以才写下了这首诗。

——呃，我还想过要写一本有关斯宾诺莎的书，然后我意识到我无法解释自己都不太明白的东西。不过这本书已经变成了一本有关斯威登堡的书，是的，我想有朝一日把它写出来。我即将接待美国斯威登堡协会一位秘书的造访。他要来看我，我希望自己尽量少说，多听听他告诉我的东西，因为他对这个题目知道的比我多得多。

——关于斯威登堡的最新消息（笑）。

——（笑）最新消息，是的，那个在伦敦去世，天天与天使交谈的人的消息；是的，我也写过一首关于他的十四行诗，不过请放心，因为我不记得了。

关于阿隆索·吉哈诺的新对话

奥斯瓦尔多·费拉里：在美国一所大学举行的一场对话中，博尔赫斯，您曾经说过，您把塞万提斯的伟大人物，阿隆索·吉哈诺，那个凭借想象把自己变成堂吉诃德的人，当成您最好的朋友。

豪尔赫·路易斯·博尔赫斯：……是的，奇怪的是这个人物是在那部作品的第一章里呈现给我们的，对不对？

——确实。

——您一定记得就是那段文字让我们离开自己的日常生活而进入了阿隆索·吉哈诺的生活："在拉曼恰的一个地方，地名我就不提了，不久前住着一位绅士，这类人少不了架子上的长矛，老旧的圆盾，羸瘦的劣马，奔来奔去的灰狗。"就这样，在寥寥几行之间我们就已走进了那个世界。

——我们走进了这个梦。

——是的，让我在意的，虽说我当时还是个小孩，是有人说他在发癔症了，而并没有表现发癔症的各个阶段。我想也许可以写一个故事——只是这个故事大概会有点自以为是吧，对吗？——一个表现发癔症各个阶段的故事：它会表现在阿隆索·吉哈诺的眼中，日常的世界，尘土飞扬的拉曼恰地区的那个地方，是如何变得越来越不真实，而 la Matière de Bretagne①的世界又如何越来越真实起来的。但这无关紧要，我们接受了它，在这一章里我们就已进入了他的世界。或许……或许最重要的是一个作家向我们呈现值得喜爱的人们，这可能不是那么困难，因为读者总是倾向于认同第一个出场的人物。就是说，如果我们阅读《罪与罚》的话，举例而言，我们从一开始就认同拉斯科尔尼科夫了，因为他是我们认识的第一个人物。这可以帮助读者把自己当成他的朋友，这样人们在读到他的时候，就成为了他；因为读一本书就是依次成为书中的各个人物。呃，我说的是一部小说的情况，如果这部小说值得一看的话。

——是成为作者，在某种意义上。

---

① 法语"不列颠事迹"，与英伦诸岛有关的中世纪文学，如亚瑟王的传奇之类。

——是的，也是在某种意义上成为作者，所有这一切；一系列的蜕化，改变，它们并不痛苦，充满了愉悦。话说，乌纳穆诺认为堂吉诃德是一个典范人物，我觉得这个想法是错误的，因为他肯定不是的，他不如说是一个暴躁易怒、反复无常的先生。不过，众所周知他是无害的……（笑）我曾经写过一篇文章，讨论假如堂吉诃德杀死了一个人的话会发生什么事。但是我的这份疑惑是荒谬的，因为人们从一开始就明白他是不可能杀死任何人的，他必须是一个讨人喜欢的人物。而作者也不会让他在任何时刻碰到这种危险。然后我思考了堂吉诃德这一不可能的行为可能产生的后果，我思考了可能会发生的情况，我不知道我设想了哪些可能性。但事实是我们把阿隆索·吉哈诺当成了一个朋友。

——确实是这样。

——至于桑乔就不是了，我对他的印象更准确地说是粗鲁无礼的。另外，从小时候开始我就发现他说得太多了。我想象更合乎常理的应该是在大段时间里他们只是一块儿默默地骑着马才对。但是因为读者期待饶有趣味的对话，塞万提斯是不可能让他们收声的。我读《马丁·菲耶罗》的时候也是同样的想法，我觉得克鲁兹一照面就把自己的故事全都告诉了菲耶罗是非常奇怪的，我觉得他一点一点地慢慢告诉他会更自然一些。

——所以对您来说，塞万提斯的书中最重要的……

——就是这个人物。

——阿隆索·吉哈诺这个人的创造。

——是的，首先是将自己混同于堂吉诃德的阿隆索·吉哈诺，作者有时还特意把他们弄混。但人们总觉得，尤其是第一部里，他不是堂吉诃德，他就是阿隆索·吉哈诺。另外，整个西班牙都是把他当成外来者看待的。相反，第二部就不同了：全西班牙都读过了第一部，都在期待着他，怂恿他发癫症。然后，在结尾处，桑乔提议换成田园牧歌的类别，记得吗？这也被阿隆索·吉哈诺拒绝了。他已经确信自己就是阿隆索·吉哈诺，不可能重新变成一个漫游的骑士或牧羊人了。

——是的，在"乌尔比纳的一名士兵"里，您一定记得的，还有"阿隆索·吉哈诺做梦"；这两首诗里……

——第二首诗我不记得了，第一首我记得，甚至背得出来，因为有时候人们请我读一首十四行诗，我会在"Everness"①，有关巴勒莫刀手胡安·穆拉尼亚的"一八九几年一个阴影的典故"，和"乌尔比纳的一名士兵"这首诗之间摇摆不定，诗中没有提到塞万提斯，

---

① 英国自然哲学家、作家约翰·威尔金斯(John Wilkins，1614－1672)臆造的词，意为"永远、永恒"。

但读者明白讲的就是他。

——在我提到的这两首诗里，您将堂吉诃德的史诗梦想，与塞万提斯自己生命中经历的史诗现实联系在了一起。

——是的，话说，奇怪的是，无论是塞万提斯，还是那个时代的任何作家，似乎都从未意识到发现美洲的重要性。

——是的，即使他们是同一时代的，当然。

——他们是同一时代的，却对佛兰德斯那些灾难性的小型战争更感兴趣，胜过发现一个大陆。在英格兰似乎也是一样：他们派遣卡博特到中国去，因为他们没想到美洲在那里，挡住了去路。

——话说，塞万提斯也请示过要到美洲去。

——是的，格鲁萨克说他们原本可以给他，比方说，新格拉纳达①的某个职位的，但我们或许要把《堂吉诃德》的写作归功于他被拒绝了这个职位。也就是说，在塞万提斯眼中的一件坏事，对他，对全人类来说都是一件好事。

---

① Nueva Granada，16 世纪南美洲北部的西班牙殖民领地，覆盖今巴拿马、哥伦比亚、厄瓜多尔和委内瑞拉等。

——我们前面说过，在那个时候，塞万提斯已经领略到了"史诗的味道"，在他自己的生命之中。

——是的，他很喜欢提到勒班陀①战役，提到过很多次。

——是的，就像您在诗中说的，"为了抹去或减轻现实的 / 残暴，他寻找梦想的事物"。

——"而交给了他一种魔幻往昔的 / 是罗兰②和不列颠的篇章。"是的，la Matière de France③和不列颠事迹，还应该加上 la Matière de Rome La grande④，包括马其顿的亚历山大的冒险，他抵达天堂的墙垣，也抵达海洋的深处。说到底，这一切都是 la Matière de Rome。

——他也读过意大利的阿里奥斯托，还有其他很多人。

---

① Lepanto，将伯罗奔尼萨半岛与希腊本土分隔开来的海峡，今名科林托（Corinto）。1571 年 10 月 7 日南欧联军舰队在此击败奥斯曼帝国舰队，塞万提斯参与了这场战役并失去一臂。

② Rolando（？－778），法兰克王国的军事领袖，法国史诗《罗兰之歌》（La Chanson de Roland）的主角。

③法语"法兰西事迹"，又称"加洛林纪事"（Cycle Carolingien），讲述罗兰与法兰克国王查理曼等人事迹的中世纪文学与传说。

④法语"大罗马事迹"，由希腊与罗马神话，以及古代地中海历史文化经典构成的一系列文学篇章。

——当然，塞万提斯讲到"饶有兴味的检视"的时候，他讲的就是"基督教诗人鲁多维柯·阿里奥斯托"。也许可以试试写一篇关于阿里奥斯托和塞万提斯的文章，就是他们两人都很欣赏这三大"事迹"的味道：不列颠的、法兰西的和罗马的。与此同时，他们也都意识到了这一切全都有点荒唐可笑，有点放纵过火。

——骑士风度的味道，不妨说是。

——是的，就是那种味道，当然。在《疯狂的奥兰多》的第一诗章里，说到查理曼的时候，就有点荒唐可笑了。不过，同时它在阿里奥斯托看来又是绝妙的，他意识到，那是不真实的，或许他喜欢它就是因为这个。在塞万提斯之中就更明显了。

——因为与现实的反差而绝妙无比。

——是的，因为反差，但我相信他们在这方面很相似，对不对？

——理所当然。

——两人都对骑士风度心有所感，同时又知道这一切都是不真实的，或者不论怎么说都有点可笑。在塞万提斯这里完全是可笑的。

——因此他的小说的全部进程就在于现实与梦想之间的反差。

——是的，那梦想主要就是 la Matière de France 与 de Bretagne，比 la de Rome 多一点，因为亚历山大或恺撒很少被说起。

——我特别感兴趣的是您对人物的认同，几乎超过了作者，我觉得，认同阿隆索·吉哈诺更多于认同塞万提斯。

——但我相信这是发生在每个人身上的事，不是吗？

——那要看了，有可能。

——我相信乌纳穆诺曾经写过，堂吉诃德现在比塞万提斯更真实了。实际上我们是直截了当地想象阿隆索·吉哈诺的，而想象塞万提斯却要通过传记，或是其他人的叙述……

——或者是猜想……

——或者是猜想，是的。相反，我们跟阿隆索·吉哈诺，跟他想要变成的堂吉诃德，有一种直接的联系。解释是不言自明的，不可能有别的。

——同意，但阿隆索·吉哈诺的梦想是一个图书馆的梦想这一点，我相信与您很近似，就是与您始终不变的倾向相近。

——啊，当然，是的，我相信在一首十四行诗里我曾经写道，不同于阿隆索·吉哈诺，我从未离开过我的图书馆。因为虽然我已走遍了世界，我却不知道我是否离开过我最初阅读的那些书籍。

——是的，您始终保持着对那第一个图书馆的忠诚。

——是的，另外，因为近视，我最初的记忆并不是，比方说，巴勒莫区的，甚至也不是我父母移动的脸相，而是书籍、插图、地图、书脊，谁说不可以是书的装帧呢。就是说，我最初的记忆是那些东西，对书的回忆的确比对人的回忆更多。

——所以您父亲的图书馆在您的生命中是至关重要的，如您说过的那样。

——我相信是这样，我也相信我从来没有离开过它，这是我的一份幸运，但对我的读者来说是一份不幸，是它让我写下了其他的书籍。但在这所房子里，我只想呆在我父亲的图书馆之中，因为在这所房子里没有我自己的书。

——确实，不过既然我们已经谈到了反差，堂吉诃德的故事非常奇怪，居然是在现实主义拥有最大权重的国家，在西班牙写成的。

——确实如此，而且它还以此自夸，因为他们认为流浪汉小说就是这样的，对不对？尽管，实际上那是一种相当清教徒式的小说；您看在流浪汉小说里性爱都被排除了，比如说。

——是的，但塞万提斯本人也涉足了此类小说。

——您说的是《林孔内特和科尔塔迪约》[①]？

——对，就是这篇，以及《典范小说集》中的其他故事。

——当然，总而言之，流浪汉小说对欧洲来说肯定是一个启示，因为它深深地影响了英语小说，格里美尔斯豪森的《西木卜里切斯木斯》，然后还有勒萨日的《吉尔·布拉斯》。

---

① *Rinconete y Cortadillo*，塞万提斯的中篇小说。

凯尔特文化

奥斯瓦尔多·费拉里：博尔赫斯，您在一个文本中解释说，就像日耳曼人的真正文化最终是在冰岛盛放的一样，凯尔特文化是在爱尔兰得到了庇护……您说，在爱尔兰的档案馆和图书馆里，可以找到保存完好的凯尔特人语言文化和文学的证明。

豪尔赫·路易斯·博尔赫斯：是的，因为它在其他国家已经消失了。现在，在威尔士也是一样，《马比诺吉昂》是威尔士的，是盖斯特夫人翻译出来的故事，有一些非常美。勒南读了她的书，就在普法战争中拿它来攻击德国人。其中就有这样一个美丽的故事，我们毫无疑问是讲过的，说的是两个年轻的国王在一座山的顶峰下棋，同时两军在山下作战，下面是战斗之人的潮涨潮落。然后到了一个时刻，在这个显然是决定性的时刻，其中一位国王说"将军"，走了一步。这时出现了一个骑手，他带来了另一个国王的军队已被击败的消息。

以这样的方式，便可意识到这一局棋是一个魔法的过程，因为两军都为棋手所调遣；当其中一个国王将死了对方时，对方的军队就被击败了。我曾在一首关于象棋的诗里使用了类似的想法。在诗中我想象棋子，它们相信自己在享受着自由意志，然而并不是，是对弈者的手在移动着它们；对弈者相信自己在享受着自由意志，但与此同时他是受着一个神的调遣，由于文学的原因，这个神也受着其他神祇的支配。于是便形成了，在棋子之间，一个无限的序列，一个有无限环节的链条。我写了两首这个主题的十四行诗，题目都是《棋》；两首的主题是同一个：棋子相信自己是自由的而并不是，棋手相信自己是自由的而并不是；神也相信自己是自由的，但并不是，另一个神也相信自己是自由的而并不是，以此类推直至无限。但既然我们说到了爱尔兰文化，我不知道我们以前是否提到过一个非常奇怪的主题：我被选入了阿根廷文学院，在演讲时我采用的就是这个主题（因为谈的就是学院）：我提到没有任何地方的文学院像在往日的爱尔兰那么重要，那时爱尔兰还是一个由众多小王国构成的世界。那时候，诗歌的学习包括了所有其他科目的学习，例如系谱学、占星学、植物学、数学、伦理学，这些诗人全都要学习。还有各式各样的类别；考试不及格的人是不允许使用诗歌的。不过一旦通过第一年的考试而进入了第二年，就获准可以使用某些格律和某些主题了，但仅此而已。最后，到了高等诗人的级别，才可以使用所有的格律，神话谱系里的所有名字，所有的修辞格。如此便创造了一种异常复杂的诗歌（它是由国家维护的）。但终于到来了一个时刻，根据传说，众多国王中的一位——姑且说是爱尔兰国王吧——命令两个诗人，都已经完成了自己的十二年学业；都是爱尔兰的高等诗人，来为他写颂歌。两个诗人吟诵了他们的诗篇，可能他们彼此都理解对方的诗篇，但也仅此而已。于是国王便解散了诗人学校，同样也关掉了学院。另外，这些诗人比国王更高贵，因为他们有权拥有更多的奴隶、更多的母牛、更多的金钱；结果就是，可以这么说，国家的一大笔开销（**两人都笑了**）。

——他们大概还有权拥有更多的闲暇。

——更多的闲暇……谁知道呢，如果他们发明了，而且必须要驾驭一种非常复杂的诗歌体系的话，类似于斯堪的纳维亚体系，盎格鲁 - 撒克逊体系，其中会出现某些隐喻：我们已经谈论过很多次用"天鹅之路"来指大海，"刀剑之会"来指战斗，等等。它与此相似，但要复杂得多。所以诗人要在十二年之后才能懂得一切。当然我们所说的"一切"永远是谦逊之辞，相比可能的事物的总和而言，但归根结底，他懂得在爱尔兰能够懂得的一切，在某一个时代。

——是的，您也指出了赞同勒南之说，这种古老的凯尔特文化有一个非常怪异的特点：就是即便皈依了基督教，也依然保留着异教神话与古代传说的记忆。

——呃，但我相信这也发生在其他地方。您看，我刚写了一首关于贡戈拉的诗。主题是贡戈拉，他无疑是信天主教的，然而使用的却是拉丁神祇，其实也就是希腊的神祇，起了不同的名字而已。就是说，他不说战争而说玛尔斯，或者像希腊人会说的那样，阿瑞斯；他不说大海，而说尼普顿，或者像希腊人会说的那样，波塞冬。就这样那些神话始终在滋养着人们的想象，超越了他们的神学信仰。我相信现在，在爱尔兰，推行的是两种语言的学习：英语和厄尔斯语①，后者是凯尔特语的形式，以前都不怎么为人所知，尤其是农民。它是一种学者和语言学家感兴趣的语言，跟瓜拉尼语在这里的情形一样，对不对？

——凯尔特文化还有一点很特殊，就是他们中间最早的文人，是他们的祭司：德鲁伊。

——德鲁伊，是的，我相信恺撒提到过在所有凯尔特地区都有德鲁伊；例如，在比利时，在法国，在西班牙，但是德鲁伊学院是开在英格兰的，当时还是一个凯尔特人的国度。他们会到那里去完成自己的学习，我不知道学的是什么，或许是魔法吧。话说，恺撒把灵魂转世的信仰归到凯尔特人的头上，他在那里看到了毕达哥拉斯的影响。不过这似乎是错的，似乎他听到的是可以把人变成动物——也就是我们所说的虎人、狼人的意思——恺撒把它和转世的理念弄混了，那是不一样的。如果是转世的话，一个人的灵魂会转入另一个躯体。也就是说，如果一个人特别凶猛的话，那么他很可

---

① Erse，爱尔兰语的别称。

能会转入一只老虎的身体，因为在老虎身上凶猛不是一个缺陷，对不对？所以每一个灵魂都会找到适合它的归宿。

——关于凯尔特诗歌，您告诉我们说抛开它的复杂性，它极端的严格，它有时候是不可思议的。

——是的，我要特别提一下在威尔士写下的东西。有一首诗，是罗伯特·格雷夫斯辑录的，在他的著作《白女神》里，标题很美，叫做"树之战"。我不知道它究竟指的是什么，我相信有一节诗被藏起来了，那节诗讲的就是转世。我是在一段阿诺德的引文里读到它的，我记得这个片断，我很快地背诵一下吧："我曾是一条闪亮的鱼／我曾是一座跨越七十条河的桥／我曾是水的碎浪／我曾是一个词在一本书里／我曾是一本书在起初之时……"

——美极了。

——一段精彩绝伦的列举，是吧？它从一物转到另一物，以一种惊人的方式，不是吗？我记得那结尾："我曾是一个词在一本书之中／我曾是一本书在起初之时"。当然这里全都是用"在"字玩的把戏，其中有一点不同：一个词"在一本书之中"是在空间里；相对的，一本书"在起初之时"是在时间里。但这无关紧要，结果非常好。随后又说道："我曾是一柄剑在一只手里／我曾是一只手在战斗之中"，并继续开列一串很长的清单；大约有二三十个吧，每一个都出人意表，同时又是前一个预先铺垫好的。

——在爱尔兰也一样，您告诉我们说在它的文学里，航行、航海的主题特别多见。

——日耳曼诗歌，还有葡萄牙诗歌也是这样。我曾经写过，或者仿制过一本论葡萄牙文学的书；似乎有一个特殊的类别，是由沉船和航海的书籍组成的。都是有关航海的书，当然，但都很不幸，因为都有沉船的内容。

——但航海，在爱尔兰的想象里，永远是朝向西方的……

——是的，驶向圣布伦丹之岛，然后据说还有其他的幻想岛屿；有一座岛上据说"银狗在追逐金鹿"，我记得。再下来还有一座，被一圈永恒的火焰包围着，还有另一些岛上有幻想的生物。首先是那座圣布伦丹之岛，人们后来把它和发现美洲联系上了，对不对？但爱尔兰的想象早已在北大西洋上安置了一座想象的、不可思议的群岛。

——是的，除了一种想象自然的方式以外，他们还有一种对自然和风景的特殊热爱。

——是的，一种对树木之美的感悟，比如说。我相信曾经有人从"德鲁伊"（druida）这个词联想到了"林中仙女"（amadríades）；也就是说，一直就有德鲁伊和树木是有联系的这个想法。

——这种对自然的热爱是英格兰，以及爱尔兰所特有的……

——是的，在欧洲其他国家浪漫主义运动之前的文学里，风景是几乎不为人知的。几乎没有风景。我相信在绘画里也很少。其实，据拉斯金说，第一个真正看到岩石、云、山、海的画家是透纳。因为风景一般都被用来当作背景；这种背景是常规性的：重要的是人物。相反，日本画就不同了，在日本画里我相信人们永远——假如永远这个词是正当的话——在思考着风景，在感受着风景。这是很多人感觉不到的：例如，您读《堂吉诃德》，除了某一块显然是取自意大利文学，取自意大利文学惯例的绿草地以外，根本没有风景。所以朵莱的插图虽然十分生动，但与文本毫无关系；因为您看到那个绅士和随从，置身于辽阔风景的包围之下，这些风景却并未呈现在书中。我很疑惑，在多年前阅读罗德里格斯·拉雷塔的《堂拉米罗的荣誉》第一页的时候，如果这第一页没错的话；因为我相信在那一页，或在最初几页里，说到了托莱多的风景。现在，我不知道托莱多人在十六世纪和十七世纪看不看得到这样的风景，我相信是看不到的；我相信这风景是隐形的，就像风景在通常的流行诗歌里一样：重要的是人和他们的激情。

克维多

奥斯瓦尔多·费拉里：有一个您钟爱的经典，博尔赫斯，我们至今仍未说到过：那个您说既不感伤也不哀怨的西班牙人，我们记住他与其说是为了一种文学类型的创造，不如说是为了他写作的品质。

豪尔赫·路易斯·博尔赫斯：……坎西诺斯·阿森斯？

——不，不，我指的是克维多。

——啊，克维多……

——是的，最高贵的西班牙语文体家，据卢贡内斯说，我记得……

——其实我已经远离了克维多，正如我已经远离了卢贡内斯一样。我看在克维多和卢贡内斯之中人们总能注意到那种刻意，似乎从来不是流淌而出的。我以前编过一部十四行诗选集，我没有找到一首十四行诗，我没有见过克维多或卢贡内斯的十四行诗是没有瑕疵的，是作者没有在某一行里面犯下虚荣之罪的；因为巴洛克出于道德的原因是应受谴责的，我相信，巴洛克因为表现了虚荣而应该受到谴责。不过，在克维多这里……话说回来，有一首十四行诗，就是那首：

> 退入这些荒漠的宁静，
> 以不多但渊博的书籍为伴，
> 我活着和已故之人对话
> 我用我的双眼倾听死者。①

这一节就很好，但我不知道第四行是否差强人意。

——您觉得这行太格言派②了。

——是的，我看这一行似乎有一点为了挽救那个想法而硬来的

---

① 克维多：《书自托雷德胡安阿巴德的十四行诗》（*Soneto desde la Torre de Juan Abad*）。托雷德胡安安阿巴德为西班牙中南部城市。
② Conceptista，conceptismo 为 17 世纪的西班牙文学流派。

意思……有种讲法是"说得连手肘都用上了"①，在这里则有用眼睛来听的想法。不过话说回来，这样形容是对的；因为一个人阅读一段文本的时候——他往往会读出声来——他就是在用眼倾听。尽管这种倾听与双眼的对比或许有点粗糙，不是吗？接下来写的是：

> 哪怕不懂，也永远翻开着，
> 或是修正或是推进我的主题，
> 而在对位的无声乐章之中
> 他们醒着谈论生活的梦境。

这一节精彩之极，另外也说得很对。最后写的是：

> 无可挽回的流淌中时光逝去；
> 这却可以算作是上好的结果，
> 读书与学习令我们变得更好。

这是一个安静的结尾，不太像克维多，对吗？就是最后一行那么平静这一点。

——是的，话说，以前您把克维多视为一个文人中的文人，可能是因为您认为他合乎作家的感性。

---

① "Hablar hasta por los codos"，意为"喋喋不休，没完没了地说"。

——不单是这个，也因为他的写作有点依赖写作的技巧，不是吗？但我不知道这是不是一个优点。人们也是这么说斯潘塞①的，他是"The poet's poet"（诗人中的诗人）；人们是这么说爱德蒙·斯潘塞的。然后人们又谈论作家里的作家，意思是有一种诉诸感性，诉诸情感的愉悦，诸如此类。但在克维多这里，我们感觉到这种愉悦是特别文学性的——就是说，人们首先感觉到的是他赋予词语的价值。其实，我不知道这是不是一个优点，或许最好应该让读者忘掉词语吧。克维多和卢贡内斯，两人是如此的相似，人们记住的永远是词语。

——因此您说克维多的伟大之处是在文字上的。

——是的……我这么说过吗？是的，毫无疑问。

——至于克维多为逻辑思辨进行的辩护，就说是反对迷信吧，对神话的驳斥，比如对恩培多克勒②的诗句的抨击……

——我不记得了，是怎么样的？

——就是那些，说自己曾经是一条鱼，曾经是……

---

① Edmund Spenser（1552/1553－1599），英国诗人。
② Empédocles（约前490－约前430），古希腊哲学家。

——啊，是的，等一下……"我曾经是一条海中浮现的鱼"，我相信恩培多克勒是这么说的，没错；显然克维多的驳斥是一种玩笑之辞，不是吗？

——呃，他正是以此来驳斥灵魂转世理论的，他认为那纯属迷信，并从逻辑上加以攻击。

——是的，但我不知道神话是否可以用逻辑来反驳。

——啊，当然。

——而且，曾经化身为各种形体的想法可能是对的，就是说，即使一个人不曾化身为各种形体，他也可能感觉自己曾经化身为各种形体而并不脱离自己的生命。因为，如果我思考我的往世，总有些年月、日期和事件已经离我那么遥远，肯定也曾化身为其他形体，而不是人的形体。

——在自己的生命中吗，您说的是？

——在自己的生命中，我相信是这样，但我相信……这么说吧，在印度，例如，人人都接受转世的观念，但他们接受它是因为这种理念与经验并不矛盾。如果一个人回想他很久以前做过的某一件事，他回想的是别人做过的某一件事，对此他是接受的。就是想象对这种神话似乎非常包容，它或许是对的或许是错的，就是转世的理念。

——在这里柏拉图邂逅了印度。

——是的，我相信是这样。

——因为如果有记忆，那么我们就曾经是那另一个人或那样之前的东西。

——是的，因为，归根结底，对于感性来说或许更易于接受的是一个人曾经活在另一个身体，另一个形体之中的想法，胜于活在一个身体和一个人的形体之中；胜于接受原型的想法：原型似乎是不可思议的，想象似乎总以某种方式否弃它。相反，曾经是"一条海中浮现的鱼"的想法，就像恩培多克勒说的那样，是一个易于接受的想法，至少是作为猜想（笑），或是作为可能。

——（笑）猜想总是可能的，不过说回克维多吧，在《马库斯·布鲁忒斯》中，举个例子，你说西班牙与白银时代①拉丁的邂逅是通过克维多而产生的。我想和您讨论一下这个与塞内加、塔西佗和卢加努斯联系在一起的"白银时代"。

---

① Edad de Plata，大致为公元 18 年至 133 年，仅次于黄金时期（公元前 70- 公元 18 年）的拉丁语文学繁荣阶段。

——是的，在我的诗"另一首赠礼之诗"中我说到了卢加努斯和塞内加，他们写下了，在西班牙语之前，全部的西班牙文学——我指的正是这个，这种"白银的拉丁风格"，后来克维多加以模仿的东西。克维多翻译了一些塞内加的信简，我在克维多作品里读到过他翻译的两封致卢西里乌斯的信；译得极好，当然，因为无论如何，那是《马库斯·布鲁兹斯》中提出的模式。

——话说，关于克维多的诗，关于十四行诗，即使您说可以找到偶然的败笔，我相信您也找到了精彩之处。

——是的，但很难找到一首克维多或卢贡内斯的十四行诗，其中没有某处败笔的。而有的败笔，不可以说是无心之过，而是刻意追求而不幸地寻得的。就好像在我们看来是败笔的东西，对他们来说也许就是美的。不过，要评判这些东西太困难了，例如，我记得那两句贡戈拉的诗，写的是：

> 哦浩大的河，伟大的安达卢西亚之王，
> 在高贵而并非金黄的沙上。[1]

从逻辑上讲，或者对我来说，这个想法……像这样承认沙子不

---

[1]贡戈拉：《致科尔多瓦》（*A Córdoba*）。

是金黄的，在我看来并没有很大的效力；但可能贡戈拉就喜欢这个想法呢：这种既肯定又不说尽的想法，对吗？因为不然的话为什么要把它写出来呢。或者仅仅是因为他必须要这么押韵？不，我不相信；我相信他喜欢"在高贵而并非金黄的沙上"这个想法。这种对立以某种方式让他喜欢。所以没办法评判，因为这是太过私人的事情，我们不知道应该指责还是赞扬。

——可能这和您对克维多最好篇章的评论很相似，超乎于其中蕴含的想法或概念之外，它们以文学的方式存在着。一个文本的文学存在某些情况下大概是独立于其他的吧，对吗？

——人们可能会认为一首诗并不对应于一种情感，或对应于诗的主题，而是被加诸世界的又一个客体：词语的客体。我正好有一首与此有关的诗，题为"另一只老虎"，我不知道您是否记得，在诗中我打算描述一只老虎。我一完成就意识到这只老虎并不是老虎，而仅仅是一个词语的客体，一件构造，一个词语的建筑；然后我又讲述另一只老虎。但就在我讲述它的时候，这另一只老虎又变得像前一只一样地造作虚假了；于是，到最后，只留下我一个人在黄昏，在国立图书馆浩大的黄昏里，寻找着另一只老虎，不在诗中的那一只……我相信这首诗，或许，是我最好的诗篇之一，其中暗示了一个无限环节的链条，每一个环节都是一只老虎；而这些老虎每一只都纯粹是词语构成的，没有一只是我所寻找的。

——这让我想起了您的另一首诗:《豹》,但我有兴趣和您探讨一下克维多的另外一个特点,就是他在和女性的关系这方面所持的怀疑观点。我不知道你是否记得这个特点。

——是的……

——他的话是出于成见。

——呃,我在这一点上不能同意克维多……对我来说在一个女人,任何一个女人身上总有某种如此愉悦的东西;当然是某种无法界定的东西,但永远,有一种愉悦就是跟一个女人相处。这与爱情,也与淫欲毫无关系;而是某种,稍有不同,但并没有太过不同的东西:不同得足以被察觉,同时又足够接近,让那种不同不至于将我们分隔开来。其实,说到底这也出现在所有的友谊之中,我相信;但无论如何,我要说的是,在与一个女人的友谊之中,或者干脆说在一个女人在场时,总有某种东西是一个男人在场时所没有的。

——另外,您还说女人是通过直觉思考的,不同于男人,他们的思考是相当辩证的;因此,那种女性的思维方式与男性是互补的,因为它引入了直觉。

——如今我快要得出谁也不会思考,无论是这种还是那种方式的结论了(两人都笑了),但说到底,这大概是怀疑论的一种形式吧。

话说，当然了，如果女人是通过直觉思考的，这就意味着它只有一步；那样更有可能是正确的。相反，如果我们采用的是逻辑思维的话，那就像是一个有各种环节的链条，每一环都可能潜藏着错误。

——确实如此。

——一个很长的过程比一个感性的单一行为，比如直觉，更容易出错。对照之下，在一个逻辑过程里就是这样，错误更容易溜进来。

——当然，你一定记得在东方，比如说，在佛教禅宗里，直觉被视为智慧的至高表现。

——当然，因为它是一个直接的行为，一个单一的行为，相反，另一种是一项运作，而运作总是容易犯错的。

神秘主义者斯威登堡

奥斯瓦尔多·费拉里：博尔赫斯，有一个神秘主义者，也是通神论者，您似乎非常熟悉，因为您时常引用他。这也正是被爱默生指为神秘主义者的原型的同一个幻想家。

豪尔赫·路易斯·博尔赫斯：斯威登堡，是啊……可以总结一下他的教导……据耶稣基督说人类的救赎是道德上的，还有"末后的将会是最先的"①这类蛊惑人心的话语，还有，"天国源自心灵的纯粹"②；甚至还有"让小孩子到我这里来"③……另一方面，在十八世纪则有伟大的瑞典神秘主义者，他的教导是不同的。他的全部教导依据的是他与天使的长期私人对话，在伦敦。这些对话持续了很

---

① 《马太福音》20:16。
② 《马太福音》5:3："心灵贫乏的人有福了，因为天国是他们的。"
③ 《马太福音》19:14;《路加福音》18:16。

多年。他是一位杰出的科学家，他精通矿物学、解剖学以及天文学。然后，自从基督在伦敦第一次向他显现之后他就抛开了这一切。由此开始他专注一心去造访天堂和地狱——或许就是他最受欢迎的书《天堂与地狱》（*De Coelo et Inferno*）的名字——的各个区域。但还有其他的；有一本书是论述最后审判的（据他说它已经发生过了）。话说，这两本书都是——我在某一首十四行诗里就说过了——用枯燥的拉丁语写的。当然，斯威登堡不是一个诗人，但它们都是以一个旅行者的精确写下的：就像是在描述亚洲或非洲的区域一样……

——就好像不是在讲述幻景而是具体的风景一样。

——是的，因为除此以外这些幻景都写得细致入微。不过这可能是另一次对话的主题吧，或许最重要的是他相信人的救赎不仅是道德层面的也是智慧层面的。他有一篇类似寓言的东西提到了一个苦行者。这个苦行者一心要得到救赎，他放弃了一切，生活在沙漠中，死去并且确实抵达了天堂。但是，他一到天堂就迷失了，因为，据斯威登堡说，尘世里存在的一切，姑且这么说吧，与形体和色彩有关的一切，这一切在天堂里全都存在，但采取的却是一种激烈得多也复杂得多的方式。此外，甚至可能还有某种对第四维的暗示，因为其中说到天使可以彼此交谈，但他们又永远现身于上帝之前。这是非常奇怪的，对不对？

——是，奇怪得很。

——然后，这个可怜的人（我刚才提到的苦行者）抵达了天堂；天使的对话是一种智慧的对话，自然是神学性质的，但是非常复杂。而这个可怜的人却对天使的对话不知所云。因此，他们就想该拿他怎么办呢。当然，送他去地狱肯定是荒谬的，因为在地狱里他肯定会觉很不愉快，他也不可能和魔鬼一起过活……啊，我还要补充一点，据斯威登堡说，没有谁是被审判之后送进天堂或地狱的，而是在漫长的生命中，他自己一直在为这两个死后的目的地之一作着准备。

——用每一个行为。

——是的，人死去时，会在一个中间区域耽搁片刻；然后陌生人会来到他身边。假如他跟其中一些人投缘，就跟他们走；假如跟另一些人不投缘，就不理他们。但这些来访者可能是天使也可能是魔鬼。那些准备好了要上天堂的人跟天使投缘，会觉得魔鬼很可怕。相反，那些一生淫邪的人，那些为罪孽所玷污的人，那些人跟魔鬼更合得来，会在地狱里找到一份相对的幸福。再说回苦行者这件事：苦行者终其一生弃绝了所有的快乐、所有的欲望。而天堂却不是一个这样悔罪的地方。恰恰相反，它就是尘世的生命，只是完满得多，那里的对话是充满智慧的。而这个可怜的人听来却不知所云。把他送去地狱显然很不公平，最后找到的解决方案是这样的：让那苦行者把一种类似于忒拜达①的虚幻沙漠投射在自己周围。让他留在那里，独自一人。

——在一片荒漠之中。

——在一片荒漠之中，就是说，他仍在重复自己在尘世里所过的生活。不过是以一种不同的方式重复的，因为在尘世他这样做心里怀着天堂的希望。相反，现在他置身于这个虚幻的荒漠，却没有任何希望，因为它是无法改变的。这很可怕。

——很可怕，也就是说……

——话说，斯威登堡坚持没有人是被判决下地狱或上天堂的；每个人都选择自己的目的地。然后还有一个寓言——我不知道它们对斯威登堡来说是寓言还是真事——是这样的：一个堕落者不知怎的上了天堂。他在天堂上，一道灿烂的光洒下，他却感到这道光像一场烤炙。天国芬芳弥漫，他却感觉是恶臭。也就是说，他始终适合于地狱，在天堂里则痛苦不堪。对于斯威登堡来说拯救不仅是道德层面的，也是智慧层面的。

——他欣赏智慧并致力推进它。

① Tebaida，古代埃及南部沙漠地区。

——当然，他致力推进它，他的书是十分有智慧的人的书，但写的都不是很有吸引力，除了主题以外没有其他的吸引力。他描述天堂的各个区域，地狱的各个区域……话说，地狱——他穿行于其中——他把地狱视为一系列的沼泽；然后还有木棚，有着了火的村庄的废墟，也有酒馆和妓院。还有他听着很可怕的噪声，但在堕落者听来有如天籁。而至于魔鬼——我相信有些路德派的神学家是赞同他的——魔鬼不如说是一个头衔：也就是首领。但因为他们生活在这样一个嫉妒与对抗的世界——不妨说是政客的世界——他们谁也长不了，因为其他人都在密谋推举另外一个人，后者接替了他，就轮到自己被反对了。因此魔鬼对应的并不是一个自我，而是互相憎恶的不同个体。他们过着一种可怕的生活，但这种生活，当然，对他们来说比难以忍受的天堂更惬意。

——明白了，现在……

——然后，他又非常详细地描述了这一切：地狱，像我说的那样，有沼泽、妓院、酒馆；尤其是还有连续不断的密谋。进行这些密谋的人也在互相背叛，因为他们有着魔鬼的本性。然而，两者都是上帝所决定的：天堂和地狱。宇宙是这两个区域之间某种平衡的产物：罪与恶的黑暗地带，和另一边，保守的、哲学的宁静天空。这一切是不同著作的题材；我有各种斯威登堡的传记……他曾去过英国，因为他想要结识牛顿，但却始终没有能够结识。后来他又在伦敦领受了，耶稣基督的首次造访。他的那些仆人，全都听到了；他在走动，他们都听到了他的脚步声，对吗？在天花板上：他走上前去，与天使交谈。他也在伦敦的街头与天使交谈，我写过一首有关这事的十四行诗。

——是的，我很想读一读。

——呃，那么我们大概就得再进行一次有关布莱克的对话了，因为他在我们所谓的道德救赎和智慧的救赎之外，又加上了第三种——据他说是所有人都必不可少的——那就是美学的救赎。所以布莱克可以说是斯威登堡的叛逆弟子，因为他说斯威登堡的坏话，但他本人如果没有斯威登堡是不可想象的。不过，布莱克是一个大诗人，斯威登堡不是，大概也从没想过要当。所以我们才有了这鸿篇巨制的斯威登堡著作，全是用拉丁文写的，除了某些关于采矿的报告，是用瑞典语写的；而那些年的生活……我不知道他在伦敦是否孤独，如果他一直在与天使交谈的话应该不会那么孤单吧。

——但我在您的图书馆里已经看到了很多本斯威登堡一生中不同时期的著作。

——是的，我相信是在布宜诺斯艾利斯读的第一本，后来我发现在 Everyman's Library[①]里有四本，包括一篇论述最后审判的简短论文。另外，我还为这里出版的一部斯威登堡著作写了一篇序言，收入了我那本名叫《序言集》的书里。现在，如果您想读这首十四行诗的话……

——是的，我想要读一下，但首先我想请问您……在您这里——您一向自认为不可知论者——这种信仰的起源，这种对一个像斯威登堡这样的神秘主义者的信念。

——不不不，我不知道这话对不对。我知道他是一个真诚的人，他是这样一个人，一个著名的数学家、天文学家、矿物学家，曾经走遍了欧洲。

——一个多重的人。

——是的，而且抛弃了所有的科学准则，因为他认为自己已被选中来传播那种信仰了。不过，似乎在交谈中他从来没有主张过这一点；他在自己的写作里是这么做的，在交谈中并不涉及这些主题。他过着一种相当冷静的生活，除了他的某个同胞来到伦敦的时候。这时，两人就都能够为这次造访而庆祝了；我猜想是在小酒馆里，或许跟女人一起，我不知道，总有人暗示这一点。如今，斯威登堡

---

① "人人图书馆"，美国兰登书屋（Random House）的经典文学书系。

还有很多追随者，尤其是在美国。德·昆西说曾经与一位曼彻斯特的英国绅士交谈过，他就是斯威登堡派；还有亨利和威廉·詹姆斯的父亲也是斯威登堡的追随者。

——那么说，他们全都是斯威登堡的新耶路撒冷学说的追随者。

——是的，然后还有一座教堂，非常美——因为人们总认为教堂是阴暗的地方——仿佛是一个温室，好像玻璃的一样；就是说，它是一座光明的教堂，与斯威登堡的学说相契合。

——我要读一下您写伊曼努埃尔·斯威登堡的诗：

> 比别人更高大，这个人
> 在远方，在芸芸众生间行走；
> 偶尔召唤天使，叫出他们
> 秘密的名字。他看见
> 尘世的眼睛看不见的事物：
> 炽烈的几何学，上帝的
> 水晶之巨构和阴曹地府里
> 淫乐的污浊汇成的旋涡。
> 他知道，天堂与地狱是在
> 你的灵魂与它们的神话之中；
> 像那位希腊人，他知道

时间的日月乃是永恒的镜子。

他用贫乏的拉丁语记录着

没有何故与何时的最后事物。①

——嗯，我把刚才和您说的话写成了诗。

---

① 博尔赫斯:《伊曼努埃尔·斯威登堡》(*Emanuel Swedenborg*)。

绘画

奥斯瓦尔多·费拉里：博尔赫斯，不久前您告诉我，据拉斯金说，在他的时代第一个真正看到自然的画家是透纳。

豪尔赫·路易斯·博尔赫斯：是的，另外，拉斯金还有一本书，名字起得很有误导性或者说很诡谲——《现代画家》，可以说就是为了树立透纳的 majorem gloriam[①] 而写的。

——特地写的。

——是的，它的主题是，自然——当然讲的是西方，对吗？——从来都是当作背景来用的：画家主要是画脸，有时学生也会画手，

[①] 拉丁语"至高荣誉"。

然后风景不过是附带的。其实，据拉斯金说——但我无法评判这个断言——透纳是第一个真正看见云，看见岩石，看见树木，看见雾和光的某些效果的人。而这一切，据拉斯金说，是透纳的一个私人发现。他十分仔细地检视了透纳的画，用一支放大镜——这是苏尔·索拉尔告诉我的，他也崇拜透纳。切斯特顿说透纳绘画的主角是"the English weather"（英国的天气或气候），但它呈现的不是连续的，依时序排列的天气，而是天气的各种样式或习惯，尤其是晕色、雾霭、光照。这一切更甚于形式。我明白——我的意见没什么价值，但我复述的是苏尔·索拉尔对我说的话——透纳在人像上是失败的，相反，他是一个伟大的风景观察者。我记得在拉斯金这部书的其中一卷里有一座桥，一座特定的桥的再现；然后这座桥又由拉斯金本人非常仔细，非常精心地画了一遍。在这里，如果我没有记错的话，似乎透纳抹去了两个桥拱，把整座桥都简化了，或是提升了其他东西；这一切得到了拉斯金的赞扬，他解释说透纳在美学上是对的，尽管也许呈现的是这座桥的错误图像。

——透纳的天空很是有名。

——那些天空，是的，那些暮色。

——奥斯卡·王尔德说它们是音乐的天空。

——是的，但我也记得王尔德还说过另一句话，自然模仿艺术。

——啊，当然。

——而且有时模仿得不是很好。据说他在一位女士家里，她带他到阳台上去看日落；于是他跟其他人一起走到外面，结果呢？据他所见，那是一幅最差时期的透纳（笑）。

——外面的那一轮落日？

——是的，被自然所模仿，不是吗？就是说，自然并不总是一个好学生。

——刚巧在他们讨论的那个时候……

——是的，因为一直存在着艺术模仿自然的理念，王尔德却说不对，是自然模仿艺术……这可能是对的，在艺术可以教我们用一种不同的眼光来看这个意义上。

——确实。

——我想说的是，如果一个人看过了很多绘画的话，他毫无疑问会用另一种眼光来观照自然的。

——他会变成一个更好的观察者。

——当然，因为我们说的是自然。我曾经为幻想版画家和诗人威廉·布莱克的著作写过一篇序言，他是所有人之中最无当代性的，在一个新古典神话的时代，他发明自己的神话，用不是总有动听名字的神祇，例如戈尔戈努萨[1]或乌里森[2]之类。他在书中说，在他看来，自然的奇景在某种程度上总是受到贬抑的。他把——华兹华斯如此崇敬的——自然称为"蔬菜宇宙"。然后又说了另一件事，但我不知道这是反对还是赞成自然，说日出在许多人看来只是一个圆盘而已，像是一英镑的硬币，明晃晃地升起。"但我不这么看，"他补充说，"我看日出的时候，就仿佛看到了主，我听到成千上万个六翼天使在颂赞着祂。"也就是说，他神秘地看到了一切。

——一道至福的幻景。

——是的，一道至福的幻景，没错。

——布莱克眼中的。话说，即使您声称您总的来说对音乐一窍不通，除了米隆加和布鲁斯……

——呃，但我不知道它们在多大程度上算是音乐，尽管我会

---

① Golgonooza，威廉·布莱克想象的城市。
② Urizen，威廉·布莱克自创的神话中常规理性的化身。

说……我觉得spirituals①是音乐；是的，格什温确实是音乐，对不对？

——毫无疑问，而且您也很喜欢。

——我很喜欢，但格什温并不总是对应于那种音乐……斯特拉文斯基也很喜欢爵士乐。在我听爵士乐的时候打动我的是，我会听到我在任何其他音乐中听不到的声音。仿佛是从一条河的底部升起的声音，对不对？仿佛是由不同的元素造就的，是的，这便确立了一种丰富性，将新的声音融汇其中。

——确实，这正是爵士乐创造的东西。相反，我跟您说过，您对于绘画似乎从不陌生。

——不……

——这一点，举例而言，也许可以通过您的一首诗来证明：献给画家豪尔赫·拉尔柯的《无尽的礼物》（*The unending gift*）。

——是的，但主题我不知道是不是给画的——主题是当绘画存在时，是一件有限的事物；而当它不存在时，那么它就可以更新自己，

---

① 英语"灵歌"。

分岔出去，在想象中无限地倍增。另外，我记得萧伯纳在《医生的两难》（*The Doctor's Dilemma*）中提到了三位画家，他们是……提香、伦勃朗和委拉斯开兹。画家临死的时候，说他超越了毕生的困惑（指的是道德，对吧），他始终是忠诚的……接着他提到了上帝，上帝曾经赐福于他的双手，因为他信仰光的神秘和影的神秘；他信仰提香、委拉斯开兹和伦勃朗。

——他大概会向往这些画家的天堂吧。

——我猜想是这样。我记得萧伯纳有很长的一段，非常雄辩，刻意修辞华丽的一段，埃斯特拉·坎托都背下来了。她背下了多少萧伯纳的篇章啊！萧伯纳修辞华丽的一面很多人都未加留意，而他却着重强调：他或许一直在给戏剧带来早已被遗忘的东西，就是修辞华丽的长句。而且它们又很有效，因为"修辞"未必是一个羞辱。我曾有幸结识了一位伟大的阿根廷画家：苏尔·索拉尔，他总是跟我谈论布莱克和瑞士画家保罗·克利，断言后者胜过了毕加索；在一个说毕加索坏话就是异端的时代，不是吗？或许那个时代还在延续吧，我不知道（笑）。

——而您一直认定苏尔·索拉尔是一个天才，很早以前。

——苏尔·索拉尔，是的，当然，或许……我认识很多有才华的人；在这个国家比比皆是，或许在全世界也是。但天才则不然，除了苏尔·索拉尔以外我都无法肯定。至于马塞多尼奥·费尔南德兹，他在口头上是的，但写作就……在他写下的书页里寻找证据的人总是感到失望，或是困惑。

——他将自己的天才都发挥在谈话里了，如您所说。

——是的，我相信是这样。现在有一本苏尔·索拉尔的书即将出版，我会为它作序，会发表他的一些篇什，不过很奇怪，都是他用平常和通行的卡斯蒂语写下的篇章，不是基于占星术的"泛语言"，也不是"克里奥尔语"，那是加入了其他语言的遗赠而丰富了的卡斯蒂语。

——那是苏尔·索拉尔创造的。

——是的，因为他发明了这两种语言：基于占星术的"泛语言"……还发明了"泛游戏"。话说，根据他给我的解释——这我也从来没弄懂过——每一局"泛游戏"都是一首诗，是一幅画，是一段音乐，是一个星象；但愿确实如此吧。在赫尔曼·黑塞的《玻璃珠游戏》里有一个类似的想法，只是在《玻璃珠游戏》里人们始终都理解那说的是音乐，其实并不像苏尔希望的那样是一个"泛游戏"，一个普遍的游戏。

——至于您与绘画的关系，博尔赫斯，我们不能忘记您是一个画家的兄长。

——我相信那是一个伟大的画家，对吧？我不知道"伟大"
这个词是否给"画家"这个词，给一个画家增添了什么，姑且这
么说吧。因为她总在探索天使、花园，作为花园里的乐手的天使
之类的主题……

——例如《天使领报①》这幅画将阿德罗圭设为背景，就在您
家里。

——是的，她想要把它毁掉。

——太不对了。

——不是，因为她觉得自己还很笨拙，在作这幅画时还不懂得
绘画。我知道的是她会先勾出每幅画的草图，然后再画。这就意味
着，有些人把这说成是天真的绘画，是完全错误的。不过艺术批评家，
当然，我要说他们的职业就是犯错……或者所有的批评家都是。

——比如文学批评家？

---

① La Anunciación，指《圣经》中天使加百列向玛利亚宣报她将成为基督之母。

——比如文学批评家，是的（笑），他们是专门犯错的，不是吗？深思熟虑的错。

——（笑）然后您有一个邻居……

——费加里博士？

——佩德罗·费加里，没错，他就住在拐角这里，在马塞洛·T. 德·阿尔维阿尔街上。

——他也是在拐角这里去世的，就在这个街区。是里卡多·圭拉尔德斯把他介绍给我认识的；他是一名律师，大概肯定有六十岁了吧，我相信他突然间发现了自己能够画油画——画油画，不是线描，因为他不懂线描——他用画笔直接绘画。我相信他从拉莫斯·梅希亚的著作《罗萨斯及其时代》撷取了那些黑人和加乌乔的主题。帕勃罗·罗哈斯·帕斯说："费加里，记忆的描画者。"我觉得这话很对，因为他画的就是这个。

——的确就是这个。

——举个例子，它们不是现实主义的画作，因为出现了穿网眼饰边马裤的加乌乔。在乌拉圭从来没人穿这种裤子的。不过这又如何呢，既然他追求的并不是精确；他的所有画作其实都是记忆的图画，或者更准确地说是梦的图画。

——以至于，儒勒·苏佩维埃尔有一回称赞费加里画中的光，费加里就回答他说："这是记忆的光。"

——啊！说得好。

——是的，这正合"记忆的描画者"之名。

——是啊！我不知道这个，我也从没想到过费加里会说出这样的格言警句。他总是从画中故事的视角解释每一幅画。例如："这个人很焦虑，出了什么事？这些黑人，他们是多么幸福，打着鼓，啵咯考托，啵咯考托，啵咯考托，恰——恰！"他总是重复这个象声词：啵咯考托，啵咯考托，啵咯考托，恰——恰！（两人都笑了）他以一种欢乐的方式解释每一幅画，但从不提及色彩或形状，而只谈论那个主题，姑且这么说吧，谈论他所谓的画中轶事。

伏尔泰

奥斯瓦尔多·费拉里：博尔赫斯，最近您和我说起，维克多·雨果论莎士比亚的书，和雨果对经典的看法。我就在这几天发现雨果有几页是论伏尔泰的，他开宗明义就说，在很大程度上，伏尔泰是他父亲和他教父共同作用的结果，前者谴责文学，后者热爱文学并鼓励了伏尔泰。

豪尔赫·路易斯·博尔赫斯：我不知道这么说是否合适，因为无论如何伏尔泰都是文学的伟大人物之一。

——毫无疑问的，但雨果补充说也许这两种相反的推动力干扰了伏尔泰想象的方向。

——然而，我们依然拥有伏尔泰的故事；这些故事的启发可能有一些来自斯威夫特，有一些是《一千零一夜》，还有些是格列佛船长的航行；但他打造的是某种完全不同的东西，尽管，显而易见，他是从这些源头开始的。他还有涉猎东方，并且有一个幻想性的东方的想法。当然，他是以一种反讽的方式来做的，全然有别于《一千零一夜》的风格。其实，当然，雨果是很崇敬伏尔泰的。

——很自然。

——因为不崇敬伏尔泰是愚蠢的众多形式之一。

——尽管雨果也很惋惜伏尔泰的著作分散到了各个不同的类别之中。

——是的，尤其是伏尔泰的戏剧；我相信是利顿·斯特雷奇说过，伏尔泰的戏剧已经达到了前所未有的高度，哪怕其失去了对荒诞的感觉。

——他最受褒奖的就是这个，当然。

——当然，是这样的；他在戏剧里大概把它全丢光了。尽管很有可能戏剧的传统强大到，让这种荒诞也成了这个类别的一部分。

——雨果列数了伏尔泰一生中创作的各出戏剧的成败之处。

——是的，但如今我们大概会认为它们全都失败了吧，对吗？

——从什么意义上说？

——从我们想到伏尔泰时，最少想起的就是那些戏剧，这个意义上说。

——确实。

——也很少想到诗歌，想到《恩利亚德》。

——但《恩利亚德》显露了伏尔泰对史诗的兴趣。

——是的，但结果并不很好，曾经有人评论说这部作品甚至没有足够的草料来喂养在其中出现的马匹（**两人都笑了**）。然而，伏尔泰在无意之中，或许是不自觉地，写下了一部史诗作品，就是关于瑞典的卡尔十二世的那本书；伏尔泰说他是世界上最奇怪的一个人。似乎这部作品从历史的观点来看是错误百出的，因为伏尔泰在这方面的认识很肤浅；但尽管如此，它仍是一部史诗。

——另外，他还写了那篇关于史诗的文章，他在文中主张一部史诗必须是以理性为根基，以想象来美化的。

——这个理性的基础是我们一无所知的东西……

——表明了他所在的世纪。

——是的，表明了他所在的世纪。当然要捍卫理性，甚至作为一个人类的野心——尽管我不知道我们是否曾经抵达过理性，要我说就是从来没有——无论如何，对理性的崇拜是恰当的，毫无疑问。即使我们没有达到过，或者不如说，即使我们不是总能达到，因为说我们一辈子都没有理性的话大概会很奇怪吧。其实，历史往往是不理性的。您看，比如说，威尔斯就写了那本《世界通史》①。他希望，当然，让人类忘掉激情、边界、国家，把历史看作一个人类共同的冒险。然而，当一个人阅读威尔斯的《通史》时……显然他不得不重写了他可能发现的东西，而这恰恰正是战争的，征服的历史……

——真实的历史。

——是的，真实的历史，很不幸就是一部军事史。或者无论如何，我们得到的就是这个；但我们也得到了哲学、艺术，它们是不同的。或许有一天可以写一部世界通史，它的伟大人物不是那些残暴的亚历山大，或卡尔十二世，或帖木儿，或拿破仑之类。不过，就目前

---

① 即 H.G. 威尔斯的《世界史纲》(*The Outline of History*)。

而言，如果我们想到过去的话，我们必定会想到这些人，另外这也很有戏剧性——有一份美学的价值。有人会认为威尔斯的《世界通史》应该有别于其他，然而，并没有多少不同。我们也谈到过另一部出色的世界通史：切斯特顿那部——我相信书名叫做《永恒的人》（*Everlasting Man*）。我是通过弗朗西斯·路易斯·贝纳尔德兹发现它的。话说，这是一本非常少有的书：里面没有一个日期，专有名词也很少；一切都讲述得如此哀婉动人……我记得我读了有关布匿战争的那一章，快到结尾的地方我流泪了。

——一如继往，是史诗性打动了您。

——是的，一点没错。

——话说，雨果很自然地把十八世纪的伏尔泰、卢梭和米拉波联系在了一起……

——我不知道，我现在感到与卢梭太遥远了。尽管我已经尽我所能——做一个好日内瓦人——甚至读了《爱弥尔》，曾经被写下过的最乏味的书籍之一。

——（笑）您还不至于去碰《社会契约论》呢。

——没有碰过《社会契约论》，但我领教过《忏悔录》，它呈现了一个非常令人讨厌的人物。似乎卢梭在写这本书的时候，认识到了那些可悲的可能性，而将一系列并不是他犯下的罪恶归到了自己头上。例如，抛弃了自己的孩子这件事。似乎他并没有抛弃他们，也并没有生养过他们。

——雨果还主张，在这个分崩离析的法国社会中间，在大革命之前……

——当然，如果发生革命的话，那是因为它已经发生了，对不对？

——显而易见。

——是的，但这话说什么都可以，对吗？当某件事发生的时候，它在之前一段时间就已经发生了，不过是以一种隐秘的方式。也就是说，所有的事件永远都在确认之前的某个事件。

——是的，序幕是看不见的，但之后会显现出来。

——是的，我相信是这样。毫无疑问也可以把它当作，比方说，一个支持罗萨斯，以及我们遭遇的其他罗萨斯的理由；就是如果他们上了台，那是因为有什么东西……"在丹麦国有什么东西腐烂了"①。

① 莎士比亚：《哈姆莱特》（*Hamlet*）。

——除了他们为了上台而做的事以外。

——是的，当然，是的。也可能有人认为——这大概会是一个安慰吧——某件事，某件坏事发生了，仅仅意味着他收到了一封向他传达此事的信函。

——信里传达的是某件早已发生的事。

——是的，事件其实是一直潜伏着的疾病的症状。

——确实，它的发生就像疾病的进程一样。

——是的，也就是说，如果我被斩首就意味着我早已被砍掉了脑袋，对不对？（**两人都笑了**）

——在人们的心里早已被砍掉了，当然。

——在心和头脑中发生的事情，比纯粹的当下、纯粹的现实中发生的事情更加重要。

——有道理，因为那是在意识中发生的事情。

——当然，我们对意识有把握而对现实的真实性没有把握。对于意识我们有一个直接的证明。相反，另外那个大致就像我说我在一八九九年出生于布宜诺斯艾利斯那样。那纯粹是一个信念的行为，因为我并不记得我在一八九九年出生于布宜诺斯艾利斯；谁也不可能记得自己的出生，对不对？尽管现在，据精神分析家说，人们甚至都记得出生以前的经历呢……这是一个信念的行为，我个人并不相信。多么奇怪啊，把一种确信建立在这样一门假想性的科学之上。当然，我们说一门打引号的科学，像精神分析这种，一部分就是以此为基础的；在孩子和父母之间有一种假定的联系，比如说。

——特别是过去被重新估价了。

——是的，一个非常猜想性的过去，或者说是猜想类型的。我相信冈萨雷斯·拉努扎写过一本自传，一开篇就说，"我很抱歉要让精神分析家受伤或难过了，但我真的很爱我的母亲和我的父亲"（两人都笑了）。"我很愿意，"他说，"尊重他们的感受，但真相迫使我说我小时候一直很快乐，而且我也毫无偏向地爱着他们俩，可以这么说。"

——说回到伏尔泰，博尔赫斯，我曾经跟您讲过雨果阐释说，在分崩离析的法国社会之中，伏尔泰的出现"如同一条蛇在一个沼泽里，可以传送它的毒液并决定性地影响将来的一切"①。事实也

---

① 雨果：《伏尔泰》（*Voltaire*）。

正是这样。

——要把"毒液"和"伏尔泰"这些词语联系起来太难了……除了头韵②以外，但是除此以外就毫无联系了，对吗？

——我向您保证雨果是非常自如地把他们联想到一起的。他把……

——嗯，是的，但因为雨果很喜欢对照，有可能他认为"伏尔泰"和"蛇"是一种对照吧；就像他说星辰与蜘蛛，阴影与光明一样。有可能是这个原因。

——姑且说是，一种文学的对照？

——是的，但当然是因为在伏尔泰身上有某种蛇性的东西，不是吗？或者说有人觉得他是这样的。无论如何，有人觉得他像魔鬼一样。

---

② "毒液（veneno）"，"伏尔泰（Voltaire）"。

十九世纪

奥斯瓦尔多·费拉里：博尔赫斯，您在不久前说的一句话暗示了您对十九世纪的认同或喜好更多于我们所生活的这个世纪。

豪尔赫·路易斯·博尔赫斯：确实如此，我出生在十九世纪的倒数第二年，一八九九年；我是那个世纪的遗留者。但与此同时，一想到十九世纪产生了二十世纪，我就找到了反对那个世纪的最好论点。但十九世纪是由十八世纪产生的，后者或许还要好。至于十七世纪我就不知道了，我的感情是矛盾的。

——很容易注意到您偏爱的作家大多数都来自十九世纪。

——无论如何，他们都出生于十九世纪。

——是那时候出生的，没错。

——当然以世纪来划分肯定是武断的，但我们的思考不可能没有概括；这也是一种概括，对不对？

——确实。

——看来思想而没有概括是不可能的，因为要思想我们就要使用抽象的词语。这里有两种可能：或者抽象词语是其他词语的简化，或者柏拉图式的原型是存在的。我们必须在两者之间进行选择，也就是说，或者"白"这个词是指米的颜色，雪的颜色，月亮的颜色，牙齿的颜色的一种方式；或者是根据唯心主义来假设，原型是有的。或者就是，雪、米、月亮、牙齿，都分担了一个原型，即白的一部分。不过假设人们一直在寻找一个略微模糊一点的词，有助于思考的词，似乎更有道理；由此我们已经走向唯名论了，它设想只有个体存在，人们一直在发现相似性，它们起到了提示抽象词语的作用。

——或在另一种情况下，是走向柏拉图主义，姑妄言之。

——是的，它设想每一件事物都是一个结，姑且这么说吧，那些原型都汇集于其中……

——而且还有原型的词语。

——是的，白这个词，比如，就适用于雪，同时也适用于米，适用于月亮。

——白的延伸，当然。

——是的，我们可以在两个概念之间进行选择。话说，根据柯勒律治的观点，每个人不是生为亚里士多德派就是柏拉图主义者；也就是说，不是生为唯心主义者就是唯名论者。他说无法想象还有第三种类型的人。所以我们或者是亚里士多德派或者是柏拉图主义者，据柯勒律治说，不可能是别的什么；但一般来说我们两者都是。

——或者在东方我们不是儒家就是道家。

——当然，话说，我前一阵在读《第一个千年》①这本书——一个日本作家写的日本文学史——书中说佛教禅宗传到日本之后便主张佛教和儒教是一回事。或者，根据有点不可避免的隐喻的说法，它们是同一枚硬币的两面；也就是说，本质上两者之间的冲突是毫无必要的，尽管事实上它们历来多有冲突，并且时常是血淋淋的。

——然而，人们常把老子而不是孔子跟佛教联系到一起。

---

① 加藤周一:《日本文学史序说》英文版第一卷（*The First Thousand Years*）。

——是的，但因为冲突是在孔子和禅宗之间形成的，他们一直寻求的是妥协。是的，因为从官方的角度来说道教无关紧要，或者说它与佛教等同了，就像您说的那样，当然。准确地说孔子的世界似乎是一个有点神秘的世界。我相信在某个时候孔子曾经说过，应当敬鬼神而远之（**两人都笑了**），这是一种非常礼貌的否弃它们的方式，对不对？

——多少有点像柏拉图对诗人的看法。

——多少有点吧，是的。当然，我们相信的是三位一体，但三位一体最好要保持一点距离吧，对不对？不过多地干预（**笑**）；不过同时我们也要对它毕恭毕敬一点，出于礼貌的原因，或者是作为一个或许很有必要的预防措施。

——我之前和您说过，您时常提到那些生于十九世纪的作家，如切斯特顿或萧伯纳对事物的观点，例如……

——是啊，事实是那时的文学看上去是如此地丰富。话说，还有我听说过另一个猜想，就是十九世纪其实是在一九一四年结束的。

——啊，这很有可能，当然。

——因为一九一四年战争爆发了，然后是国与国之间的不信任，护照之类……

——这是进步的意识形态、实证主义的世纪，也是民族主义、社会主义思想的世纪，总之，很多事物在此诞生，并在这个世纪，在我们的世纪里付诸实施。

——我要说的是政客们，通常而言，都是落伍的读者，不是吗？（笑）就是说……呃，一个法国作家说过理念初生时温柔，长大便凶恶。确实如此，因为，比如说，人们最初设计的理念是国家应当掌管一切；最好让一个公司来管理事物，而不是把一切"扔给混乱，或是个体环境"：结果通向了纳粹主义，当然。所有的理念起初都是一种美好的可能性，然后，等它成长起来便为专制、压迫所用了。但那些理念，一开始……

——是无辜的……

——是的，我们甚至可以说它们是诗意的，是后来才变得平庸和可怕的，是的，无可阻挡。

——话说，在十九世纪初出现了我相信您认为是文学史上最重要的运动：浪漫主义。

——是的，不过浪漫主义大概是在十七世纪兴起的，那样的话，它必定是与麦克弗森的《奥西恩①》，与珀西主教的英格兰和苏格兰民谣一同兴起的。

——就是说，源自苏格兰和英格兰。

——是的，更多是源自苏格兰，因为珀西主教是诺森布里亚人，也就是说，就在苏格兰边境上。然后它蔓延到了全世界；无论如何，我们拥有这一事实：浪漫主义运动的正式日期，在英国，是一七九八年，柯勒律治和华兹华斯的抒情歌谣出版的那一年；在法国是一八三〇年，《欧那尼》上演的一年。在德国我不知道正式年月是哪个，如果有正式年月的话——正式时间是明确公认的，可以这么说。当然，我不知道在西班牙是否有过一场浪漫主义运动。除了巴凯尔，他就像是海涅的一面苍白的镜子，我不认为有过一场浪漫主义运动。

——突然出现了埃斯普龙塞达……

——是的，不过在我看来他是相当夸饰、相当雄辩的。西班牙的浪漫主义诗人都是相当雄辩的。无论怎样，他们都来晚了。或许也应该检视一下意大利的情况。在这里么，在这里我们应该会有……

---

① Ossian，据麦克弗森宣称为他所编集的苏格兰盖尔语史诗的作者与叙述者。

——埃切维里亚。

——埃切维里亚，我不知道到底正式日期应该是哪个，肯定是在一八三〇年以后。

——显然是这样，在罗萨斯时代。

——当然了，他那首被人铭记的诗，那首遭到卢贡内斯大肆抨击的诗，在讲到潘帕斯草原时说它神秘地、不确定地铺展开来；把它比作一片浩大幽深的绿海。其实，这种比附，我相信实际上是错的：平原总是被拿来与大海相比。在我看来就个人而言，我的感受有所不同，因为海洋有一种神秘，有一种持续的变化，是平原所没有的。

——确实，海是一个运动的平原。

——然而，沙漠，虽说也是平原，却有一种完全不同的内涵，至少对于想象而言。另外，在"沙漠"这个词里还有某样东西，是"平原"这个词所没有的。我无权谈论这些事物，我一直都是近视眼，如今我更已失明；但在我的印象里平原在世界各地都是一样的：我在俄克拉荷马的时候总以为我是在布宜诺斯艾利斯省。有可能，如果我来到大草原①，或是如果我来到澳大利亚；或是如果我来到

① Estepa，俄罗斯东部及亚洲西部的平原地区。

了所谓的维尔特或卡鲁，在南非，大概也会是同样的感觉吧。相反，人们一定会说每一座山丘都是不同的，我们几乎可以说每一座山丘都是一个个体。

——而平原则是匿名的。

——平原是匿名而铺开的，如果看过了一个，就看过了全部。山则不然，山是不同的。

——十九世纪，接近下半叶的时候，我们又有了一位您极为喜爱的诗人，但已经归入象征主义了……我指的自然是魏尔伦。

——啊，当然。但我相信我曾经说过，如果我必须要选择一个诗人的话，我会选择魏尔伦，尽管有时我会在魏尔伦和维吉尔之间摇摆。也有人告诉我说维吉尔仅仅是荷马的一道回声。比如，伏尔泰就说过："如果是荷马造就了维吉尔，他便是荷马最好的作品。"

——正如我们在别的时候猜想的那样，如果说后来又是维吉尔造就了但丁，他也是维吉尔最好的作品之一。

——是的，当然。

——我们也必须记住，十九世纪是尼采说出"上帝死了"这句话的世纪。

——……然而似乎并非如此，对吗？似乎祂并没有死。无论如何，祂依然作为一个希望活着；萧伯纳说的那句话："God is in the making"（上帝正在创造自己）[1]，而这上帝的自我创造，大概就是宇宙吧，包括矿物、植物、动物、人类，我们此刻的对话大概也是一件上帝的造物。

——呃……

——至于"上帝死了"这个理念，其实是"诸神的黄昏"这一理念的一个延伸，那时众神纷纷死去，魔鬼也一样，当然。但在那里并没有说到人性，很奇怪，在那支女巫或先知的预言歌曲里。不，他们以一种高傲的不屑谈论着那个斯堪的纳维亚"诸神的黄昏"中的众神与魔鬼。

——人类无关紧要。

——不，"大埃达"的歌曲谈论的都是众神，也讲到祂们会在祂们的"黄昏"之后回归。

---

[1]萧伯纳：《新的神学》（*The New Theology*）。

——所以您猜想这神话或许影响了尼采本人？

——我相信这是毫无疑问的，证明是他有一本书名叫《偶像的黄昏》。

——神话与哲学。

——我设想肯定有过一段持续的交流，对吗？神话……

——和理性。

——……和理性，是的。我一直在思考神话：我相信神话与一个传说，任何一个传说之间的区别，就是（我特别对经典进行了思考）：经典是以某种方式阅读的书籍；而神话是一个虚构，一个梦，一个寓言，阅读起来就仿佛可以有很多的解释，仿佛它必然有一个意义一样。

——确实，是这样。

——因为如果不是这样，我不知道一个神话和一个童话故事之间能够有什么区别。有所区别的证明是，童话听起来像是一个消遣，而神话，神话是一个相当受尊重的词。

——人们把它听成一个宿命，在希腊神话中宿命终会降临这个意义上。

——是的，宿命终会降临。

维吉尔

奥斯瓦尔多·费拉里：博尔赫斯，您永久的偏爱之一，在经典和史诗类别里，甚至超过了《伊利亚特》，好像是维吉尔的《埃涅阿斯纪》。或许《埃涅阿斯纪》的写作之精妙是另一点……

豪尔赫·路易斯·博尔赫斯：显而易见。而且另一方面，我也通过各种译本，英语译本——我相信《奥德赛》有三十多个英语译本——了解了《奥德赛》;《伊利亚特》要少一些，因为英格兰和海洋是一体的。相反，德国出过更多的《伊利亚特》译本，因为德国和陆地，英格兰和海洋，对吗？是一体的。所以我读了很多《奥德赛》的译本，我有查普曼的旧译本，他是莎士比亚的同辈和对手;我相信他们也是情敌，莎士比亚还用一些诗句间接地影射他。不过总而言之，我似乎跑题了，因为我现在说的是《奥德赛》而不是《埃涅阿斯纪》。或许《奥德赛》最好的英语版本是阿拉伯的劳伦斯的。

他将它出版并署名：T.B.萧（T.B.Shaw），这是他辞去了上校军衔，在空军服役时所用的笔名。至于《埃涅阿斯纪》，当然它没有《伊利亚特》和《奥德赛》是不可能的，我们可以同时找到两个优点，就像您一开始说的那样，几乎从来没有被发现过，或者是仅见于《埃涅阿斯纪》的：首先是史诗的灵感，因为很显然埃涅阿斯的史诗，总被视为罗马帝国的创始神话；它写于奥古斯都的时代，众所周知。其次，是写作每一行的苦心孤诣。所以它是非常少有的，就仿佛是一个précieux①诗人，仿佛一个对每一行诗、每一行的品质都细加斟酌的诗人，将这种细致入微的艺术用在了宏大的史诗之上。我们必须记住在中世纪，或许直到浪漫主义运动为止，伟大的诗篇始终是《埃涅阿斯纪》，因为人们尊崇荷马，但这只不过是一种信仰的行为而已。例如，在《高贵的城堡》②中就有他，当那些古典诗人的伟大阴魂，共有五位，走向但丁并接纳他为其中第六位的时候，但丁当时显然还没有写下《神曲》，但知道自己能够写下它。五位中的一位是那个持剑上前的伟大阴魂，即荷马的阴魂。现在我又想起了伏尔泰的一则嘲弄的评论，他说："如果是荷马造就了维吉尔，他便是荷马最好的作品。"（笑）

——如果是维吉尔造就了但丁……大概也可以依次类推。

——确实是这样，没错；如果维吉尔以某种方式成就了但丁，

---

① 法语"精致的，高贵的"。
② 但丁：《神曲·地狱篇》第4诗章。

荷马以某种方式成就了维吉尔……真奇怪，一个诗人写作竟然是为了未来的诗人，他预见不到他们，或许也不会理解他们，或者他们可能也不喜欢他。

——啊，有可能……

——因为首先要弄清楚荷马，或是我们称为荷马的若干希腊人，是否会认可《埃涅阿斯纪》；很可能不会吧。维吉尔又会如何评价《神曲》呢？可能大部分都不会理解吧，大概会理解涉及异教神话的部分：例如，米诺陶①在地狱里，还有人马怪②；他也在的，但被转变成了另一个人物，因为毫无疑问历史上的维吉尔没有必要和那个伟大的人物，也就是《神曲》中最重要的人物维吉尔相似。甚至可以认为这部著作里最重要的部分，尽管所有部分都很重要，就是维吉尔和但丁的友谊；因为但丁知道他必将得救，也知道对方已被判罪——无论如何，被逐出了上帝的视野——过着悲惨的生活，与另外四个伟大的阴魂一起。

——是的，就像在《埃涅阿斯纪》里埃涅阿斯先前那样。

---

① 希腊神话中的人身牛首怪物，为克里特岛国王米诺斯之妻帕西淮与海神波塞冬派来的公牛所生，住在代达罗斯建造的迷宫里，吞噬犯人和雅典每年（一说三年）一次送来的七对童男童女，后为忒修斯所杀。
② 希腊神话中上身为人下身为马的种族。

——确实。

——在第六卷里。

——是的，在第六卷，它肯定充当了但丁的灵感，因为这旅行的构思……《神曲》的整个构思在某种意义上都是《埃涅阿斯纪》第六卷的一个延伸，一个光彩夺目的延伸。话说，真是奇怪，我现在想到《埃涅阿斯纪》的时候，我记得的场景比句子要少；但是这对每个诗人都是应有之义……我相信现在我们可以把维吉尔称为巴洛克式的。

——他每一行诗都是精雕细琢的。

——是的，每一行诗。例如，他如此精彩地写下的那句"Troya fuit"，它被译成西班牙语基本上都是非常糟糕的"这里曾是特洛伊"，失去了这个句子的所有力量。相反，"特洛伊曾在"则浸染着忧伤……"特洛伊曾在"仿佛说的是：曾经可以说"特洛伊在"，而现在我们只能说"曾在"了。这个"曾在"不同凡响；当然，这是一个文学技巧，但所有文学都是技巧的产物。此时此刻我想起切斯特顿指出全世界，所有的国家都曾向往自己是特洛伊人而非阿该亚人的后裔。

——奇怪。

——这令我们怀疑真正的英雄——无论如何，对我们来说，或许对荷马来说也是……《伊利亚特》中的真正英雄是赫克托尔。

——那个特洛伊人。

——那个特洛伊人，是的，一个证据是那本书的书名叫做《伊利亚特》，指的就是伊利昂。

——伊利昂，也就是特洛伊。

——当然，因为它原本可以起名叫《阿喀利亚》，就像《奥德赛》那样，但是并没有，它名叫《伊利亚特》。然而，两人的命运都是悲剧性的，因为阿喀琉斯知道自己永远进不了特洛伊，而赫克托尔知道他保卫的是一座注定要归于毁灭和火焰的城市。所以两人都是悲剧性的人物；两人都在战斗，赫克托尔为了一个失败的目的，阿喀琉斯为了一个终将获胜的目的，但那却是他死去以后的一个时刻；它的胜利他永远也看不到。

——在此可以欣赏到希腊的宿命。

——是的，然后，还有海的浩瀚，因为在《伊利亚特》的情节里既有战斗，也有诸神之间的某些场景……

——是的，非常有趣，看《伊利亚特》的每个人物如何受制于诸神的宿命——希腊的宿命，可以这么说。

——是啊，连诸神也受制于它。

——祂们也逃不过。

——我相信表示宿命的文字，在希腊语中，对等于古英语里的wyrd；所以引出《麦克白》的情节的三个女巫也是 wyrd sisters，亦即宿命的三姐妹，换句话说就是帕西。是的，因为这些女巫也是帕西，而且，麦克白也是那些帕西和他妻子的野心的一个工具。就像当她说他身上有太多"the milk of human kindness"（人情的乳汁）的时候他给人的感觉。就是说，人们会认为他本质上并非凶残之人；他是被预言，被他对预言的深信不疑——班柯对此不以为然——操纵了，因为那些女巫出场，说出她们的预言，消失之后，班柯说道："地上有泡沫，水里也有。这些就是她们说的。"所以他在女巫身上看到的……呃，是大地上的偶然现象，泡沫。

——在某种意义上异教依然长存着，尽管已经衰落了。

——……当然，是的，因为三个女巫就是三个帕西。在斯堪的纳维亚神话里帕西也出现了，用的是"诺恩"这个名字。是的，"诺恩三女神"。不过说到斯堪的纳维亚神话，似乎《埃涅阿斯纪》对于北方的魅力如此巨大，这首有点沉重的史诗甚至激发了撒克逊人，为《贝奥武夫》带来了灵感（有人在其中发现了我相信是《埃涅阿斯纪》的两段）。不过，另外，您想必也记得斯堪的纳维亚人的托尔，因为我曾经在某一个斯堪的纳维亚文本里读到过托尔是赫克托尔的兄弟。

——又是赫克托尔，那个特洛伊人。

——那个特洛伊人，就是说，斯堪的纳维亚人，在那里迷失在他们的北方，向往——当然跟未来的民族学家希特勒正相反——向往成为特洛伊人。而且托尔和赫克托尔这两个名字的声音也很相似。

——这表明了北方想要感觉自己与南方结合为一的需要，就像您在另一回里说的那样。

——是的，另一方面，还有罗马的威望，罗马和整个南方始终如一的威望。当然了，那些野蛮人必定感受到了那种威望……

——古代文化的威望。

——文化上的，没错。一个经典的案例大概是在中国，鞑靼人灭亡了宋朝，经过两三代他们就都变成了中原士绅，学起了《易经》、孔子的《论语》了，没错（笑）。

——说回到南方吧，我注意到维吉尔自承是卢克莱修的门徒，却是如此的唯心，或富于幻想，和卢克莱修的唯物主义恰成对照，后者很自然是源于伊壁鸠鲁。

——是的，似乎人们从未感觉到他们之间有任何相似之处，但卢克莱修肯定对维吉尔产生过影响。不过，但丁很自然地从没有提过卢克莱修。然后，那五位接纳他的诗人却把他当作一个同辈来致意，因为他们知道他会写下《神曲》，看看，他们都是谁？他们是维吉尔、荷马、贺拉斯、奥维德和卢加努斯。卢克莱修则被排除在外，很自然卢克莱修作为无神论者是必定要排除在外的，对不对？尽管他是以召唤维纳斯开篇的，维纳斯在那里大概等同于叔本华的意志，或柏格森的创造演化，或萧伯纳的 life force（生命力），诸如此类的力，或者就像格兰威尔说的："上帝是一个意志。"一个在石头、在植物、在动物、在我们每一个人身上实现的意志。是的，毫无疑问卢克莱修身上有一种宗教情绪，但更多是泛神论意义上的，我相信。

——即使他否定宗教，否定诸神以及诸神对人类的影响。

——是的，不过可以感觉到对他来说有某种神圣的东西，姑且这么说吧，在宇宙之中，在生命之中。

——他没有说可是感觉得到，确实是这样。

——因此，雨果，很显然并不是基督徒，在他论莎士比亚的书里开列了一份伟大诗人，或是天才人物的名单。首先列出的是荷马，随后是卢克莱修，我相信他排除了维吉尔和但丁，是的，而且自始至终都将埃斯库罗斯和莎士比亚相提并论，后来人们理解了，因为他说：这些大师有何相似之处？"他们都与众不同。"他回答说。

——您相信自己和谁感觉更近一些，卢克莱修还是维吉尔？

——……这很难回答。我相信，可以说在智慧上是卢克莱修，但在文学或诗歌上是维吉尔。

——很完美。

——我曾经读过门罗英译版的卢克莱修，众所周知那个译本是最好的。但对于维吉尔，归根结底，在我致力于学习拉丁语、热爱拉丁语的七年间，我甚至远远地听见了维吉尔的声音。

论友谊

奥斯瓦尔多·费拉里：超越我们的边界，我相信您在友谊中看到的是创造的可能。对此我们只需要提起，在著名的事例之中，柏拉图和苏格拉底的精神友谊。

豪尔赫·路易斯·博尔赫斯：这大概是 opus classicus^①吧，对不对？

——当然。

——但后来又有了那么多其他的……

---

① 拉丁语"经典事例"。

——雅斯贝尔斯主张，柏拉图的哲学是以他与苏格拉底那场延续一生的私人联系为基础的。这种哲学的中心既不是自然也不是宇宙，也不是人，也不是任何命题，一切都建立于友谊之上。

——这不无可能。话说，我想，毫无疑问我说过不止一次，柏拉图的对话录反映或是源自于柏拉图对苏格拉底的怀念。也就是说，苏格拉底死去了，柏拉图当他依然活着，继续和他讨论各种话题。这大概就是 magister dixit（师云）的意思吧。有一个毕达哥拉斯的例子：毕达哥拉斯不著文字，好让他的思想在他各个弟子的思想中分枝延展出去。而柏拉图，不顾苏格拉底肉体的死亡，依然假托或梦想苏格拉底还在世间；让苏格拉底将自己的原型理论应用于万物，这样柏拉图便能将苏格拉底的原初理念，大概是善的原型的理念推得更远，去想象恶的原型，万物的原型。最后终于抵达了一个原型的世界，在其中原型像个体一样多，从而需要另一个原型的世界，以此类推以至无限。

——不过这大概暗示了，除了别的意义以外，西方哲学的起源就在友谊的伟大情感之中。

——是的，友谊以及认为死亡是一个意外，而某一条思想的路径能够超越导师的肉体死亡而在弟子的头脑中延续这个想法。经典的事例是毕达哥拉斯，对不对？

——当然，这也正合乎那种相信精神在生前就已存在，并超越肉体继续存在的哲学。

——并且也超越个人，当然。

——理所当然。

——因为我相信，例如，亚里士多德从来不把毕达哥拉斯拿出来单说。他只说"毕达哥拉斯学派"。所以他不能肯定是毕达哥拉斯做了那样的思考，只认为是他的学派在肉体死亡之后继续为他思考。

——这大概是精神共同体的一种形式吧，姑且这么说。

——是的，这又回到了我们的主题，就是友谊。然后它也延续到了没有亲眼见过他的人那里：毕达哥拉斯仍然可以通过众多的头脑，即毕达哥拉斯学派继续思考下去，他们无疑进一步思考了他未曾思考过的事情。

——但始终奉行导师的精神。

——是的，比如说，我相信循环时间的理念在毕达哥拉斯的思想中是没有的；但无论如何，毕达哥拉斯学派宣扬了它，斯多葛派也是。

——他们也一样，是的。话说，在您本人的生活里，博尔赫斯，我觉得您与马塞多尼奥·费尔南德兹的友谊是无法回避的，比如说。

——是的，那始终是一场守护者般的友谊……可是，真奇怪，这一类友谊似乎总与肉体的死亡相伴，不是吗？因为，那行马拉美的著名诗句 "Tel qu' en Lui même en fin l' éternité le change" [①]（永恒终于将他变为祂自己的样子），指的是坡。就是说，当某人死去之时，有人会心怀着这个人的形象，它不为当时的环境所改变，却可以按自己的样子，以自己的方式来摆布那个形象。所以我们可以说，这个朋友的形象在朋友死后或许会更强大。另外，人还可以自己来塑造它，不是吗？

——改进它？

——或许是改进它，因为我不知道，比如说，苏尔·索拉尔对这个或那个事件是怎么想的；但柏拉图式的苏尔·索拉尔对此大概会和我们想得一样吧，对不对？

——当然。

---

① 马拉美：《埃德加·坡之墓》（ *Le tombeau d'Edgar Poe* ）。

——柏拉图式的马塞多尼奥也一样,尽管作为一个个人或许不是这样;当然,一个人活着就时时在变,难以捉摸。相反,他死后才有了属于一幅照片、一个固定形象的宁静。

——雅斯贝尔斯也说或许每个年轻人都渴望找到他生命中的苏格拉底……

——啊,这个想法太棒了。

——……我在想,您说马塞多尼奥守护者一般的友谊的时候,这大概表明您在他身上发现了这样的东西。

——很多人在马塞多尼奥身上发现了这一点;他所有的弟子——或者说他所有的对话者,我们都是他的弟子——很自然,因为我们把他当成了导师。他并不喜欢为人导师这个想法。

——这却证明了他的导师地位。

——是的,我相信是这样。相反,在约翰逊博士这里,我猜想,或是在戈麦兹·德·拉·塞尔纳,或是拉斐尔·坎西诺斯·阿森斯这里,他们都自认为自己群体的导师。何塞·英赫尼埃罗斯也一样。

——就是说,人们不可能怀疑马塞多尼奥有任何说教的企图。

——对，因为马塞多尼奥身上最重要的东西是好奇与怀疑……

——他分享它们。

——是的，他分享它们。但事实上，他就是导师，人们不是来听我们，而是来听马塞多尼奥·费尔南德兹的。

——所以他写或不写都无关紧要，因为他有弟子。

——是的，但他并没有把他们视为弟子；另外，因为他有把自己的意见归于对话者的习惯，总是说，比如谈论音乐而不知道圣地亚哥·达波维已经思考过这个主题是很危险的（笑）。于是很多人就被谈论音乐而对圣地亚哥·达波维的意见一无所知这样的危险激起了兴趣，对不对？达波维写过一部短篇小说集：《死亡与它的服装》。

——后来，您的很多友谊都与工作联系在了一起；就是说，您曾经与您的很多朋友一起合作，比如比奥伊·卡萨雷斯，还有您的朋友西尔维娜·奥坎坡……

——我发现，和女性为友非常棒，她们对友谊有一种令人钦佩的感觉。

——确实。

——很多人否认这一点，我不知道为什么……当然，我相信女性比男性更明智，更敏感……更敏感我不确定，但通常来说，更明智是肯定吧，不是吗？证据是一个女人是很难陷入狂热的，而一个男人——尤其在这个国家很容易陷入狂热，为了站不住脚的理由；必须变得狂热才能宣扬它，不然就没人理解了。

——另外，人们常说女人在朋友关系之中比在恋爱关系之中更无害一些，您的意见呢？

——……恋爱的关系是一种脆弱的关系，不是吗？另外它也需要不断的确认，没有确认就会有怀疑；如果一个人度过了几天，对她还一无所知的话，他就会绝望了。相反，一个人度过一年而对一个朋友一无所知，这根本无关紧要。友谊，友谊不需要信心，爱情需要。爱情就是这样一种状态，疑虑重重。非常不舒服，是吧？非常警觉。友谊则相反，是一种平静的状态：一个人可以看到或不看到，可以知道或不知道另一个人在做什么。现在，很可能有人是以一种嫉妒的方式来感受友谊的，但我不是。有很多人像感受爱情一样感受友情，甚至渴望成为另一个人唯一的友谊。

——这是一个错误，是占有性的友谊，可以这么说。

——是的，而爱情往往是占有性的。

——当然。

——不然的话，它就会被视为一种背叛。而友谊则不然，恰恰相反。

——话说，在您为阿尔丰索·雷耶斯或佩德罗·恩里克斯·乌雷尼亚等等作家，以及另一些您本人并不认识的作家，如阿尔玛富埃尔忒或阿斯卡苏比等等的著作写过的序言里，都有一种只能与友情联系起来的情感。

——是的，您说得对。说到恩里克斯·乌雷尼亚，以及雷耶斯，我们曾经是私下里的朋友。我以前经常写东西攻击别人，现在不这样了；我很久都没写过一行对抗性的，或是稍有敌意的文字。我相信那毫无用处。另外，比如说，叔本华认为费希特是个骗子。现在人们早已发现了两人学说的相似之处；两人共存于哲学史之中。德·昆西对先前的一位作家，亚历山大·蒲伯的看法很差。现在人们可以对两人做出公正的评价了，对不对？所以最终胜利的是传统；而传统首先是革命的产物。浪漫主义运动，比如说，反对那个伟大的世纪——路易十四的世纪；可是现在我们要看雨果就必定会想到拉辛或布瓦洛。我们不会想到他们曾经是敌人。

——一个传统的胜利。

——是的，另外这些异质元素也构成了一种类似统一体的东西。现在对于我们是异质的东西可能在很短的时间里成为一个整体，因为一切都会变成传统。一种文学的历史是一系列对立群体的历史。

切斯特顿

奥斯瓦尔多·费拉里：博尔赫斯，在您喜爱的作家里有一位，在阿根廷从未得到充分的认识，尽管您设想他的天主教信仰或许可以将他与许多阿根廷人拉近。我指的，很自然，是您所崇敬的切斯特顿。

豪尔赫·路易斯·博尔赫斯：是的，当然，这种天主教信仰令他在英格兰一直受到贬低。显然，或许还有那个萧伯纳杜撰出来的词："切斯特贝洛克"①；他们被视为某种怪物—把切斯特顿和希莱尔·贝洛克的名字连在一起也是对他的贬低。现在，我相信贝洛克对切斯特顿产生了一种坏的影响。贝洛克是一个非常聪明的人，但很容易陷入狂热；相反，切斯特顿的头脑是一个非常宏大的头脑，他原来

---

① Chesterbelloc，将切斯特顿与英国裔法国作家、历史学家贝洛克（Hilaire Belloc，1870-1953）的名字组合而成的词，以强调两者的密切关系。

应该是很宽容的。但那个人却把他推向了迷狂，以至于人们阅读切斯特顿仅仅是因为他的观点。这一点始终令作家遭受贬低。例如……这种情况太多了：在这里，在我们中间，人们评判卢贡内斯的根据是他的政治观点，而且是他最后几年的——人们忘了他在此之前曾是无政府主义者、社会主义者，第一次世界大战期间协约国的支持者，然后，到最后，他才出版了《刀剑时刻》。吉卜林则总被视为大英帝国的一部分。惠特曼得到的评价却很正面，当然，因为他代表了民主。政治意见是所有意见之中最无关紧要的，它们是肤浅的。而在切斯特顿这里，我们面对的是一个天才……把他贬为一个天主教徒是一种不公正。我记得萧伯纳说过，天主教会、梵蒂冈，就像一艘小船，让切斯特顿这样的巨人乘上去会翻掉的。（**两人都笑了**）

——然而……

——这不过是一个玩笑而已，但事实是人们忘记了切斯特顿是……比如说，他写的是——我们都知道——侦探小说。不过就像苏尔·索拉尔有一回向我指出的那样，这些侦探小说不只是侦探小说，这个类别并没有什么可耻的，因为那是埃德加·爱伦·坡发明的，加以发展的有狄更斯，还有……切斯特顿。但这些故事，除此以外，还有很多其他的东西，因为切斯特顿的每一个故事都会变成仿佛是一幅画的样子；然后是一出戏，然后是一个寓言。还有那些场景——人物的出现就像演员出场一样，总是非常生动；在视觉上很生动。

然后就是谜底，总是巧妙之极。奇怪的是，罪犯永远不被提起：布朗神父（切斯特顿故事里的侦探）整个职业生涯从来没有指控过谁。人们不是很清楚他们后来怎样了，因为重要的是那个谜，那个谜的巧妙的谜底。另外，在切斯特顿的每个侦探小说里都会暗示一个魔法的解释。我相信如果侦探小说类别死去的话——它的死去并不是不可能的，因为似乎各个文学类别的最终命运都是消失——即使侦探小说类别已经消失了，这些故事也仍将继续被人阅读，为了其中的诗意构成，或许甚至也是为了魔法暗示的构成。有一个故事题为"看不见的人"，故事的谜底出现在将近结尾的地方：谁都看不见那个人只是因为见得太多了；他是一个穿着显眼制服的邮差，每天进进出出，人人都把他看成了这幢房子里的一件日常事物。但被杀死的人也是那些充当仆人的机械玩偶的制造者；故事暗示了那个人有可能是被那些铁制的男女玩偶吃掉的——超自然的谜底。或许这些故事有一部分力量与其说是来自于合乎逻辑的解释，不如说是来自于这种由切斯特顿提出，又与每一幢房子的氛围结合在一起的错误的魔法解释。比如说，这个故事如果发生在 Highlands（苏格兰高地）的话大概就会不一样了吧，或者如果发生在一个有花园的郊区，靠近伦敦的话，或者如果发生在一个办公室里。但如今人们已经忘了切斯特顿有那么多其他的身份：例如，他是一个令人钦佩的诗人。"白马之歌"这首诗写的是撒克逊人与斯堪的纳维亚人的战争，我相信是发表于一九一二年；这首诗是令人钦佩的，充满了会让雨果着迷的隐喻。例如，我毫无疑问曾经引用过的那一句：主人公是一个维京人，在贪婪地望着欧洲；仿佛欧洲是他即将品尝的一只水果，他想着那些不可思议的东西，大理石和黄金，说："拿什么与大理石和黄金相比。"在这里切斯特顿寻找的是不可能的比较，但正因为这一点它们才更加有效，因为他说："Marble like solid moonlight"，即"有如坚硬月光的大理石"；"Gold like a frozen fire"，也就是"凝固火焰一般的黄金"。它们是不可能的，但正因为它们对于理性是不可能，它们，呃……

——……对于诗歌是可能的。

——对诗歌是可能的，对于读者的想象是可能的，它接受这些不可能的意象而不把它们当作不可能的，因为一团"凝固的火焰"的想法是如此的精彩；尤其是在英语里，在"f"这里还有头韵："Gold like a frozen fire"，不是吗？他思考着可以拿什么来比较大理石和黄金，它们是那么古老的东西，最后找到了这些不可能的隐喻——就这样他找到了或许是将这些东西升华的唯一方式——它们如此的有力，正因为它们是古老的。

——在"勒班陀"这首诗里也一样。

——……是的，在那首诗里，我这会儿想不起来什么隐喻，但我记得有些短语，比如"Don Juan of Austria is shouting to the ships"（奥地利的唐胡安对着舰船叫喊），对着舰船，不是对着船员。

——这句非常棒。

——是的，然后，在描述阿拉的骇人天堂时，他说神——阿拉——正在树间行走，又说"And is taller than the trees"（并且比树更高），于是一切就变得骇人起来，因为人们想象不到天堂是这样的，对吗？那必定是一个异教的天堂，就是说，一个对于切斯特顿来说是邪恶的天堂，我猜想。神正在树间行走——这是我们在《创世纪》第一章里读到的——但却比树更高，这里就有某种可怕的，骇人的东西了。切斯特顿在这一类事情上总能一语中的，即使是在最意想不到的地方；例如，在那本论布莱克的书，那本论画家的书里可以找到很多精彩的句子，然后在英国史里也一样，它可能根本是错的，但这无关紧要，因为一切都是以一种如此美丽的方式讲述的，甚至让人希望事情就是那样的，即使或许并不完全是那样。

——包括论圣托马斯·阿奎那的书也是精彩绝伦的。

——确实如此，因为它似乎是不可能的；我相信克洛代尔对于切斯特顿要写一本关于圣托马斯·阿奎那的书这个想法非常震惊。然而，他写好以后……克洛代尔是切斯特顿最早的读者之一，而且想要翻译《布朗神父的清白》，这本书由阿尔丰索·雷耶斯令人钦佩地引入了西班牙语。克洛代尔想要翻译它……不，他打算翻译的是《化身为星期四的人》。是的，他完成了这本书的法语译本。

——《化身为星期四的人》向我们完整呈现了作为一个作家的切斯特顿。

——是的，这很奇怪，因为那是一本逐渐进入幻想的书，就是说，第一章只有一点不真实，但到了最后，当星期天（无政府主义社团的首领）乘着大象逃走时，就完全是幻想性的了。

——当然。

——不过是渐渐地进入其中的；从想象的东西到不可能的东西，这样的处理方式令读者到最后仍像在最早的章节里一样信以为真。这就是柯勒律治所说的，诗的信仰即自愿或甘心的暂停怀疑。如果所涉及的作品是有力的，暂停怀疑就没有任何困难，因为那是不由自主的。是的，我曾经想过阿根廷的历史……我想过历史记载的所有事件都是可以怀疑的，除了一件，大概就是马丁·菲耶罗杀死棕黑人这事。认为它不曾发生是不可能的——它已经被如此有效地写下了，不是吗？

——啊，正是因为这个缘故？

——是的，我相信是这样。我可以怀疑任何一个事件，但这场与棕黑人的打斗……最后："直到最后一击 / 我用刀将他挑起 / 仿佛一袋骨头 / 向一段围栏抛去。"呃，这不可能不是真事。

——太生动了。

——是的，太生动了；别的全都可以怀疑，但棕黑人的死不可以。

——不过说到文学的有效性，我想切斯特顿在侦探小说上确实很有效，因为他形成了一种与众不同的叙述技巧……

——是的，因为以往的惯例总是一位不太聪明的朋友，在讲述非常聪明的侦探的事迹，这应该是第一部侦探小说，坡的"莫格街谋杀案"的技巧。后来柯南·道尔采用了它并且处理成，侦探不是一个敏锐的机器人，叙述者也不是一个匿名者，而是两个互亲互爱的朋友：夏洛克·福尔摩斯和华生医生（显然华生医生是一个傻瓜，不断地对同伴表示惊叹）。或许在柯南·道尔这里，它们是侦探小说这件事并不那么重要；或许重要的是这两个毫不相配的人的友谊，对不对？这可能也是堂吉诃德和桑乔，约翰逊博士和博斯韦尔的老传统，只不过博斯韦尔是刻意而为，就是说，他成了约翰逊的桑乔，约翰逊成了他的堂吉诃德，都是有意为之。他嘲弄自己是因为他想要创造这对至今依然活着，依然永远活在人们的想象之中的伙伴。而在切斯特顿这里我们有这么多东西……我们有论阿西西的圣方济各的书，论圣托马斯·阿奎那的书。他说对于圣方济各来说一幅草图、一个轮廓就足够了；但对于圣托马斯来说就应该思考一个方案，一座巨大建筑的方案。这在某种程度上已经定义了两者。

——当然，这是显而易见的。

——我们还有切斯特顿的批评著作；例如，有一本论布朗宁的
书，另有一本论狄更斯的，在著名的"人人图书馆"书系里。这个
书系出版了狄更斯的所有著作，切斯特顿为其作序，得到了好几英
镑的报酬。

——至于切斯特顿的诗歌，您曾经认为他有时把诗篇建构为寓
言的形式是一个缺点，但有某些证据表明那是故意的建构，也就是
说，在他的诗里有某种略显造作的成分。

——就是说，切斯特顿也是一个智性的诗人。

——我觉得是这样的。

——是的，但这倒可能会被用来反对切斯特顿：既已读过了一
首诗，欣赏这首诗，既已感受过它，既已被它打动，人们却意识到
作者在写下它以前早就把这首诗的脉络存放 in mente[1]了。我不知
道一首诗是否可以在某种程度上像是一个……像一局象棋那样，比
如说；或者这首诗是否可以像一段叙述那样。而切斯特顿往往就是

---

[1] 拉丁语"在心里"。

那样的，是的，人们意识到他从一开始就在努力走向结尾，这一点或许太受人瞩目了。

——大概他没有耐心等待启示到来，姑且这么说吧（笑）。

——是没有（笑）。

天堂与地狱之书

奥斯瓦尔多·费拉里：您与比奥伊·卡萨雷斯合编的书《天堂与地狱之书》向我提示的最初几个结论之一，博尔赫斯，就是您像这本书中呈现的其他作者一样，对一个天堂和一个地狱的理念是否弃的。

豪尔赫·路易斯·博尔赫斯：是的，因为我个人并不相信自己应该得到奖赏或惩罚。话说，萧伯纳的一个人物，芭芭拉少校说："我已经抛开了天堂的贿赂。"那么，如果天堂是一个贿赂，地狱就是一个威吓，显而易见，对不对？两者似乎都配不上神性，因为在道德上贿赂是一种非常低贱的手段……惩罚也是。

——奖赏与惩罚的概念……

——或是威吓的概念，一个威吓的神的理念在我看来是可笑的；如果一个人威吓的话就已经够可笑了，要是神的话……当然，一份奖赏的理念也是邪恶的，因为如果一个人做好事的话，众所周知做了好事，拥有一份宁静的自觉，就已经是属于他的奖赏了；不需要额外的奖赏，更不用说不朽或永恒的奖赏了。但是……一切都是那么不可思议……我父亲对我说："这个世界是那么奇怪，一切都是可能的，甚至三位一体也是。"类似于一种 reductio ad absurdum[①]。话说，我，前几天夜里我做了一个可怕的噩梦，可怕得我讲都不敢讲，因为如果我讲述它的话我就不得不回忆它，我相信我的责任是忘掉噩梦。然而，在噩梦里有一种特别的恐怖，是醒时所没有的，即使是在可怕的时刻；我甚至于害怕我们的噩梦会有如 glimpses（窥探），对可能等待着我们的地狱的瞬间窥望。或许我们每个人都在以某种方式创造着自己的地狱，通过自己噩梦的运作，并通过快乐的梦创造自己的天堂。但归根结底，这是一个纯粹幻想性的假说，但愿它能提供一些文学上的价值。我并不相信，我也不打算写一个这方面的故事，但它唯一的好处大概就是这个了吧。我猜想对于每个人来说愉快和恐怖对应的都是不同的意象。关于这个话题，我们每个人都有某样东西是觉得特别可怕的。例如，对玛丽亚·儿玉来说蛇是特别可怕的，她看到蛇就会感到恐惧。至于我，当然，我并不觉得它们特别美丽，但并不会感觉特别的厌恶或恐怖，其他人也一样。柯勒律治说在警醒时情感是由意象创造的。比如说，假如在这里走

————————

① 拉丁语"归谬法"。

进来一头狮子，我们就会惧怕狮子；如果一个司芬克斯趴在我们胸口，我们就会感到有些憋闷。但是，相反，在噩梦里人是先有了情绪，或是情感，然后再为它寻找一个象征：如果我睡觉时感到憋闷，可能是床单，或是床罩的原因，于是我便会梦见一个司芬克斯趴在我身上。并不是那个司芬克斯造成了憋闷，而是憋闷向我暗示了司芬克斯。也就是说，人是先有了情感……也有人说当一个人恋爱时，女性的意象只是先前情感的一个借口，不是吗？有一个著名的文学事例：罗密欧与朱丽叶的悲剧。罗密欧到舞会上去寻找一个他爱的女人，这么说吧：他正准备去爱。然后，他看到了朱丽叶，一看到她，他便神魂颠倒了，说朱丽叶"教火把闪耀"。他爱上了她，因为他正准备去爱，因为他已经有了那份情感……在他面前呈现的是另一个象征，并不是他在寻找的女人，而是朱丽叶，他便爱上了她。其实，这应该也适用于……太多事情了。

——当然，话说，这个噩梦的想法，这个即使在尘世也可以度过地狱一季的想法……

——韩波的想法。

——韩波的想法，但我似乎在您的故事"南方"里清晰地看到了它。

——啊，有可能，是的。

——在您的人物达尔曼身上发生的事情，在火车旅行之前。

——啊，是的，当然，在这里大概必须假设故事的第二部分是幻觉了吧，我相信是这样的。不过归根结底，我的意见并不比任何其他读者的更有价值，对不对？

——呃……

——写那个故事的时候我正在读亨利·詹姆斯，心想：我要采用这种詹姆斯的手段，就是故意写得很隐晦。于是，我就写了这个环境与亨利·詹姆斯全然无关的故事，因为这个环境是布宜诺斯艾利斯省，是一个加乌乔的环境，大概他一辈子都从未听说过那些人。但我心想：我要采用这个方法。话说，我前一阵在读一本有关梅尔维尔的书，他有一个故事一直都无法解释；据说他写下一个故意无法解释的故事作为世界的终极象征，那也是无法解释的。

——真是不同凡响。

——我不知道这是不是讲得通，似乎非常奇怪，竟有人会写一个无法解释的故事；但在他看来，因为我们生活于其中的世界是无法解释的——至少对于我们而言——最好的象征大概是……那个故事名叫"贝尼托·塞莱诺"，现在我想起来了，它发生在智利海岸，或在智利海岸附近的几艘船上。主人公是西班牙人，名叫贝尼托·塞莱诺。我不知道这个姓是真的存在还是梅尔维尔发明的，觉得听上去像西班牙语。如此说来，这个故事大概就是我们所在的无法解释的宇宙的一个终极象征吧。

——是的，说回您与比奥伊·卡萨雷斯合编的那本书，在最初的文本中间有非常简短的一段很好地阐释了那个想法，就是对上帝的信仰不应该源自于想象天堂或地狱，而应该源于上帝本身。

——那是某个波斯神秘主义者？

——是阿塔尔说的。

——啊，不错，当然，是《鸟儿大会》的作者；这是一个著名的波斯诗人，苏菲信徒；即穆斯林神秘主义者。至于"苏菲"这个词，有两个词源：一个似乎与羊毛有关，因为苏菲信徒都以羊毛裹身；另一个要好得多——无论如何，我们的想象力接受它都更容易——就是"索菲亚"：智慧的理念。所以这个波斯语词大概是希腊语词"索菲亚"的一个变体。那段文本是怎么写的？

——相当简短，写的是："主啊，如果我因畏惧地狱而崇拜你，就在地狱里焚烧我吧，如果我因向往天堂而崇拜你，就把我摒除在天堂之外吧；但如果我因你本身而崇拜你，不要拒绝将你不灭的美赐予我。"

——就好像是那首著名的十四行诗的一段译文，不过写得更美：

> 驱使我爱你的，我的上帝，
> 不是你应许我的天堂，
> 也不是我如此畏惧的地狱
> 阻止我因此而将你触犯。

圣特雷莎写过，但这并不是她的诗，对吧？

——是无名氏写的。

——是的，但这样就得出了一个悲哀的结论，就是她感觉到她爱上帝仅仅是，出于对基督所受的人间苦难的怜悯，因为她说：

> 你打动我，主啊；打动我的是看你
> 被钉在一个十字架上遭人嘲弄。

看起来在那一刻仅仅为上帝感到怜悯是非常可悲的，因为在祂的永恒里那个十字架以及曾经是凡人的这段轶事肯定是微不足道的。在祂的永恒里那肯定只是一个刹那。但这个想法大致来说就是那样的，对吗？就是说，否弃萧伯纳所谓的天堂的贿赂，以及地狱的威吓的想法。

——之后她又说：

> 最终，是你的爱将我打动，就如同
> 哪怕没有天堂我也会爱你，
> 哪怕没有地狱我也会惧怕你。[①]

——是的，就好像是一段译文……但我觉得那个波斯人说得
更好。

——是的，优美得多，不过两人都清晰表明了这个想法——也
就是说，都是同一个想法。

——是的，想法是一样的。

——然后还有您自己的诗。

——啊，这我倒不知道……

——"有关地狱与天堂"。

---

① 无名氏：《致十字架上基督的十四行诗》（*Soneto a Cristo Crucificado*）。

——是啊，在这首诗里我想象地狱或天堂都是一张脸的形象。

——是的。

——那张脸，或许是我们的，抑或是所爱之人的，就像我说的那样，可能是恐怖的也可能是美丽的，也可能是很愉悦的，依我们的感觉而变。但地狱和天堂都会被缩减为仅仅一个形象。

——最后一节是这么写的：

在一个梦的水晶里我窥见过
被应许的天堂与地狱：
当审判震响在那最后的
号角之中，千年的星球
将被抹去而骤然结束
哦时间！你转瞬即逝的金字塔……

——这是莎士比亚的一声回响，因为莎士比亚说过时间和它的金字塔。

——结尾写道：

你往昔的色彩与轮廓

将在黑暗中描画出一张面容

沉睡，静止，忠实，无可更改

（可能是所爱之人的，或许是你的）

而对这张近在咫尺的脸的凝望

无尽无休，完好无损，永不朽坏，

对于被判决者，将是地狱；

对于被选中者，则是天堂。

——是的，我是这么写的，不过或许写得太明白了，是吗？

——是的，这里会让人想到斯威登堡，我觉得。

——是的，或许应该把这首诗重写一遍，让它更加神秘费解一点。它似乎过于理性了。

——我不这么看，我很喜欢它现在的样子。

——有一些朋友曾经告诉我说这首诗是失败的，因为我用力过猛了，或者是因为我是在用力阐释一个错误的概念。

——绝没有奉承的意思，我要对您说我并没有看到那样的失败，我觉得非常有效。

——我不知道，这是我那么多年以前写的，我只能听之任之了。我已经完全忘掉了它，我没想到您会向我提起它来；这么多年从没有人跟我说起过它，我也不记得它了，它就像是今天上午的一个启示。

卢克莱修

奥斯瓦尔多·费拉里：博尔赫斯，在拉丁语的经典之中，您对我说卢克莱修，以及他的《物性论》是无法想象的，若没有希腊哲学家的存在的话。

豪尔赫·路易斯·博尔赫斯：是的，这是显而易见的。现在，当然卢克莱修已经被……有意地，遗忘了，我相信；是的，因为歌唱无神论，想要将人类从对来世的恐惧中解放出来，是不可能得到信徒的认可的。然而，一个值得注意的例外是维克多·雨果，在他的著作《威廉·莎士比亚》里开列了一份清单，类似于一份评论性的，非常有说服力的，大诗人的目录。其中排除了维吉尔，而卢克莱修则在列。奇怪的是，那种世界无限的概念，那种无限大的，无限小的，曾令帕斯卡尔感到有点眩晕的概念，却令卢克莱修颇为激动：一种无限空间，无限世界的理念。他满怀激情地向这一切致意。我记得，我读过斯宾格勒的《西方的没落》，他指的是阿波罗文化，洞窟的文化，浮士德式的文化；他指出，对一个无限的世界，对无限的可能满怀激情是浮士德文化的典型特征。所有这一切已尽在卢克莱修，远远早于《浮士德》作者存在以前，或是人们想到这种精神以前。但据我所见，那些德国人，当他们写下……每一个写作的德国人都不由自主地假装自己写下的一切其实都已在歌德的著作里了；因此，把这种文化在当前的形式称为"浮士德式"就是顺理成章的了。话说，雨果在那本书里收入了卢克莱修，并引用了一行诗——我不知道我是否押对了韵："于是维纳斯，在树林里 / 连结起了情人们的肉体。"[1]可以看出两个意象是如何互相交织又互相提升的，不是吗？

　　——确实。

　　——因为树林暗示了树木连结的意思，然后，情人们的肉体也一样；"树林"这个词是一个混合纠缠的词，可以这么说，对不对？

　　——是的，无论如何，结果是完美的。

　　——结果是完美的，没错；我记得他引用了这一行卢克莱修的诗句。话说，我不知道卢克莱修发疯而死的传说是怎么编出来的。而且丁尼生还有一首关于这件事的诗，但很可能一切都源自于这样

---

①卢克莱修：《物性论》（*De Rerum Natura*）。

一个想法，就是倘若某人写诗反对众神，或是反对宗教，就必须受到惩罚。于是就出现了这样的传说。

——来攻击卢克莱修。

——是的，他写下这首伟大的诗篇，维护了伊壁鸠鲁的体系。他谈论的是原子，正如菲茨杰拉德说的那样，把最难写的原子写成了诗歌。确实如此，因为这是一首哲学性的诗，是一场对唯物主义哲学系统的阐述，据它认为世界是由原子的倾斜移动构成的。而他就是以此写成了一首伟大的诗篇。开篇就是一段向维纳斯的致辞，当然，她代表着爱情；应该说，她并不仅仅是神，不言而喻这个维纳斯遵从的不是一个神话，而是爱与延续的意志这一事实……

——是结合。

——对，是繁衍，所有这一切，是的。

——话说，卢克莱修的唯物主义的特别之处……

——他信仰激情洋溢的唯物主义，不妨这么说；激情洋溢指的是心中充满了上帝这个意思。卢克莱修的唯物主义可以说是一种激情洋溢的唯物主义，充满了上帝的唯物主义；或者也可以说是泛神论的意思。但奇怪的是有一行维吉尔的诗句，在其中涉及了泛神论——一个当时并不存在的词，当然，因为这个词是斯宾诺莎去世后在英国创造出来的。这行维吉尔的诗句说的是："Omnia sunt plena jovis"（万物充满了神性）。那也是同样的意思。然后，当卢克莱修说到对死亡的恐惧时——我记得他相信肉体的死亡，也相信灵魂的死亡——这时，他说凡人可能会想："我会死去，而世界会延续下去。"现在我再一次说回维克多·雨果，他在一首诗里悲叹的正是这个，说："我将独自离开，在节庆的中途。"①卢克莱修说这是真的；在死亡之后会有无限的时间，人不会亲身存在于其中，但归根结底，为什么要悲叹这无限的时间呢，那是死去以后的，也不会是我们的；因为我们不会悲叹我们死前的无限时间，我们也从未共享过它。这时他说道："特洛伊战争时你在何处？"（笑）因此，如果你不介意未曾置身于特洛伊战争期间，又为什么要介意不会置身于今后别的战争别的环境呢，对不对？

——他相信物质的永恒，这一点很奇怪。

——相信物质的永恒，是的。

——与维吉尔的唯心主义不同，卢克莱修这种唯物主义，尽管似乎是不可思议的，却是一种有信仰的唯物主义，可以这么说。

---

① 雨果:《沉睡的太阳》（*Soleils Couchants*）。

——一种有信仰的唯物主义，是的；但这种事情是常有的……哎呀，看来我们注定要谈论阿根廷作家了。为什么是注定呢？我们谈论阿根廷作家是很自然的事啊（**两人都笑了**）：像阿尔玛富埃尔忒，比如说，就是一个没有上帝的神秘主义者。

——啊，很有道理。

——或者还有卡莱尔，在英国；他也是一个无神论神秘主义者，一个没有上帝的，或者无论如何，没有一个私人神祇的神秘主义者。这样就会出现两种情况了……当然，一个人可以是神秘主义者而又不信神，或者，姑且说吧，信仰一种精神的泛神性，一种每一个人内在的神性，诸如此类。但不会信仰另一个神、另一个主，就像信仰另一个人那样。

——是的，因此卢克莱修建议尽可能过最好的生活，而不要对死后抱有幻想，作为伊壁鸠鲁的优秀追随者。

——是啊，这也正是我一直试图去做的事，但我肯定我始终是一个有道德的人，我相信……但其实我还要更进一步，我要说的是期望一份奖赏或畏惧一场惩罚都是不道德的。因为如果您做好事是因为可以得到回报，或是出于对受到惩罚的畏惧的话，我不知道您做的好事会有多好，会有道德到什么程度。我要说并非如此，如果我们畏惧惩罚而期望奖赏的话，我们就不是有道德的人了。

——当然，这样的话就是一种有条件的永恒，一种有条件的不朽了，但是……

——说到有条件的不朽就要回到歌德这里了。歌德相信灵魂的不朽，但不是所有的灵魂；歌德相信某些灵魂——或许也包括他自己的——是值得在肉体的死亡之后继续存在的。但其他人的则不然。就是说，根据一个人所过的生活，他可能是无愧于不朽的，或者至少是在死后延续另一段来世，否则……这个人就归于殒灭。话说，真是奇怪，生命的殒灭竟是佛陀的教义所提出的理想，因为涅槃即是掉出轮回，掉出轮回是……

——转世的业报。

——是的，一个人能够向往的最好结果，至少根据"小乘"，根据原始的佛教来说，就是掉出轮回，不再转世。

——当然。

——看来佛教不需要一种智性的认可；不，它需要某种困难得多的东西，就是一个人死去的时候不渴望延续……一个人真心决定不再继续。

——它隐含着这种意志。

——是的，就是以开放的心境，或许也怀着欢悦，来迎接死亡。就是说，欢迎死亡。

——这有助于涅槃，不妨这么说。

——确切地说，似乎从理智上接受教义是佛教里最无关紧要的事情。重要的是，应该这么说，要在内心，从根本上接受。没有这种接受，另一种是毫无用处的：您可以自认为是佛陀的信徒，可以接受所有这些教导，但如果您不将它们融入内心，就注定逃不出一轮转世。所以必须是一种完全的、彻底的接受。另一种并不重要。

——那是一种灵性多于智性的接受，可以这么说。

——是的，归根结底是灵性的。

——有一种卢克莱修与之对立的唯心主义，他反对的恰恰是柏拉图的唯心主义……

——啊，当然，柏拉图的唯心主义假设了普遍的形式。

——是的，他会一步一步地驳斥柏拉图。以至于不由自主地，比如说，主张感官不可能有误，感官是绝不会犯错的。

——是的，那是很容易犯错的，当然。根据现在的科学，我们所感知的，我们的感官所知的一切，与现实绝对没有任何关系。例如，我们看到这张桌子，但这张桌子其实是一个空间，有旋转的原子在其中构成系统。也就是说，它与可见的桌子没有任何关系，也与可触可感的桌子无关。现实是某种与我们的感官交给我们的一切全然不同的东西。

——（笑）现实是看不见的。

——它是看不见的，也是听不见的（笑），不可食用的，不可触摸的……

——话说，卢克莱修还主张太阳、月亮和其他天体都是我们从地球上看到的大小。这是感官不会出错这种信仰的一个明显错误。他甚至相信如果感官出错，就是理性出错了。

——有什么不可以；他是一个伟大的诗人这一点是毫无疑问的，他是一个差劲的物理学家这一点并不那么重要，对不对？

——（笑）确实。

——所以他必须坚持这一切……其实，当然对我们来说，即使我们有一些天文学的知识，太阳依然升起，依然落下。我们知道并非如此，我们知道旋转的是地球，但对于我们的感官来说是太阳在旋转。我们可以谈论日出，谈论它升起，谈论它落下，谈论黎明，谈论曙光，谈论日落。所有这一切都忠实于我们的想象。而我相信卢克莱修在某些诗行里驳斥的，是那种循环历史的理念；有一段就是说的这个，没错，关于循环的时间……

——涉及斯多葛学派。

——是的，当然，他设想宇宙始终延续，但不受制于任何人的意志，不是吗？一切都源自于这种原子间的任意冲突。

——因此我们总是说他相信物质是永恒的，会通过原子永久化生的形式而化生为不同的形式。

——直到不久前人们仍然相信这一点；我相信现在人们相信的是熵。也就是说，据设想宇宙正在丧失某些动力，终有一个时刻它会静止不动，对不对？所以这就会跟他的信仰对立了，或是有所不同了。

——很奇怪，博尔赫斯，居然是拉丁语的经典将我们引向了熵。

——确实。

论法国

奥斯瓦尔多·费拉里：一般来说，博尔赫斯，我们谈论法国的时候，您时常会形容的是那个极其富有文学性的国家，那个具有形式化的文学传统的国家，或者说那个文学之国。

豪尔赫·路易斯·博尔赫斯：是的，那个有众多文学流派的国家。这意味着法国人，法国作家都想要知道他们究竟在做什么；由此一个作家便可以超越文学史家了：作家已经给自己归类并根据这种分类来写作了。相反，英格兰是一个个体的国家——他们都是个人主义者；他们对文学史不感兴趣，也不希望被定义，但似乎他们的自我表达……是自发的，对不对？而在法国，这样一个国家……他们是智慧的、明晰的人，对秩序很感兴趣；尤其是，他们相信文学史。他们相信流派的重要性。因此您看到法国是文学宣言、社团、论战的国家。而这一切在别的国家相对而言是很少见的：我选择英国的例子是因为，就像诺瓦利斯所说的那样："每一个英国人都是一座孤岛。"每一个英国人都是一个个体，而并不太关心自己在文学史上可能占据的分类。就是说，一本像蒂博代著作那样的书，它研究法语文学，并且研究得很好，对各个世代进行研究，而并没有胡说八道。相反，在其他国家，结果多半会是荒谬绝伦的，我觉得。但在法国则不然。其实，这并不意味着法国缺少想象，缺少发明；不，这意味着通常而言作家都想要知道自己在做什么，作者对自己作品的理论感兴趣。而在其他国家似乎很少有人对理论感兴趣，人们对作品的执行，或作品的想象更感兴趣，如果您愿意这么说的话。但这大概会成为又一个赞成法国的论点。

——当然。

——赞成理性，赞成法兰西头脑的明晰。但这并不意味着法兰西缺少，有点难以解释的人物：我不知道一个像拉伯雷这样的作家，或者一个像韩波，象征主义者，这样的作家，或者一个像莱翁·布洛瓦这样的作家在多大程度上契合一种传统。但他们大概会喜欢一种文学史传统的想法。我如今已经不相信流派了，福楼拜最终也是不相信的，因为福楼拜说过 "Quand un vers est bon, il perd son style"（一行诗是好的时候，这便失去了它的风格），我相信他也说过一行布瓦洛的好诗——他应该代表了古典传统，路易十四那个世纪的传统——价值等同于一行雨果的好诗——他是浪漫主义者。但我要更进一步，我要说一行诗是好的时候，是的，它便失去了它的流派，另外它是谁写的并不重要，它是哪天写下的也同样无关紧要。就是说，好的诗句，或是好的篇章，或许不会让自己被文学史家轻易地捕捉到。姑且说吧，我也试图超越时间地写作；尽管我知道事实上我做不到，因为一个作家没有必要立志成为现代的作家，因为他命中注定就是：据我所知，迄今为止没有谁曾经活在过去或是未来；人人都活在当下，在自己的当下。这个当下是非常难以界定的；恰恰正是因为它与我们如此接近，是看不见的，多样到了无法解释的地步。我不相信我们能够理解我们当下的历史，但或许二十一世纪——如果我们接受这种有点武断的分类的话——也许能够理解现在发生的事情。我们理解不了，我们必须活着忍受种种事物；而当然，在这一切中间最鲜明的就是当下。

——当然，但法国是非常特殊的。我现在想起来，在谈论詹姆斯·乔伊斯的时候，我们曾经说过在《尤利西斯》中，尤其在《芬尼根守灵夜》（*Finnegan's Wake*）中，乔伊斯企图实现某种仿佛是对文学的最后审判的东西……

——尤其是对小说的，对不对？是的，我相信乔伊斯肯定曾经想过《尤利西斯》，和后来的 *Finnegan's Wake* 是终极的书。某种意义上，在他完结自己的书的时候，也完结了以往的全部文学。他肯定已经感觉到了这一点，尽管此后文学依然在延续……

——但有很多法国作家和诗人，我相信和乔伊斯想的一样。

——一本决定性的书的想法？

——是的，或者是那些被称为一种风格或流派之内的革命者的人。不过到头来，正如您所说，学院或法国流派的历史传统最终把它们全都合并了进来。

——呃，但其实构成传统的恰恰正是……

——这种辩证法？

——是的，这种辩证法，或者是一旦某物已经发生它便归属于历史这个事实构成的。我很高兴如今在意大利，有一所未来主义博物馆。而更奇怪的是竟还有新未来主义者；就是说，未来主义理所当然会导致博物馆的毁灭，图书馆的毁灭，就像中国第一个皇帝秦始皇那样。然而，现在未来主义也是一件博物馆里的藏品了。我不知道这会让未来主义的创始人开心还是伤心，或许他会为之伤心吧。不过当然，因为那个当下原本是想要成为未来的，而所有的时间，包括未来，都将成为过去；一切都必将成为历史的主题，一切都必将成为博物馆里的藏品。我的反历史的言论也必将成为一个历史事实，必将被人从这个时代，从环境，以及社会、经济、心理的角度加以研究。似乎此时此刻我们注定要归于历史了。其实，如果我们能设法忘记历史的话，大概一切就都会改变了吧。但我不知道这是不是非常重要，因为语言是一个历史事实；就是说，我们可以忘记拉丁语，但费拉里，您和我正在说的话从某种意义上讲是一种拉丁语的方言。

——确实如此……

——所以历史总会抵达我们。但有些时代比别的时代少些历史意识：现在我们已经养成了强烈的历史意识，还有地理意识和政治意识。但这一切都可能会消失，我希望它消失或是减弱。

——因此穆雷纳才会谈论作家的那门艺术，要变得不合时宜，或与时间对立。

——我原来不知道这个，但这个想法很好。

——我相信是这样的。

——比奥伊·卡萨雷斯和我搞过一本秘密刊物——印了我相信是两百本——名叫《错时》，意思就是我们不想成为当代的。

——是一样的想法。

——是的，但说到"错时"我们就已经……毫无疑问这个题目对应于某个时代。正如未来主义如今……有点跟"L'art nouveau"，所谓的"新艺术"①这样过时的东西混为一谈了；我们现在看它，完全是陈腐不堪的，不是吗？某种十分老旧的东西，因为似乎不远的、最近的过去都被视为更加古老或是原始了。人们对这样的差别感觉尤其强烈。

——我相信。另一方面，您曾经主张文学生活在法国甚至比在其他国家更为自觉。

——是的，因此才会有众多的流派，另外作家们也是依照那些流派以及那个时代来写作的。现在作家与其时代订立一个契约的想法是很平常的，但我相信作家与其立约是没有必要的。就是说，我，无论我相信自己有多么独立，是怎样的无政府主义者，我依然是在一九八五年写作的，而我使用的是一种对应于这个时代的语言。所以我们也不可能逃离我们的时代。

——这是无可避免的。

——是无可避免的，所以没有必要去追求它，不是吗？我们是命中注定的、不可治愈的现代人，我们不可能是别的什么。

---

① 1890 年至 1910 年间的艺术与建筑运动。

——法兰西，就像我们之前谈过的古凯尔特人的爱尔兰一样，是严密组织的文学生活的又一例。

——是的，而且是非常自觉的人们的一例，他们很想知道自己在做什么。即使在过度放肆的时候他们也知道自己是什么人。相反，在其他国家可能会出现某种比在法国更天真的事情；或许人们可能会毫不自知，或并非有意地过度放肆。另一方面，当其他国家选择一位作家来代表自己的时候，法兰西的文学生活是如此丰富，以至于它永远至少有两种当代传统；永远如此，所以从来不能局限为一种。

——如果想到法国的十九世纪的话，我相信您的喜好大概是……我试着猜想一下：诗歌方面是魏尔伦，小说方面是福楼拜，我觉得。

——是的，尤其诗歌方面是魏尔伦，因为……或许福楼拜对自己的作品过于警觉了，不是吗？我相信他也不会过分地创新……但我不知道我们能想到哪个别的法国小说家……话说，关于魏尔伦，象征主义流派能有什么吸引我们的东西？或许根本没有什么吸引我们的，不过魏尔伦必定吸引着我们。而魏尔伦本人也嘲笑过那些象征主义者，因为曾经有一个记者跟他谈起了象征主义，他说："我不理解德国人。""象征主义"这个词在他看来太抽象了。

——而在福楼拜这里，我觉得您在他身上看到了作家面对文学的典型态度。

——是的，文学的理念……就如同信仰的行为，如同某种拿来践行的事情，需要严格的实施以及自我否定。这样带来的结果可能不那么快乐，比不上放任自己的作家。信笔书写，以写作为乐，游戏一番。我不相信福楼拜是游戏写作的；或许他是一个僧侣，为了当好它而太过自觉于当一个僧侣，对不对？或许他缺少那种天真，我相信那是必不可少的，也是人们无论如何都能在魏尔伦身上找到的东西，对吗？因为对于魏尔伦，人们会想到他的命运，会想到某些变态行为，但都无关紧要；魏尔伦——就像奥斯卡·王尔德一样——是一个做游戏的孩子。这里我想起了罗伯特·路易斯·史蒂文森那句如此美妙的短语，我们已经引述过不止一次了，是这么说的："对，艺术是一个游戏，但必须以一个做游戏的孩子那样的认真来游戏。"

——啊，说得多好啊。

——就是说，孩子做游戏是很严肃的，孩子不会笑话自己的游戏——这很好，不是吗？

——那是一个严肃的游戏，当然。

——对，那是一个严肃的游戏。这样就成为两个理念的结合：游戏的理念，《游戏的人》（*Homo Ludens*）的理念，同时还有每一种游戏都需要某些规则才能存在这个理念。文学也有它的规则，尽管与象棋这种游戏不同，比如说，它的规则并不完全是确定的。在文学里一切都如此神秘，就仿佛是一种魔法一样，我要说，人是在用词语做游戏，这些词语是两样东西或几样东西：每一个词都是它所意指的，然后是它所暗示的，然后又是声音。于是我们就有了这三个让每个词语都复杂之极的元素。然后，像艺术一样，因为文学是由这些词语的组合构成的，必须要有某种平衡介于这三个元素之间：意义、暗示、韵律。这是三个基本元素，毫无疑问，如果这次谈话持续更长一点时间的话，我们就能找到其他的了（**两人都笑了**），因为文学是如此的神秘，显然修辞学并未将它穷尽。

马克·吐温、圭拉尔德斯和吉卜林

奥斯瓦尔多·费拉里：博尔赫斯，您已经找到了来自彼此之间全然不同的作家和地域的三部小说之间的对应之处。我指的是《哈克贝利·费恩》《堂塞贡多·松布拉》和《吉姆》。

豪尔赫·路易斯·博尔赫斯：当然，他们是三大环节；架构，可以这么说，framework：我们在三本书里都发现了通过两个不同的人看到一个社会、一个世界的想法；在《哈克贝利·费恩》里是黑人逃犯和小男孩，和那个内战前的美国的整个世界。话说，我相信吉卜林，他宣称自己非常崇拜马克·吐温，并且最终结识了他——吐温给了他一支玉米芯的烟斗……我不记得《哈克贝利·费恩》出版的确切日期了，但我相信是一八八几年。然后，《吉姆》出版于一九〇一年；这本书是吉卜林怀着对印度的眷恋在英国写的。我们在这本书里看到了一个比《哈克贝利·费恩》丰富得多的世界，因为那是印度的广阔世界，以及两个人物——吉姆和喇嘛。另外，也有一点争论，因为众所周知两个人都获救了。尽管吉卜林，一个非常矜持的人，说无论如何这部小说显然是流浪汉类型的。但似乎并不是，因为两个人物在书的结尾，据喇嘛所见，都得救了；这两个人物就是喇嘛和一个街头男孩吉姆。至于圭拉尔德斯，他是读过《吉姆》的法语版的——据吉卜林本人说译得非常出色。在他的《堂塞贡多·松布拉》里我们也看到了一个世界：布宜诺斯艾利斯省——那个被文人称为潘帕斯的平原——的世界，通过那两个人物，即是老牛仔和男孩（法比奥）。所以模式都是一样的，值得一提；但尽管如此，却很难想象有三本比马克·吐温的《哈克贝利·费恩》，吉卜林的《吉姆》和圭拉尔德斯的《堂塞贡多·松布拉》更不同的书。

——确实。

——爱默生说过诗歌生于诗歌。相反，惠特曼却出言抨击从书中过滤出来的书；即是否定传统。我觉得爱默生的理念更正确一点。另外，为什么不假设在一个诗人得到的无数印象中间，其他诗歌带来的印象是常见或正当的呢。

——当然。

——人们看到这一点，我相信尤其是在卢贡内斯的著作里。因为就像我们以往大概有机会说过的那样，在每一本卢贡内斯的书背后都有一系列指导性的阅读。然而，卢贡内斯的书却是个人化的。我指的这些阅读是人人皆可拥有的，但只有卢贡内斯写下了《奇特的力量》《感伤的太阴历》和《花园的黄昏》。其他的书背后，总之，有其他的影响，但我相信这不是一个针对任何人的论点。而且，因为我不相信自由意志，我甚至要假设我们的每一个行为，我们的每一个梦或每一次半梦半醒都是之前的全部宇宙历史；或者，谦虚一点说，世界历史的产物。毫无疑问，我现在说出的话是它之前数以千万计的不可分割的事件所引发的。所以我在《堂塞贡多·松布拉》中找到的这些前因并不是一个反对这本书的论点。为什么不设想一下这种世代传承呢：就如同每个人都有父母、祖父母、曾祖父母一样，为什么不设想一下这也发生在书籍之间呢。鲁文·达里奥比我说得更好："毫无疑问，荷马也有他的荷马。"也就是说，并没有原始的诗。

——我要对您的设想表示支持，博尔赫斯，在这里提一下华尔多·弗兰克与您不谋而合，因为他发现了《堂塞贡多·松布拉》和《哈克贝利·费恩》之间的联系。

——啊，我不知道。

——是的，他是在《堂塞贡多·松布拉》英文版的序言里指出的。

——我不知道这个版本，但我很高兴与弗兰克意见相同。另外，这也意味着我说的合情合理，因为如果同样的事情发生在两个不同的人身上就很可能是对的。

——是的……

——不过，即使 framework（架构）相同，也并不妨碍这些书是全然不同的。当然，内战，"The war between the States"（州与州的战争），南方是这么说的，之前的美国，也就是哈克贝利·费恩的世界，跟印度这个人口众多而又无限的世界——《吉姆》的世界——毫无关系，后者似乎也一样，与《堂塞贡多·松布拉》中那个暴烈的布宜诺斯艾利斯省无关。

——话说，关于老人与年轻人之间权威关系方面可能的反转，我记得您本人曾经说过，一个老人可以从另一个年轻人，另一个年轻得多的人那里学到东西。

——我父亲说过是孩子在教育父母，但在我这里，我相信并不是这样的：一直是我父亲教育我，我从没有教育过他。他说了这话——很可能他是把它当作那种有点儿机锋的话来说的吧——但或许确有某些真理在其中，不是吗？

——您对您与比奥伊·卡萨雷斯的友谊做过相似的联想。

——啊，当然，是的，在比奥伊一直影响着我，以及比奥伊较为年轻这个意义上。人们总是假设是老人在影响年轻人，但这无疑是相互的。

——当然，您把一个目的、一个目标归到了我们已经提到的三个作家中每一个的头上。但同时，您又总是重申一个作家划定的目标并不是最重要的东西。

——呃，在马克·吐温这里，我不相信他有一个教化的想法，对吗？

——没有。

——我相信他只是呈现那个世界，仅此而已。还有一段情节很棒，也很奇怪：那段情节就是那个男孩帮助逃跑的奴隶，但这并不意味着在理智上，在心理上，他是反对奴隶制的。相反，他感到后悔，因为帮助了这个奴隶逃跑，而这个奴隶是镇子上某人的财产。我不相信安排这个情节是马克·吐温的一个反讽特征；如此安排肯定是因为他想到："这个男孩肯定觉得后悔了。"他不可能觉得自己在为一个崇高的事业而努力，即废除奴隶制。这大概是相当荒谬的吧。至于《吉姆》，吉卜林的想法是一个人会以很多方式得到拯救；因此喇嘛是被冥想的生活拯救的，吉姆是被活跃的生活强加给他的纪律拯救的，因为吉姆并不把自己当成一个间谍，而是当成一名战士。至于《堂塞贡多·松布拉》，男孩会成长得越来越像加乌乔，不断地学到很多东西。刚好恩里克·阿莫林写了一部小说:《乡下人阿吉拉尔》,就是写来反对《堂塞贡多·松布拉》的,书中的主人公一边越来越像加乌乔,一边越来越野蛮。

——另外一种可能性。

——另外一种可能性,但我相信两种都是可信的,两种在艺术上都是正当的。

——当然,不过在《哈克贝利·费恩》这里,您说它仅仅是一本快乐的书而已。就是说,我想到的全是冒险的快乐。

——是的。

——我觉得很对,因为这种冒险的乐趣就呈现在吐温的叙述之中。

——是的,另外,仿佛叙述之河像密西西比河一样流畅,不是吗?

——啊,当然。

——尽管我相信在书中他们的航行是逆流而上的,我不是很确定。

——吐温毕竟在密西西比河上当过领航员。

——是的，所以这条河肯定一直吸引着他。我不记得的是他们的航行究竟向南还是向北。

——吐温的个人生活似乎一直非常多样：淘金……

——确实，在加利福尼亚淘金，在密西西比河上当领航员。

——旅行家……

——走遍国内国外的旅行家，因为他在别的书里描述过太平洋上的旅行。然后，最终命运把他带到了英国，带到了德国。他对德国有一种深挚的情感。我相信他是一九一〇年去世的……是的，因为他说自己快要死了正是哈雷彗星回归的时候。我记得那一年是一九一〇年，在这里我们人人都感觉这个彗星是一百周年的启示之一，人人都是这么感觉的，尽管我们并没有说出来。我们人人都在想，因为一切都被照亮了，天空被照亮也是理所当然的。我不知道我们有没有把它表达出来，或者我们是否意识到这是一个荒谬的想法，但，无论如何，这里的人们就是这样感受与迎接哈雷彗星的。

——在一九一〇年。

——是的，那是马克·吐温在美国去世的一年。他的一个传记作者，伯纳德·德沃托说："那火热的彗星尘埃已从天空中消失，我们文学的伟大也随之离去。"

——将彗星的经过与吐温的逝世相提并论。

——是的，没错。

"人格与佛"

奥斯瓦尔多·费拉里：先前，博尔赫斯，我们曾经谈到过佛教，您显示了一种对这一宗教哲学可以说是深入而广泛的认识。最近我发现这种认识您在一九五一年就已经具备了，当时您写了《人格与佛》。

豪尔赫·路易斯·博尔赫斯：是的，我相信在所有的宗教里，佛教是不太需要神话的一个。也就是说，一个印度人，比如说，可以崇拜他为数很多的神祇，又可以是佛教徒。但也可以当一个佛教徒而不相信一个人格的神。另外，在佛教最近的形式：大乘即大的车乘，以及禅宗里，还可以否定——或许出于爱国的理由必须否定——佛陀的历史真实性。因为不言而喻重要的是佛法。而当佛陀去世的时候，相传，弟子们纷纷哭泣，他对他们说的话是，不同于基督的

"你们有两三个人奉我的名聚会，那里就有我在他们中间"①不，佛陀对弟子们说的是："我死以后，念我的教法而行。"这也就是说重要的是教义。我曾与酒井和也做过一次很好的讨论，作为佛教徒——属于日本禅宗——他对我很是生气，因为我相信佛陀的历史真实性。他说不对，佛陀并不存在，存在的是佛法，重要的是佛法。除此以外，还有重要的是精神这个意思；是精神而不是文字。我在一本讲述世界各地佛寺的书中读到，有一个寺院，比如说，信徒们聚集在寺里——跟尊师在一起，火燃烧着，那个火炉——这时尊师一边讲解着教义，一边拿过身边各不相同的佛像中的一幅，把它扔进火里。另外，至于那些神圣的经卷，这些经文的书页也被用于各种目的，甚至是卑微的目的，以表明重要的是精神而不是文字。我知道有个和尚，一个在日本备受尊敬的圣僧，从未读过佛经，佛祖的教谕，但却已通过自己的冥想和自己的方式达到了涅槃。也就是说，坚守的说到底是精神。佛教不向我们要求任何神话；我们不必相信一个人格的神，如果我们愿意的话也可以相信，不愿意的话就不用，但我们必须行有德之事，重要的是这个。

——但它否定人格，比方说，否定佛陀本人，如您所说。

——是的，否定人格，不过归根结底，佛教有各种各样的心理学，几乎全都否定自我。我有一本书名叫《弥兰陀王问经》，类似于一

①《马太福音》18：20。

种佛教的教义问答集。话说，弥兰陀是印度某个地区的国王，原本应该叫作米南德，不过米南德变成了弥兰陀。当时，他去见一个和尚，向他提问。这本书是一部很长的教义问答，开篇就是对自我的否定。他举的例子是国王乘坐前来的马车，问国王是怎么来的，国王告诉他说是乘着一辆马车来的；他回答如果国王这么说的话，那必定是真的，又问马车是不是车轴，是不是座位，是不是车轮。这时国王说不是的，它是所有这一切的总和。随后，他们通过这种方式逐步消解，最后达到了否定自我人格。

——直到相信了空。

——是的，直到相信了空。

——话说，在您的这个文本《人格与佛》里，您谈论的是……

——我不记得了，这是太久以前写的……

——您在文中将佛的人格与耶稣的人格进行了比较。

——啊，我相信是这样的。告诉我，这是在《其他探讨》里的吗？

——不，是在一九五一年《南方》二十周年那一期里。在这个文本里您说有很多人曾经尝试过比较佛陀和耶稣的人格。

——是的，毫无疑问。

——但又补充说这其实是一个错误的尝试。

——因为那些福音书是写来……当然，它们都在追求确信，但也在追求感化。然而，佛陀就不同了，苏格拉底也一样，他们不追求感化。相反，他们追求的是传授能够通向宁静的一法，或诸法。在某种意义上与感化恰恰相反。

——因此，在佛教里有一种形而上学和一种伦理学。

——一种形而上学和一种伦理学。孔子也是这样的。当一个人读孔子《论语》的时候，一开始他会觉得有点失望，因为没有任何感人的东西。但这是因为孔子并不传授任何感人的东西，他想要传授的是理性的东西。因此，这本书的风格便也是理性的了。相反，福音书的风格是一场华丽的戏剧，很显然。

——博尔赫斯，在同一个文本里，您说佛教的这种伦理与西方的伦理特征正好相反，并引述了一封裘力斯·恺撒的信和这封信里精彩绝伦的一段，谈论的是他的政治对手，他释放了他们，尽管存在着他们卷土重来反对他的危险，恺撒说："我这样做是因为我想要的无非是我如我自己，他们如他们自己。"

——是的，不过我说不准这是历史上的恺撒，还是萧的喜剧《恺撒与克娄巴特拉》里的恺撒。

——文学的恺撒。

——是啊，就说恺撒吧，这样我们就安全了，是吧？我不清楚苏埃托尼乌斯有没有写过这个，我相信没有。但这无关紧要，恺撒现在是我们可以尝试去丰富的一个形象；有什么不可以呢，如果他已经被萧伯纳丰富了……很可能普鲁塔克也丰富了。

——这是恺撒的一句精彩的短语，但它显露了西方对于人格的执着，与佛教不同。

——是的，因为在佛教中人格被视为一个错误。甚至到了否定佛陀的历史人格的地步。因为那大概也是自我主义的一种形式，不是吗？我说，在这个词的词源学意义上。

——当然，您在同一个文本中也指出，西方小说偏爱"灵魂的味道"，在普鲁斯特或其他小说家身上；而在佛教中则废除了这种灵魂的味道，这种灵魂的人格的味道。

——是的，我相信小说会将读者引向虚荣与自我主义，因为如果小说从头至尾都在说一个人和他与众不同的特点的话，这便会诱

348

导读者去尝试成为一个特定的人，拥有与众不同的特点。所以阅读小说会间接地鼓励自我主义，还有虚荣，以及试图变得有趣。这是发生在所有年轻人身上的事。在我年轻时，我一心想要变得不快乐，因为我想要成为哈姆雷特，或者拜伦，或坡，或波德莱尔，或一部俄国小说中的人物。相反，现在我要寻找的是平静，不再去想一个名叫博尔赫斯的作家的人格了，不妨说他是活在二十世纪的吧（笑），尽管他出生在十九世纪。我尝试去忘记那些迂腐的详细情况，对不对？我尝试心怀平静而活，忘掉那个陪伴着我的绅士。

——然而，博尔赫斯，通过您对佛教的认识，我们看到文学的路径并非一种科学知识的路径，但却可以通向智慧。

——我不知道我是否达到了智慧，不过相信智慧是一个信仰的行为，当然。另外，或许——这我已经说过很多次了——人可以给予他不拥有的东西。例如，一个人可以给人快乐而感觉不到快乐，可以给人恐惧而不害怕，也可以给人智慧而不拥有它。世上的一切都如此神秘。

——个人达不到涅槃，若非人人都在之前达到。

——是的，就好像我们是一个导管，事物经由我们发生，不是吗？就好像我们是一个让事物出现的介质。在诗歌方面这一点也许特别的真实吧，因为诗歌利用我们：我们任由诗歌通过我们产生，不顾我们的存在，然后我们让读者感受到它。但它不是我们发明的东西，审美的情感是发生在我们身上的东西，然后又发生在了读者身上，尽管或许是以一种极为不同的方式。

——在这个意义上可以认为诗歌是神秘主义的一个非常靠近的邻居。

——……对，困难的是在两者之间找到一种分别。当然修辞学家找到了：他们把诗歌贬低为一系列的诡计。

——确实。

——或许我们将不得不屈从于这些诡计好让诗歌降临；不过，归根结底那些都只是技巧而已。

——然而，很多神秘主义诗人的存在证明了两者并不是毫无关系的，彼此之间。

——啊，当然不是的，布莱克或安吉勒斯·西莱西厄斯的存在……

——或圣胡安·德拉克鲁兹。

——或圣胡安·德拉克鲁兹，就够了吧。严格地说，在逻辑上，只要一个例子就够了。

——当然。

——或许多举例子是错误的，因为它们似乎让事情少了一些肯定。同样，有很多上帝存在的证据正是没有上帝的一个证据，就因为使用了太多的证据。

——在有神学以前并没有人使用这些证据，正是神学引发了怀疑。

——……是的。

——很好，博尔赫斯，我们或许还会第三次再说到佛教，因为我们看到您对它的认识并未穷尽。

——我刚才对佛教谈得很少，对别的东西谈了很多，不过或许这样也不错。

爱尔兰文学

奥斯瓦尔多·费拉里：博尔赫斯，不久前我们谈论过爱尔兰的往昔，凯尔特往事，这一回我们计划再说一说长久以来无比丰富的爱尔兰文学。

豪尔赫·路易斯·博尔赫斯：是的，这是一笔似乎对立于任何统计数据的财富：一座贫穷的岛屿，消失在欧洲的西北方，似乎专出天才人物，并丰富了英语文学，因为倘若没有那么多难忘的爱尔兰人英语文学是不可想象的。

——确实。

——话说，奇怪的是这个传统非常古老，因为我们应该都会想到——我相信是九世纪——那时便有了斯各图斯·埃里金纳这个伟大的形象，他姓名的意思就是"生于苏格兰的爱尔兰人"，因为人们称爱尔兰为 Vetus et maior Scotia，而苏格兰是爱尔兰人带来的名字。读一下哲学史，包括经院哲学史，后者当然是非常丰富的，有很多极为不同的导师，即使如此，我依然注意到斯各图斯·埃里金纳是独一无二的，因为他是泛神论者。据认为出自阿莱奥帕吉式的手稿已经抵达了巴黎，在法国却没有人能够解读。这时这个爱尔兰僧人到来了，爱尔兰一直保留着希腊：不知道是撒克逊人还是斯堪的纳维亚人侵略过它；无论如何，爱尔兰僧人都被迫逃离他们的寺庙——这些寺庙很特别，在那里每个僧人都一个人呆在自己的小屋里，而在一片耕地上还挖了沟渠来阻挡野蛮人。但其中有一个就是：约翰内斯·斯各图斯·埃里金纳。人们称他为秃头查理，他翻译了希腊语的阿莱奥帕吉式。没有人懂希腊语或拉丁语，只有爱尔兰僧人懂。然后他写下了他的哲学，一种泛神论的哲学。奇怪的是有一首雨果的诗，"Ce que dit la bouche d'ombre"（《阴影之口如是说》），完全契合埃里金纳的哲学。这种哲学亦见于 Back to Mathusalen（《回归玛土撒拉》），其作者是另一个爱尔兰人——萧伯纳，或许他并没有读过埃里金纳。那理念是万物皆源自神性，在历史的终点万物都将回归。这也给雨果带来了精彩绝伦的一页，他在其中想象了各种各样的怪物，黑色的龙等等，还有魔鬼。它们全都回归于神性。就是说，神性会与祂的所有造物，甚至与祂的怪物调和为一。

——甚至包括邪恶的造物。

——是的，埃里金纳之后，经过了很久时间，爱尔兰又有了另一个不可思议的作家，斯威夫特，归于他名下的是《格列佛游记》——其中包括那段可怕的旅程：耶胡国之旅，那里有变成了那样，像猴子一样的人——另外那些，名字模仿一种嘶鸣之声的人，则是构成那个理性马匹共和国的成员。接下来还会有别的名字，其中，很奇怪，打败了拿破仑的威灵顿公爵——阿瑟·威尔斯利——就是爱尔兰人。我忘掉了，或许，某个肯定不是最无关紧要的人，那就是哲学家贝克莱。贝克莱是第一个理性地阐述唯心主义的人，也是休谟的导师。休谟是苏格兰人，这两人都是叔本华的导师。再后来又出现了那么多杰出的爱尔兰人，让人迷惑：或许是我们时代最伟大的英语诗人，威廉·巴特勒·叶芝。还有一个被不公正地遗忘了的作家，乔治·穆尔，他一开始写的是很无聊的书，最后却以一种全新的散文写下了值得钦佩的书籍；像那样的书籍，里面写的是机密，是不真实事物的机密，是他梦见的事物，但讲述起来就像是在向读者透露隐私一般，那是摩尔的私人发明。还有另外一个名字，尽管有悲伤，或者说尽管他的命运声名狼藉，我们想到他却像是想到一个亲密朋友，或者也像一个孩子：奥斯卡·王尔德，显然就是他。为什么不提一提另一个爱尔兰人呢，他创造了两个可能比任何政治家都更有名的人物：夏洛克·福尔摩斯和华生医生的创造者，阿瑟·柯南·道尔。而您，毫无疑问也可以加上其他的名字。

——是的，不过我宁可停留在萧伯纳这个躲不过去的名字上面。

——不过，当然了，萧伯纳，他在《回归玛土撒拉》中分毫不差地复述了埃里金纳的世界历史：万物，万有，都源于神性、最后归于神性这个理念。所有这一切斯各图斯·埃里金纳已在九世纪时阐述过了，并在这部著作里最终为萧伯纳提供了一个戏剧化并且富有娱乐性的形式。我记得他在那部作品里，除了很多别的事情以外，还说到西方没有成年人，或许东方是有的，但在西方一个人可能在八十岁死的时候手上还握着一支高尔夫球杆呢（笑），这就意味着他依然是一个孩子，并未达到成年。

——话说，通过斯威夫特、萧、王尔德的天才，我们看到爱尔兰总是出产幽默的、反讽的、讽刺的天才，一个非常特殊的品种。大概也可以说是批判的天才：部分是对英格兰的批判。

——啊，是的，是的，当然。我们忘了戈德史密斯，我们忘了谢里丹；我们忘了"Celtic twilight"，《凯尔特黄昏》的诗人。是的，不过叶芝起初是在这个团体里的，之后他很幸运地离开了这个黄昏，并写下了或许是最有诗意、最精确的作品。我们也都忘记了，不知道我们怎么做到的，这真是一个遗忘的奇迹：我们都忘了《尤利西斯》和《芬尼根守灵夜》（*Finnegan's Wake*）的作者，他也是爱尔兰人。

——我们这几天一直在谈论他，詹姆斯·乔伊斯。

——是的，我们忘了乔伊斯。我们也可以把令人钦佩而感到奇特的剧作家奥尼尔包括进来，因为他的姓氏表明了他的祖先是爱尔兰人。如果一个人要着手记录天才的爱尔兰人的话，他会迷失在名单之中，并出现不可原谅的忽略。

——我们先前就没有提到，就像您说的那样，或许是英语中最伟大的当代诗人，叶芝。

——叶芝用英语所做的事比乔伊斯更令人钦佩，因为乔伊斯的写作有点像是文学博物馆的藏品，不是吗？相反，叶芝的诗则不同，那是令我们目眩神迷的东西，就像雨果的诗一样，比如说。它非同凡响。我一直记得那一行不可译、无意义的，却依然行使着它的魔法的诗句："That dolphin-torn, that gong tormented sea"[①]——多么奇怪啊：被海豚撕裂，被钟声折磨的海。我不知道这在逻辑上能不能自圆其说，但显然是一个魔法的组合。在叶芝的篇章里可以找到太多这样的句子，这样难忘的诗行层出不穷。我记得他一出戏的结尾，其中一个人物是个猪倌，他看到几个明艳的女郎，正慢慢走下一道楼梯。他问她们在做什么，她们对他说："For desecration, and the lover's night"[②]，即：她们是为了渎神，为了情人之夜而来。这就是最后的台词。棒极了，是不是？

——棒极了。我这方面，我找到的是您以前提到过的，萧伯纳

① 叶芝:《拜占庭》(*Byzantium*)。
② 叶芝:《三月的满月》(*A Full Moon in March*)。

356

的一篇。

——是哪篇?

——"地狱、天堂与尘世"。它非常短，我觉得很特别。不知道您还记不记得，我打算读一下。

——是的，我在听，非常感谢。

——"地狱是不真实者与追求幸福者的家园……"

——啊呀。

——"它是一个庇护所，给逃离天堂的人，它是现实之主宰的国度。"

——啊，是的，毫无疑问那个英语单词是"masters"（主宰），对不对?

——是的，"也给逃离尘世者，它是现实之奴隶的国度。"

——很精彩，是吧? 所有的神学都在了。

——是的，我觉得跟您的观点不谋而合。

——不如说我的观点与萧伯纳不谋而合，不如说我讲的，我曾经想过的……

——我指的是您的现实概念。

——是的，我相信是这样，我觉得思考而不想到萧伯纳是危险的，不是吗？那是一种轻率之举（**两人都笑了**）；对我来说思考而不想到萧伯纳和叔本华的是不可能的。我记得马塞多尼奥·费尔南德兹的一句话，他说无论他想什么，贝克莱和叔本华都已经为他想过了（**笑**）。

——是的，我发现萧伯纳一直是您思考中的一个伴侣。

——是的，我希望一直是这样。

贡戈拉

奥斯瓦尔多·费拉里：博尔赫斯，不久前，您告诉我您一直在写一首致贡戈拉的诗。

豪尔赫·路易斯·博尔赫斯：是第二首诗了。我之前写过的一首是这样开头的："玛尔斯，战争。福玻斯，太阳。尼普顿 / 我的双眼已无法看见的海洋 / 因为神已将它抹去。"也就是说，在我看来，那些贡戈拉已不再相信的希腊诸神，在这里已经遮蔽了他，抹去了他观照万物的视觉；所以他看不到战争，只看到玛尔斯，看不到太阳而只看到福玻斯，看不到海而只看到尼普顿。

——他是用神话之眼来看的。

——他用神话之眼来看，是通过一种对他来说是死去的神话来看的。因此，我想象了那首诗，不过之后回想起来，我觉得它是不公平的，还可以再写一首，贡戈拉可以在诗中回应我：可以告诉我要谈论海洋，谈论如此多样，如此辽阔，如此无可穷尽的东西，并不比谈论尼普顿少些神话色彩。至于一场战争，我们早知道所有的战争都是可怕的；但"战争"这个词，或许，其神话色彩本来就不逊于"玛尔斯"。至于太阳，"福玻斯"，当然，既是又不是太阳。因此我们可以得出结论，所有的语言都是任意的，就像那种夸饰文体的语言，它不说太阳而只说福玻斯。甚至可以说，贡戈拉一说到福玻斯，说到玛尔斯，说到尼普顿，就会认识到有某种神圣的东西在那些事物之中，或许在所有的事物之中；因为如果我说福玻斯的话，我就确认了有某种神圣的东西在太阳之中；如果我说玛尔斯，我就确认了有某种至少是神圣和无可解释的东西在战争之中。就是说，我认为所有的词语，或一种语言的全部，都可以是神话，因为它们将世界缩减——将不断变化的世界，缩减为一系列固定的词语。其实，这可能会将我们引向一个理念，一个不可能的使命：如果每一个瞬间都是新的，如果我此时感觉到的东西，跟您谈论的东西，并不完全是我在其他时间感觉到的东西，那么就必须找到一种不断处于更新之中的语言，因为不然的话我们就被缩减成为，比方说，每种语言里的一万个符号，或是十个符号，如此等等了。显然我不知道怎样才能把它创造出来……当然这是一个不可能的任务。

——借助于……

——除非一种不断处于更新之中的语言可以用合成词来构成，将形容词结合起来，就像日语那样，或是将动词变格。但这也满足不了我们。我们大概永远都必须使用某些先前的符号。

——除非我们在这里也取得神话的帮助。

——是啊，但也许要为每一个瞬间创造一个神话吧。

——当然。

——但我们可以设想一个乌托邦，一个永远无法实现的、想象的乌托邦：为什么不描绘一个语言不断成长和变化的世界呢。在那里对词语意义的思考肯定会比对韵律的思考少一些吧，大概会是一种与音乐同源的语言。无论如何，这是一个不可能的文学事业，不过出一个提倡它的学派也不是不可能的吧（笑）；因为现在似乎每时每刻都有学派冒出来，不是吗？没错，人人都在尝试去做各种各样的事情。当然这种冒险大概是语言或文字的最大冒险了：一种随着现实的发生而成长和变化的语言。其实，这事长久以来一直在发生。例如，有些以前使用的词语——我小时候使用的——现在不用了。不过，我要建议的应该是一种每时每刻都在改变的语言，而不是每五十年；词语会改变是毋庸置疑的，尤其是词语的氛围总在变化。这对于诗歌是非常重要的；就是说，不仅意义会变——这是起码的，而且隐含之义也在变。

——您所提议的这个事业对于诗歌来说似乎更有可能，胜过普遍的语言。

——对于诗歌来说……我还想说对于音乐也是（因为我对音乐一无所知，我将它视为满载了，被赋予了无限的可能）。西班牙皇家学院的那行题铭："它是固定的，洁净的，闪耀的"，句中暗示的要将语言固定下来的想法是一个不可能的想法。然而，约翰逊博士，在十八世纪，却相信可以将英语固定下来的时刻已经到来了。现在我们认识到约翰逊的语言很值得钦佩，不过是老旧的；那些词语的氛围也是不同的。诗歌，归根结底，取决于词语的隐含之义、氛围和韵律。

——毫无疑问。

——因此史蒂文森说永远不要在一段话里使用一个让人分心的词。

——说得很明白。

——当然，意思就是必须要流畅，因为，比如说，新词会堵塞思路。除了在德国，那里存在着复合词的习惯，因此是可以使用的。我相信我们曾经提到过 Weltanschauung，奥尔特加·加塞特很笨拙地将它译成了"世界观"（cosmovisión）。复合词在卡斯蒂语中并不多见，尤其是"世界观"非常地显眼——前一部分是希腊语式的，后一部分是拉丁语式的。相反，在德语中两个词都是日耳曼语的，德语有复合词的习惯；一个人说 Weltanschauung 的时候，对话者可能都不会意识到他是第一次听到这个词。

——说回贡戈拉的诗歌，佩德罗·恩里克斯·乌雷尼亚主张说他是专注于形式的至高典范，然而……

——确实是的。然而，贡戈拉最好的诗并不是最夸饰的，或最"贡戈拉式的"。例如，我记得那一句"时光决不会将你原谅 / 那正在侵蚀着日子的时光 / 正在啮咬着岁月的日子"①，这原本会是克维多最好的诗句，只是贡戈拉在克维多之前写下了它。不过大概……比如说，假如有一个人不知道克维多，而有人想要给他一点提示的话，最好的办法大概就是向他背诵这几行贡戈拉的诗句吧。因为知道、听到这几行诗，他就已抓到了克维多的精髓。而贡戈拉后来却冒险尝试了并不总是很好笑的笑话，不是吗？我相信我们曾经提起过"伽拉蒂亚的独眼求爱者"②亦即独眼巨人。话说，贡戈拉当时无法预见会有一组字母叫做单片眼镜，他想的是独眼人，是普林尼提到过的一个幻想生命的种族③，我相信。所以"monóculo"严格的

---

① 贡戈拉：《生命欺人的短暂》（ *La Brevedad Engañosa De La Vida* ）。
② 贡戈拉：《那些非难她的波吕斐摩斯的人》（ *De Los Que Censuraron Su Polifemo* ）。
③ 诗中的 monóculo 原意为独眼人，后指单片眼镜。

意思就是一个只有一只眼睛的人。

——是的，一个独眼巨人。

——当然，指的正是独眼巨人，波吕斐摩斯。然后就是那个不是
很令人愉快的拆字游戏，"伽拉蒂亚的求爱者"了。我曾经跟比奥伊·
卡萨雷斯一起讨论过："哦浩大的河，伟大的安达卢西亚之王，在高贵
而并非金黄的沙上"，我觉得这是贡戈拉的一个弱点；比奥伊却告诉我
说这种构思，这样而并非那样，恰恰正是他喜欢贡戈拉的地方。

——您指的是《致科尔多瓦》这首诗。

——是的，没错。

——恩里克斯·乌雷尼亚补充说贡戈拉诗歌的伟大并不是因为
主题，也很少是因为情感；而在于其精致，在于其想象的精彩绝伦，
据他说，如画一般。

——我不知道如画到何种程度，因为，归根结底，我们得到了
什么？白与红的对比。例如："耀射吧，金色的太阳，装饰与点染 /
高山茂盛的峰顶，继而送出宜人的和煦 / 白色曙光的红色步伐。"[1]

---

[1] 贡戈拉：《耀射吧，金色的太阳，装饰与点染》（*Raya, dorado Sol, orna y colora*）。

他喜欢那些非常简单的色彩对比。不过这是诗歌，或许这些色彩会更明显一些，如果看见它们是在……

——一幅画里面的话。

——是的，所以我说，这种如画的状态指的更多是语言。因为事实上，如果在一幅画里放上红与白的话，这样似乎太过简单了点，不是吗？

——显然是这样，话说，雷米·德·古尔蒙，根据自己的意见，把贡戈拉称为"这个美学的伟大罪人"。

——啊，我相信他是对的。

——还把他与马拉美相比。

——或许马拉美最好的诗要优于贡戈拉最好的诗吧。

——您一定记得，或许，贡戈拉在他的时代曾受到洛佩和克维多的批判，但他说到洛佩·德·维加却是："维加永远是平平淡淡。"

——是的，的确"维加永远是平平淡淡"，我记得这句话，而且还把他称为"卡斯蒂亚浅水里的鸭子"[1]。这不是很好听，但也不是诽谤之语。

——相反，他对于克维多却说他具有"声音低沉的诗句，悲伤的色彩"[2]。

——真奇怪，我跟恩里克斯·乌雷尼亚谈起过这个。是的，因为我们讨论的是在何种程度上我们面对一个十七世纪文本所感受到的东西就是作者感受到的东西。他对我说我们感受到了什么他们就感受到了什么。但我相信不是这样的，我相信随着时间的推移我们一直在改变着语言，人们总会以别的方式来感受事物。无论是何种方式，作者当时如何感受已经不那么重要了，因为文本必将为每一个读者而更新，不是吗？总是有记者来找我，问我的写作里面的信息是什么。昨天有人问我，比如说，《戈莱姆》这首诗和《环形废墟》这篇故事的信息是什么。我对他们说根本没有什么信息，那就是我的突发奇想；我就是，以那种想象为乐，我把它讲述给读者让他感受同样的东西。现在人们依然在想……如果我说"故事"，我考虑的就是某种想象的东西；可是现在，人们脑子里想的还是故事的信息。人们假设每个故事都有它的信息，而且作者知道。我相信我们之前曾经提到吉卜林说过一个作家能够获准想象一个故事，但并不

---

① 贡戈拉:《致洛佩·德·维加及其追随者》(*A Lope de Vega y sus secuaces*)。
② 贡戈拉:《致学画的 D. 弗朗西斯科本人》(*Al mismo D. Francisco que aprendía a pintar*)。

知道寓意是什么，那寓意要由读者或时间来造就，可以这么说。

——当然，人们没有意识到作者，或是创造者，是不带先入之见而行的，并无事先的计划，而听任灵感将自己载送向前。

——不过，另外我也相信计划是危险的；就是说，最好是怀着某种天真来写。归根结底，最好让读者来思考讲述给他们的东西，或者说他们听到的东西，是某种独自产生的东西；而不是刻意引导的，事情最好不要显得是预先计划好的。

——要有创造之物的自发性，当然。

——是的，我相信叔本华谈到过不经思考信笔书写的作家，他说不对，应该是先想后写才对。但在这个问题上，我冒昧地，怀着所有的谦卑，与叔本华意见相左。我相信写作与思考这两种程序最好是同步的；也就是说，写的同时，也在思考。

新英格兰诗人

奥斯瓦尔多·费拉里：博尔赫斯，前一段时间我们谈到那个我觉得是您在美国最偏爱的地区：New England，新英格兰。我们也谈到了出现于那个地区，造就了很多杰出诗人的特殊事物。

豪尔赫·路易斯·博尔赫斯：是的，有一本范·威克·布鲁克斯的书：《新英格兰之繁荣》（*The Flowering of New England*），指的正是那段很长的时期，突然间各种天才人物，五花八门的天才纷纷涌现，而且几乎都是邻居；想想埃德加·爱伦·坡，生于波士顿，想想艾米莉·狄金森的，一生都奉献给了诗歌，并宣称出版不是一个诗人命运中必不可少的成分，想想赫尔曼·梅尔维尔和那个精彩绝伦的噩梦：*Moby Dick*，即《白鲸》，再想想爱默生，他和他们所有人通信，在我看来他是智性诗人的最高峰，因为他与其他的智性诗人不同，有很多的创想；另外一些所谓的智性之人，其实仅仅是冷漠，或无力而已。然后还有约纳桑·爱德华，他出现得更早，甚至把宿命当成了一种幸福，他说起初他觉得我们所有人都已注定要下地狱或上天堂的理念是可怕的，因为人们都试图轻描淡写，说不对，只是有人注定要上天堂而已；但事实是那些并未注定要上天堂的人就是要下地狱的，所以都是一样。然后是朗费罗、普雷斯科特和弗罗斯特，他是这个地区的诗人，尽管出生在加利福尼亚……我甚至认为在两个美洲被梦想到的一切，被写下的一切，都早已在新英格兰被梦想、被写下过了。就在这时候，有一个名字，没有它的话全世界的文学——至少是西方的文学——是不可想象的，那就是埃德加·爱伦·坡的名字；因为他是那么多东西的父亲……连侦探小说这个类别也是他在不知不觉中创造出来的，在那三个故事：《莫格街谋杀案》《失窃的信》和《金甲虫》里。其中已经创造了侦探小说这个类别。

——确实。

——坡做了这事，另外也影响了波德莱尔。波德莱尔每天晚上向坡祈祷。

——啊，我没听说过。

——是的，波德莱尔为坡的作品进行的翻译，当然，更胜于坡的文本，因为波德莱尔有一种比坡更纤细的审美意识，而坡作为一个诗人来说，是一个小诗人，尽管他是个天才人物。

——然而是一个更优秀的短篇小说家。

——是的，当然。

——但我们在这个地区也会找到像罗伯特·洛厄尔这样的诗人，在同时代人之中。

——是的，确实，他出自一个作家家庭，另外。

——是的，其中还有艾米·洛厄尔，我相信。

——是的，当然，我见过他。

——见过罗伯特·洛厄尔？

——是的，在他来到这里，布宜诺斯艾利斯的时候。哎呀，我不知道……或许在这儿说有点轻率吧，他正在一个会议上侃侃而谈，这时有些人从美国大使馆来找他，把他带到了疯人院。那个样子是非常可怜的，侃侃而谈，感觉安全得很，然后出现了两个人，沉默却又不可抗拒……就把他带走了。是啊，还是忘掉它吧。我在英国也跟他一起，他毫无疑问已经忘掉了那件轶事，我也忘了。

——当然。

——至少是我们一块儿的时候。

——理解，话说，您似乎更喜欢弗罗斯特，在新英格兰的诗人里面。

——是的，我相信人们应该把弗罗斯特视为英国诗人罗伯特·布朗宁的门徒。无论如何，我相信他是源自布朗宁的作品，布朗宁的诗歌习惯。

——弗罗斯特的主题大致来说是一个乡村的主题。

——是乡村的，没错。嗯，他是一个 farmer（农夫）。

——当然。我不知道是不是在新英格兰的边界之内，但我们在美国也看到了华莱士·史蒂文斯这样不可思议的诗人。

——我不知道他究竟属于哪个地区。

——我也不知道。

——我们必须搞清楚这事（两人都笑了）。

——还有埃德加·李·斯特斯，以及他的墓志铭著作《匙河选集》。

——埃德加·李·马斯特斯肯定是 Middle West（中西部地区）的，当然，匙河我不知道，但无论如何，人们总会想到这个地区；是的，而那本书里对林肯的提及，比如……是一段精彩的墓志铭。其实，他的意图是让这本选集被读作一部小说，因为墓志铭写的人物彼此之间都是有联系的；但我不知道读者是否跟得上。例如，其中一个死者的发言，他说他一直都不快乐，但他永远可以期望，可以求助于他妻子的感情。然后当她必须开口时，结果却是她根本受不了他，而且还有一个情人。就是说，所有这些墓志铭合起来就可以构成匙河地区的萨加一类的故事了，但我不知道读者是否意识到了这一点，我相信更多是把每一段墓志铭读作一首诗的吧。在《南方》第二期里我翻译了埃德加·李·马斯特斯的两段墓志铭，都是《匙河选集》里的。

——这些墓志铭是那么不可思议，如果您允许的话我现在愿意朗读特别打动我的一段。

——有何不可。

——是贺拉斯·伯利森说话的那段。

——我记得那个被林肯爱上的女人那段，说的是："为林肯一生爱慕 / 不由婚姻，而由分离，与他结合为一。"多美啊，是吧？然后又说："盛开到永远，哦我胸中灰烬的共和国！"

——确有不可思议之处。

——您记得的是哪一段？

——就是我刚才说的，约翰·贺拉斯·伯利森那段，说的是："我赢得了有奖征文，在这座镇上的学校里，二十五岁前就发表了一部小说。我进城去寻找主题，丰富我的艺术；在那里娶了银行家的女儿，后来成了银行行长。总是期待有空来写一部有关战争的史诗小说。同时还是伟人的朋友、文学爱好者，以及马修·阿诺德和爱默生的宾客。一名餐后演讲者，给本地各个圈子写文章。最后被带到此地——我童年的家，你们知道的——甚至没有一块芝加哥的小墓碑来让我的名字永存。哦多么伟大，写下这唯一的一行：激荡吧，深不可测的暗蓝色海洋，激荡吧！"

——当然，这个人物就好像是一个小说中的人物，不是吗？

——像是镇上的一个平凡人物。

——是的，这段很好，因为在这些诗行里可以解读出一种人生，对不对？

——一点儿没错。

——还有一个人的性格。

——确实，全都在里面了。

——还有对比。另外它也是带着某种反讽写的，来自诗人，针对他的创造物。

——带有一种极大的反讽："有关战争的史诗"（笑）。

——是的（笑）。

——另外一个名字，但我不知道是不是您的喜好之一，是威廉·卡洛斯·威廉斯。

——啊，是的，当然。

——有一大群诗人，不过，很自然我们总是说回到惠特曼，无论如何。

——在我这儿是爱默生。

——爱默生，甚至作为诗人吗？

——作为诗人，我要说，对我来说首先是作为诗人；我更喜欢——我知道这是我的一个怪癖——但我更喜欢他的诗歌胜过他的散文，在我看来他的诗更关乎本质。另外，它是深刻地原创性的，但又是自然而然地原创，不是蛮横无理地原创；自然而然地不同于被称为诗的一切。然而，人们感觉不到一种革命：就好像他是用这种冷淡的，节制的方式，很自然地表达自己；因为节制也可以是诗歌的一种美德，人们总以为不是的，以为诗人必须热情洋溢，必须倾吐……但节制却构成了很多人性格中一个极大的部分。如果一个诗人是以一种节制的态度写作的，他正是在表达自己，他是在表达这种节制，那也是他的目标之一，或是他的属性之一。

——当然，这是对于一个人，对于一个像您说的那样有思想能力、有创想能力的诗人而言。

——而且是原创的，有趣的想法。他的诗有某种像是雕刻……雕塑的气质，不是吗？似乎是荒诞的，但却有某种气质与塞内加的简洁相通。尽管，当然了，他们两人想到的是完全不同的东西。

——我们也应该提一提，我觉得，尽管他离开了美国，并且在欧洲生活了那么久……

——亨利·詹姆斯？

——不，埃兹拉·庞德，他也为诗的研究做了一番少有人及的努力，不是吗？

——是的。至于亨利·詹姆斯，他感受到的，可以这么说，不仅是美国与欧洲的亲缘关系，更是它们的反差对比，他的主题就是这个。其实，他相信欧洲人，可以肯定，更复杂一些，更聪明一些，但在道德上却不如美国人。他在美国发现了某种道德品质，我不知道，可能他首先想到的是那个地区吧，不是吗？

——想到新英格兰？

——是的，在一个新教仍然强大的时期。现在我相信不是了，对吗？当然，那个国家已经改变了那么多；世界已经改变了那么多……

关于隐喻

奥斯瓦尔多·费拉里：因为您与其他作家的观点有所不同，我很有兴趣了解，博尔赫斯，您对文学中的隐喻所抱有的想法。

豪尔赫·路易斯·博尔赫斯：是的，我一开始，姑且说吧，就宣示了对莱奥波尔多·卢贡内斯传授给我们的隐喻的崇拜。真奇怪，整整这一代所谓的极端主义者都攻击过卢贡内斯，然而，卢贡内斯对我们来说却是永存的。我记得，跟冈萨雷斯·拉努扎，跟我的表弟吉列尔莫·胡安，跟诺拉·朗热一起，我们远望日落的时候不可能不背诵："逝去如一只老虎，永恒的太阳。"[①]而月亮则将我们引向对《感伤的太阴历》的不断引述。我们全都在宣示这种美学，隐喻的美学。其实，卢贡内斯在《感伤的太阴历》的序言里指出，语言

---

① 卢贡内斯：《午夜的太阳》(*El Sol de Medianoche*)。

是由隐喻构成的，因为每一个抽象词语都是一个隐喻；开篇就说在希腊语里隐喻这个词的意思，如果我没有记错的话，就是转移。

——确实。

——同样爱默生也说过，语言是石化的诗歌；但我们也许可以主张，要互相理解就应该忘掉词源。奥尔特加·加塞特说要理解某物就必须理解词源，而我宁愿说为了互相理解应该忘掉词源。这方面的一个例子是大概可以举出"estilo"一词：estilo 是一种古人用来书写的铁笔，我相信是在蜡上写的。但如果我现在说 barroco estilo（巴洛克风格）的话不应该想到一支铁笔，或者巴洛克是三段论的诸多名字之一[①]；因为如果我想的是：一支可以比作一个三段论的铁笔，那么我肯定远离了风格的概念。

——当然。

——所以为了互相理解，我们必须忘掉词语的隐喻起源。

——话说，关于隐喻这个词的拉丁词源，您肯定记得 meta-fero（超越目标）吧。这是很重要的，因为——就像穆莱纳指出的那样——让某事超越目标，就意味着让某事超越曾经试图要做此事的人的意

---

① Barroco 为三段论中一种有效论式的拉丁语名。

图……

——这么说就对了，因为我相信如果一个人写下的东西精确地表达了他想要表达的一切的话，它就失去了价值——就应该走得更远。而这正是发生在每一本古书身上的事：对它的阅读总是超越它本身的意图。文学恰恰不在于精确地写下一个人设想的东西，而在于神秘地或预言性地写下某些东西，超越当前的目的。

——说到隐喻，就不可避免地会想到柏拉图。在《会饮篇》里阿尔西比亚德斯说："我要用比喻来赞颂苏格拉底，因为比喻的目的是真理。"

——好吧，我完全同意阿尔西比亚德斯。再者说，我们也无法用别的方式来表达自我；另一方面，间接表述的东西总比直接表述的更为有力。我不知道我们是否曾经提到过这个，如果我说"某某人死了"，我是在说某一件具体的事情。但是如果我诉诸《圣经》的一个隐喻，说"某某人与他的先辈一起长眠"的话，会更加有效。

——有效得多了。

——另外，这样还以间接的形式表明了所有人都将死去并回到他们的先辈中间的意思。或者，像英语里说的那样，只是美感稍逊，"Join the majority"：某某人已经加入了大多数。因为死人比活人多，所以这就意味着他已经死了；因为我们活着的人都是少数，一个暂时的少数。

——当然。

——某一刻我们都会加入到大多数，死者之中。

——我们会有同伴的（笑）。

——（笑）我们会有很多同伴的，没错。

——在文学层面，您曾经说过，或许只要一行没有隐喻的诗句就足以驳斥隐喻是一个不可或缺的元素这一理论了。

——是的，毫无疑问我说起过忽略隐喻的日本诗歌，或许要找到没有隐喻的诗句作为例证大概是非常容易的吧，除非有人认为每一个词都是一个隐喻。但我相信并非如此，比如说，如果一个人听到，或是如果一个人念出这样一个短语："la vía láctea"①，最好不要想到"一条奶路"。毛特纳指出中国人把 la vía láctea 称为"银河"，说这在我们看来是富有诗意的；毫无疑问，对于一个中国人来说用 la vía láctea，奶路，来谈论 Galaxia 也会显得富有诗意吧。Galaxia

---

① 西班牙语"银河"，字面意思为"奶路"。

是希腊语里的银河。

——在希腊，就像您提起过的那样，我相信，亚里士多德将隐喻奠基于事物而非语言之上。

——我相信他说的是一个感知相似性的人可以打造自己的隐喻。感知不被即刻察觉的相似性的人。而隐喻大概就在于表达事物之间的秘密联系吧。

——确实，您还有几次提到过斯诺里·斯图尔卢松收集的冰岛诗歌的隐喻。

——是啊，但这些隐喻是我们现在所谓的功能语；也就是说，它们并不符合诗歌的直觉：它们是理性的，或许太过理性了。因为如果我说到一个战士是"头盔之桩"的话，这隐喻是相当平庸的，没有任何美感，您不觉得吗？

——对，在"头盔之桩"里没有。

——或许古代日耳曼人的隐喻——撒克逊人或斯堪的纳维亚人的——错就错在它们是理性的。

——不那么有诗意。

——不那么有诗意。不过，当然，也有用"鲸鱼之路"称呼海洋的例子。

——这倒是不坏。

——不错，我相信是有美感的，但我不知道他们是否意识到了这一点，可能没有吧。当然，"鲸鱼之路"说海洋是好的，因为似乎鲸鱼之大与海洋之大是契合的。在盎格鲁 - 撒克逊诗歌里指称战斗的隐喻"长矛之会"是相当常见的。我相信日耳曼人那种，即理性的隐喻，与东方人、波斯人或阿拉伯人那种出于情感理由的隐喻之间，有一种本质的区别。例如，当人们把一个王子或一个公主比作月亮的时候，他们显然不会想到月亮的形状；他们想到的是月亮的明净或诗意，对不对？

——想到它的光辉。

——想到它的光辉，我相信这更加有效，这样才能给种种事物找到理由；因为如果我把太阳叫做"白昼之眼"的话，我不知道这是不是很美。这个隐喻带来了英语单词 daisy（雏菊），因为一朵雏菊的轮廓就像是一个太阳；也就是说，像是"白昼之眼"。然后是我发现的一个表达式，我相信是秘法学者使用的："天空的左眼"。天空的左眼应该是月亮。我猜想右眼大概是太阳；或者大概是因为"左"

这个词多少表示了某种低劣感，或是某种卑贱感……"险恶"这个词，意思就是左，是的。

——但奇怪的是您，尽管您身为一个诗人，似乎与隐喻有着理所当然的联系，您对它的评价却不同于卢贡内斯或极端主义的意见。

——其实我不知道卢贡内斯是否一直忠实于这个想法。卢贡内斯明白韵律，语言的音乐是非常重要的：他肯定是明白的。我不知道我是否引述过这几行卢贡内斯的诗句："花园以它隐秘的角落 / 会将安稳的牢笼交给你生有双翼的白日梦。"[1]可以把这简化为一个类似于等式的说法："白日梦是一只鸟，它的牢笼是花园。"但这么说的话，诗歌就化为乌有了。

——被消解了。

——消失了，所以说在这里，尽管有一个隐喻，并且或许是一个新的隐喻，尽管不太有趣，我们立刻就感觉到诗歌就在韵律之中。尤其是"会将安稳的牢笼交给你生有双翼的白日梦"立刻就生效了，让人将它感受为诗歌了。然后人们就可以在逻辑上为它找到理由，说白日梦是一只鸟，白日梦的牢笼就是花园。但实际上这样寻找理由几乎就是在破坏它。

---

[1] 卢贡内斯：《黄昏之月》（ *Luna Crepuscular* ）。

——当然，找理由是与诗歌格格不入的。

——是与诗歌格格不入的……一般而言，我相信一个人感觉到一个短语的美，然后，如果他愿意，他可以为它寻找理由也可以不找。但我相信与此同时，让他感觉到这个短语不是任意为之的也很有必要。

——它的理由是内在的，从某种意义上说。

——是的，从某种意义上说，哪怕他并不知道。

埃德加·爱伦·坡

奥斯瓦尔多·费拉里：博尔赫斯，前一段时间您告诉我说，您在年轻时曾经希望成为一个不同的文学人物。事实上，您提到过的这些作家或诗人，每一个都是以一种不幸、艰难，几乎可以说是备受折磨的生活作为特征的。其中的一位，美国人，在自己的时代就已得到了欧洲的翻译与推崇，是埃德加·爱伦·坡。

豪尔赫·路易斯·博尔赫斯：是的，毋庸置疑坡是一个天才人物，但人们树立这个信念不是通过阅读他这一页或那一页诗文，而是通过回想它们的全部。我有一个故事，写的是一个人立志要描绘世界。于是，坐在一道白墙之前——没有什么禁止我们认为这道墙是无限的——这个人着手描绘各种各样的事物：他画锚，画罗盘，画塔，画刀剑，画手杖。他不断地画下去，就这样，画了一段不确定的时间——因为他应该已经很长寿了。他已经用图画填满了这道长墙。到了他即将死去的那一刻，这时他被允许——我不是很清楚是怎样做到的——瞥一眼他的作品的全貌，发现他画下的是一幅自己面容的肖像①。现在，我相信我的这个寓言或故事或许也可以套用到作家身上。就是说，一个作家相信自己是在讨论诸多的主题，但如果运气好的话，真正留下来的，是一幅他自己的形象。而在坡这里，我们就看到了这个形象；也就是说，我们得到了一个足够具体的视像，看到一个天才，一个非常不快乐的人……这一点超越了，那些据我看来是平庸的诗歌。坡充其量是一个次等的丁尼生，尽管他的诗歌非常优美，当然。

——但故事则不同。

——至于故事，或许故事的记忆更胜于它们的阅读吧……他写了那么多难忘的东西，另外，也将这个形象铭刻在了我们心中。他很有幸被波德莱尔读到了；波德莱尔并不很懂英语，也没有注意到坡在技巧上的缺陷。坡的想象令他目眩神迷，马拉美也阅读了他。现在，很奇怪，他是一个在法国比在美国重要得多的诗人。

——可是，这也太奇怪了。

——是的，我在美国的时候，像所有的外国人一样谈论坡；人

---

① 博尔赫斯：《总和》（ *La Suma* ）。

们看我的眼神有些惊讶……我不得不提醒他们，是他孕育了波德莱尔，后者孕育了象征主义，没有坡的话象征主义是不可能的。现代主义也是一样，因为出现在这里，出现在美洲的现代主义，是在雨果、魏尔伦和坡的阴影下产生的。

——也是在象征主义的阴影之下，因此。

——是的，还有卢贡内斯那本被如此不公正地遗忘了的极美的书，《陌生的力量》，显然是在坡的影响下写成的。这方面的一个证据——如果还需要额外的证据的话——是在结尾处有一篇"宇宙起源学十讲"这一事实。很有意思，不是吗？这篇"宇宙起源学"应该类似于坡的"尤里卡"的一个镜像，后者也是某种关于世界的哲学，与叔本华的著作《作为意志与表象的世界》有所关联。另外，坡还写过这三个故事："莫格街谋杀案"，"失窃的信"——这是三篇之中最好的：某件显而易见东西可以是隐形的这个想法，切斯特顿用于他的故事"隐形人"的想法；然后，对，就是"玛丽·罗杰迷案"，也许是侦探小说中的完美之作，在没有任何实际行为这个意义上；只有一件罪案的简单呈现，一场有关其来龙去脉的讨论，然后就是一个解答。与当今的美国侦探小说正相反，后者并不是侦探小说，而是对犯罪与性的叙述而已。坡无法预见的是他创造了一个类别，通过这些故事。另外还通过"金甲虫"。这个类别就是著名的侦探小说类别，它不应该受到鄙视，因为它配得上威尔基·柯林斯、狄更斯、切斯特顿，以及全世界侦探小说类别的所有作家的关注，因为它们都源自于坡的这些故事。

——很多东西都是从坡开始的。

——很多东西都是从坡开始的……话说，我曾经与若热·凯卢瓦有过一场争论，我亏欠了他这么多，因为他忘记了这场争论而投票支持我获得福门托出版奖，并在法国出版了我的一本书。我要将我的出名归功于这次出版，极大地归功于这次出版。当时若热·凯卢瓦用法语发表了我的一些故事。

——很大程度上也要归功于福门托奖。

——是的，毫无疑问。所以坡把自己的形象留在了故事之中。或者我们也可以说他在去世后投下了一个伟大的影子。也许应该说是一个闪光的影子，好让那个词不太黯淡。另一方面，它们都是他的故事，彼此之间极为不同；因为如果您拿，比如说，有关大旋涡的故事，"人群中的人"这个故事，"陷阱与钟摆""红死魔的面具"和"白葡萄酒桶"来看，它们彼此之间非常的不同。

——但那恐怖却始终都在。

——恐怖始终都在……有人指责坡是德国人的弟子。他用一句非常棒的话回答说："是的，但恐怖并非来自德国，而是来自灵魂。"

——啊，妙极了。

——是的，来自灵魂。他感觉到了那恐怖；很自然，因为如果他不曾以那种方式感觉到它的话，就不可能将它传达出来，像他所做的那样。现在，我相信如果我必须选择一个坡的文本的话——其实没有任何理由非要选择一个的——我会选择《亚瑟·戈登·皮姆的故事》。

——我也是这么想的。

——是的，这个名字，当然，是一个非常明显的，埃德加·爱伦·坡的变体，因为亚瑟和埃德加都是英格兰的，然后爱伦和戈登都是苏格兰的，而皮姆显然就是坡。但我要说的是这个故事的最后几页尤其令人钦佩，其中突显了一个十分奇怪的想法：构想白色，将白色感受为一种可怕的颜色的想法。同时，这其实也是一部当之无愧的著名小说：梅尔维尔的 *Moby Dick*——《白鲸》——的基础。这本书有一章题为 "The Whiteness of the Whale"（鲸鱼的白），其中梅尔维尔把白色说成是可怕的。而这也正是人们在坡的故事的最后几页里找到的东西，但要说梅尔维尔不知道它是不可能的。不过我说这话并不是针对梅尔维尔，因为为什么不假设如果诗人对万物都感兴趣的话，他们就不会对自己阅读的书籍感兴趣吗；爱默生说过诗歌出于诗歌……

——而在坡这里，您感知了什么样的文学影响呢？

——在他的故事这里并没有，但在他的诗歌这方面可以看到，在他的时代丁尼生是非常重要的。我记得有人请华尔特·惠特曼吃一顿饭，快结束时惠特曼说：我要敬我们全体的领袖：丁尼生。相反，人们问丁尼生对惠特曼有什么看法，他说："I am aware of Whitman"，就是说，我感觉到了惠特曼，我想到惠特曼可能就像想到一条大鲸鱼，在一片汪洋里那样，又补充说："不过并没有，先生，我不想惠特曼。"这就意味着丁尼生感到惠特曼的诗歌（自由诗）在某种程度上是一个挑战，这种新型的诗歌会摧毁他所实践的诗歌。于是他宁可不去想惠特曼，因为那是某种太过陌生的东西……

——在某种意义上还是危险的。

——还是危险的，不可想象的，所以他宁可不想。事实上要设想现代文学没有这两个伟大的美国诗人——惠特曼和坡——是不可能的。话说，惠特曼本人对坡并不很慷慨，因为坡去世的时候，惠特曼对他写了一段评语，说——我几乎羞于将它念出来——在坡的作品里看不到美国的民主。我不相信坡从来没有思考过美国的民主。

——不。坡思考的是贵族体制，像波德莱尔阐述的那样。

——……是的，但这事总是一再发生：人们指责一个诗人没有实行他从未打算去做的事，不是吗？

——果然，坡与这一类目标根本毫无关系。

——当然惠特曼这么说可能是为了间接地唤起对坡的关注吧，因为否则的话就无法解释了。

——您知道，我总是将您与猜想这一类别，姑且这么说吧，与将猜想变成一个文学类别这件事联系在一起。

——无论如何，我的感觉猜想性要多于肯定或是否定。我大概是喜欢肯定的，我讨厌否定；我停留在也许、或许上，那是最谨慎的方式。

——相反，我将坡与宿命联系在一起，视之为他自己的，个人的文学类别；我们可以在"乌鸦"中"永远不再"——"Nevermore"这个词里看到它。

——是的，这是一种相当普遍的感受，它也可以给人带来安慰，对吗？因为如果一个人不相信自由意志，就像我一样，那么他就不会感到内疚了：如果我作了恶，我是被迫作恶的。

——迫于宿命。

——因此我不相信正义。因为正义以自由意志为前提，而如果没有自由意志，那么就没有人可以受到惩罚，奖赏也不可以。这又再一次将我们引向了那句出自阿尔玛富埃尔忒的，我总是加以引用的话，每次交谈我都会引用这句话、"只求公正即可，但无所求必定更好"，因为祈求公正即是一种僭越。

——我希望，博尔赫斯，我们对坡是公正的。

——我相信是这样的。

保罗·格鲁萨克

奥斯瓦尔多·费拉里：我们当中有过一位作家，博尔赫斯，您对他的珍视首先是因为他的风格。我相信您在根本上是把他当作一个文体家来看的。这种风格，据说，教会了阿尔丰索·雷耶斯如何写作，属于……

豪尔赫·路易斯·博尔赫斯：属于格鲁萨克。

——属于保罗·格鲁萨克。

——……是的，格鲁萨克肯定值得拥有一部传记，一部排除了溢美之辞，夸张形容，排除了他的著述以外的一切的传记。或许还要排除那些多余的姓名与日期，这是传记类别的坏处之一。格鲁萨克的命运是一场奇怪的命运，正如我说的那样，值得拥有一部对这命运有所感悟的传记：格鲁萨克大概向往过要成为一个著名的法国作家，不知道是什么机缘把他带到了这个国家；他起初是一个西班牙语学者，是阿尔封斯·都德的私人朋友。现在，说到都德的时候，人们想到的往往是像《磨坊书简》《塔拉斯孔城的达达兰》，或《雅克》这样的次要著作，人们遗忘了那个写下《不朽者》，比如说，和其他著作的伟大小说家。另外，都德也是福楼拜的朋友，他们的美学大致是相同的。这部格鲁萨克的传记不会有人写的，我相信。无论如何，在阿根廷共和国我不相信会有人去写，因为身为法国人这份过失是不会轻易得到原谅的；在法国也不会有人去写，因为格鲁萨克——我不无悲哀地确认——他是一个无名之辈。

——很不公正……

——很不公正，这种情况是很自然的，因为在法国人们寻找的是纯粹地，或专业地或典型地属于阿根廷的事物。而格鲁萨克肯定不是。格鲁萨克大概向往过要在法国出名，但他却成名于此，就像他说的："在南美洲出名并不等于不再无名。"在当时确实如此。现在就不同了，有了那场拉丁美洲的商业爆炸，一个南美洲人也可以出名了。而我，比如说，也曾是受益者之一，但在格鲁萨克的时代是不可能的；这种情况很自然，因为，我们亏欠了那么多，我们几乎亏欠法国所有的东西，而法国却正相反，尽可以免除，带引号的，"阿根廷文化"。格鲁萨克不知道他的命运不是当一个著名的法国作家，而是非常不同的命运：要当一名法国文化的传道者，不妨这样称呼；尤其是法国的风格，经济，冷静，法国式的优雅。他引入这种经济，这种冷静，这种法国式优雅的时刻，正是西班牙散文摇摆不定的阶段，不是格鲁萨克本人所谓的"餐桌散文"，就是那些自以为在模仿塞万提斯的人们的拟古之风，他们模仿的是塞万提斯的文体，也就是他的著作里最不值一提的部分。格鲁萨克希望写作的用词要经济，而这在法国也不是人人都理解的，因为现在有了一个统计学的标准：人们总倾向积累尽可能多的词语，一个证据是最新版的学院辞典是上下两册。但有一个时期，法语曾经挣扎于两种可能性之间：词语的丰富性，与表达的丰富性或表达的可能性，而它选择了后者。也就是说，它选择了，比方说，布瓦洛，而不是拉伯雷。

话说，通过词语的数量来评判一种语言的理念是错误的，要证明这一点只要举这个例子就够了：我们假设一个编号系统由两个数字构成，像莱布尼茨所创造的，一个二进制系统：我们首先有 1，然后是 0，两个加起来的值是二，所以就是二；于是第一是 1，然后是 10，它不应该等于十，而是二——然后是三，101。就是说，用两个符号就可以表现一个自然数列，直至无限。而这通常是无人留意的，但格鲁萨克注意到了，他的写作用词准确，并且还带有那种反讽与机智，它们本身就是法国式的。因为在西班牙说起机智人们理解的是另一样东西：例如，我们可以在格拉西昂这里看到，他写过《敏锐与机智的艺术》，在说到"机智"时他首先想到的是文字游戏。他提到，例如，"轻快的但丁"，显然，"但丁·亚利盖利"引出了"轻快"的双关语①。而格鲁萨克肯定没有采用这个标准，他的作品颇有趣味，不仅因为他的风格也因为主题的多样，更因为他对很多事物感兴趣；在《智性之旅》里就有一章是说梦的。

——确实。

——他对梦的心理学非常感兴趣，指出，在将大半个夜晚花费在梦的非理性与空想世界之后，奇怪的是我们居然还多少有点理性。"真奇怪，"他说，"我们醒来就是理智的，在经过了那个阴暗的区域之后……"

——经过片断的疯狂以后，他说。

——是啊，经过梦的片断疯狂。他崇拜古典与法国文学，并宣称——无疑是受维克多·雨果的影响——对莎士比亚的，或许是过分的崇拜，认为他是最伟大的诗人。他对那么多事物感兴趣……还有阿根廷历史，他写过《阿根廷历史文集》这本书，是非常好的读物，书中不存在对伟人的崇拜，因为他是以一种不偏不倚的方式评判他们的。我记得我父亲说过："宗教教义在这个国家已经被阿根廷历史所取代了。"（也就是说，被伟人崇拜取代了）事实是我们只有一段很短暂的历史，然而我们却已不堪纪念日和骑像的重负了……

---

① "轻快的但丁"：alígero Dante；"但丁·亚利盖利"：Dante Alighieri。

——以同样的标准，格鲁萨克对塞万提斯进行了批判。

——是的，他有关塞万提斯的两场演讲，或许是在塞万提斯这
个题目下曾经有过的最尖锐言论了，而这全都是在两场演讲的简短
篇幅里完成的。然后是论法国浪漫主义的文章，他谈论马里亚诺·
莫雷诺的文章；他对阿根廷文学的评判：他相信阿根廷文学并未有
机地存在，在他看来里卡尔多·罗哈斯那四大卷，傲慢地题为《阿
根廷文学史》的著作荒谬至极，是以一种毕恭毕敬的，敬酒辞的风
格写下的，不是吗？而不是以一种批评的风格，因为默认的做法是
要尽力去赞美每一个作家，对缺点轻描淡写，夸大或发明优点，因
为这本书就是在这一目的下炮制出来的。

——是的，现在，博尔赫斯，一直以来您似乎始终对格鲁萨克
抱有一种认同；您在一篇作品里说道："格鲁萨克或博尔赫斯，我不
知道两者之中是谁写下了这一页。"

——是啊，不过这要归因于我在一九五五年被任命为国立图书
馆馆长这件事，就在那同一年我发现我被九十万册书包围着——我
们总说是一百万册，但其实并没有那么多（笑）——而无法阅读它们；
我便写下了那首关于上帝的诗："上帝以祂绝妙的反讽／同时给了我
书籍与黑夜。"后来我想到格鲁萨克无疑也有过同样的感受，但他
比我更有勇气，他并未写过这种诗。是的，我们的命运在某种意义

上颇为相似。有人说，这首"赠礼之诗"，是我写的最佳诗作之一；主题是失明也可能是一个赠礼，我想到了这一点，很可能格鲁萨克也想到了，在同一个地方。也就是说，在某种意义上，即使是仅仅一瞬间，我曾经就是格鲁萨克，我应该为此而感谢宿命。在某几个瞬间我曾经是格鲁萨克，因为我想到了同样的事，感受到了同样的氛围，毫无疑问就在那曾经是他的书桌的同一张书桌上。曾经身为格鲁萨克，哪怕仅仅在一瞬之间，是一个人应该感谢，或我应该感谢的事。

　　而既已写下了这首诗，我又获悉这个王朝是三重的，因为还有过另一位图书馆馆长，马尔默尔，也是瞎子。马尔默尔是一个如今已被遗忘的作家；然而，每当我们说起——在我们的交谈中就多次说起，尤其是现在，想到当前时事的时候："罗萨斯时代"，这些词语在我们心中唤起的形象就是马尔默尔的小说《阿玛莉亚》的形象。也就是说，人们可能会忘记何塞·马尔默尔的名字，可能认为他是一个次等的作家，但每当我们说起"罗萨斯时代"我们想的并不是历史上的罗萨斯时代，甚至也不是拉莫斯·梅希亚的《罗萨斯及其时代》的美丽卷册，而是马尔默尔的《阿玛莉亚》中那些如此动人，有时又如此轻率的篇章。

　　——像"一场舞会的场景"这精彩的一章，比如说。

　　——确实，以及人物间的对话，甚至还有那些轻率之处。例如，那位女士，马尔塞利纳小姐，一家妓院的所有者出场时，就说起了古典悲剧的三一律："那是客人和朋友，胡安·克里索斯托莫·拉芬努尔博士教我的。"（笑）所以我们通过她获悉了这个浪漫诗人的此等习惯。埃尔内斯托·帕拉西奥对我说一个人的文学才能的证明是他对格鲁萨克的评价。就是说，如果一个人有文学才能的话，他就会被格鲁萨克所吸引；如果他对文学没有感觉的话，他就会漠然或是拒斥。我相信埃尔内斯托·帕拉西奥说得很对。

我曾经开过四次阿根廷文学的课程——这种不存在的文学，据格鲁萨克说——在美国的四所大学：奥斯汀、哈佛、东兰辛和布卢明顿。每次教授阿根廷文学，我都讲到过格鲁萨克，我还邀请我的学生——因为我不相信强制性阅读——去找随便哪本格鲁萨克的书来阅读，因为我知道如果一个人进入了格鲁萨克的作品，他就会沦陷其中，幸福地成为它的俘虏。在这里我们想到的可能是他的散文……我大概会选择《文学批评》这本书，如果必须要选择一本的话，但为什么要选择一本呢，倘若我们有两卷本的《智性之旅》的话。

——还有《从普拉塔到尼亚加拉》。

——是的，现在我也不知道为什么在《从普拉塔到尼亚加拉》里他莫名其妙地显示出对美国文学的至高荣誉的视而不见，对此我无法解释；我觉得他写得如此草率，对比如说，爱默生这样伟大的作家进行如此肤浅而又如此不公正的批评是非常奇怪的。他说爱默生是一枚卡莱尔的苍白月亮。爱默生自视为卡莱尔的门徒，但两人的著作是完全不同的；根本上说，第一个不同大概就在于卡莱尔是一个不快乐的人，卡莱尔是纳粹主义的先祖，那些可悲的先祖之一，而爱默生则不然，爱默生是一个快乐的人，和一个具有极大好奇心的人。我正在读，我这里有一本爱默生论亚洲的书，里面有一篇很好的文章让我研究起了波斯文学，波斯的诗歌；而他的另外那本书，《代表性的人》，则引我去研究被他描述为一个神秘主义者的人：斯威登堡，我打算有朝一日写一本关于这个人的书，只是那主题是极其广阔的，而留给我的时间太少了。但我是经由爱默生了解到斯威登堡的。

——当然。根据您的论述，博尔赫斯，格鲁萨克是人文主义者、历史学家、西班牙语学者、批评家、旅行者和文明的传播者。

——是的，文明的传播者，当然。就是说，他的使命——他不可能知道的事——是在这个国家成为一个法国文化尤其是法国散文习惯的导师。

——以此施惠于阿根廷文学。

——是的，他是我们的恩人之一，一个时常有点被遗忘的恩人。然而，他却在图书馆的刊物上发表了一首阿尔玛富埃尔忒的诗，当时阿尔玛富埃尔忒还是一个颇受批评家们否弃的人。另外他也发表了一篇卢贡内斯的故事。

——这意味着他对我们的好东西也是欣赏的。

——是的，当然。

莎士比亚

奥斯瓦尔多·费拉里：博尔赫斯，在其他几次播音中我们曾经谈论过经典，也谈论过您最喜爱的经典，但我们没有谈到过为您的故事"*Everything and Nothing*"带来灵感的那个人。

豪尔赫·路易斯·博尔赫斯：莎士比亚。

——对于他您说过，例如，情节仅仅带来次要的趣味。

——我相信是这样的，不过另外也是出于商业的原因，他寻找人所共知的情节。例如，有关《麦克白》，曾有一个登上了大不列颠帝位的苏格兰国王，他写过一篇魔鬼学论文；另外也是剧中的一个人物，班柯的后裔。这些都是对的。不过，班柯，根据霍林谢德的编年史，就是莎士比亚读过的那本，是一个相当可悲的角色；但莎士比亚不得不把他变成一个英雄以免得罪国王。所以他修改了情节。似乎麦克白治国颇为有方，但他必须把他变成一个暴君；他的统治时间我相信是九到十年，但对于莎士比亚来说应该将这一进程完全浓缩才对，而事实上《麦克白》是莎士比亚节奏最快的一出戏；就是说，一开场就在奔跑，不妨这么说，即女巫那一场："When shall we three meet again? / In thunder, lightning, or in rain?"[1]比奥伊·卡萨雷斯和我制作了一个《麦克白》的译本，我们把这翻译成为："在雷电的闪耀之下"（故意混淆打雷与闪电），"又一次我们三个将成为一体。"这挺不错的，我觉得，不是吗？

——非常好。

——我说，这不是直译，但也并无不可……大概莎士比亚是会首肯的吧，不是吗？

——确定无疑。

——我们翻译了三四场，然后不知道为什么——人永远不知道为什么会发生这些事情——我们停下了，把这件任务放到了一边，我不知道我们会不会再重启此事。

---

[1] 英语"我们三个何时再聚首？/在雷霆，闪电，还是雨中？"

——后来它们被维多利亚·奥坎坡收集起来，用于《南方》关于莎士比亚的那一期，您还写了一篇论他的文章。

——我当时并不知道，不过，《南方》出过一期是关于莎士比亚的吗？

——完全献给莎士比亚的，没错。

——……我相信您正在修改过去。

——（笑）不，不，这是真的。

——关于莎士比亚，人们永远会认为自己没有说够，是不是？自己原本应该说的更多。真奇怪，仿佛莎士比亚这个名字是无限的一样。我有时也使用这个名字而不是其他诗人的名字，因为我感觉到了他的名字里面那种无限的意味，那是不可能在别的或许并不逊色于他的诗人那里出现的。例如，如果我说约翰·多恩的话，我是提到了一个伟大的名字，但对于读者的想象来说那并不是一个伟大的名字。相反，如果我说莎士比亚的话就是了，而雨果也曾经作过贡献，将一种无限的意味赋予莎士比亚的名字。

——不过说到莎士比亚这个名字的无限性，我们同时也是在谈论英语的无限性。

——也在谈这个，是的。英语，正如我曾经说过的，有一个超乎其他西方语言的优势。从统计学上说在英语中起源于拉丁语的词语比起源于撒克逊语的更多；最基本的词语是撒克逊语，即日耳曼语的。不妨这么说，每一个词的氛围都略有不同，比如说如果我们正在翻译一本逻辑或哲学著作的话，这并不重要；但如果我们正在翻译一首诗的话，或许词语的韵律和氛围就比意义更重要了。所以一种直译大概会是最不忠实的。因此，在英语里永远会有两个词来表示每一个概念：一个起源于撒克逊语，往往很短，另一个起源于拉丁语，往往更长也更抽象。英语是我知道的语言中最具体的；西班牙语是一种相对来说抽象的语言，拉丁语也是一样。但英语是一种非常具体的语言，这对于诗歌来说是一个非常重要的状况。然后，还有游戏于撒克逊词语和拉丁词语之间这件事……这一切均见于那本将会成为英语文学经典的著作之中，就是在詹姆斯一世，魔鬼学论文的作者和《麦克白》的同时代人，他在位时期完成的那个译本：没错，就是《詹姆斯国王圣经》(*The King James Bible*)。在其中用这两个英语的源头构成的游戏层出不穷：撒克逊语源和拉丁语源，人们注意到两种元素的互动 (the interplay)，可以这么说。相反，在德国，他们采纳了拉丁词语并将它们翻译过来。例如，Vaterland是"patria"①的精确翻译，他们采纳了它，因为日耳曼人对"祖先之地"的重要性一无所知。他们所想的，比如说，仅仅是对这个或

---

① "Vaterland"和"patria"分别是德语和拉丁语的"祖国"一词。

那个首领的忠诚，而不是出生在一个特定地点这件事。这对于不断从一方迁居到另一方的人来说是很自然的。

——但在这里，在莎士比亚这里，您把英语看成是神秘的。您谈论"神秘的英语"时就提到了莎士比亚。

——是的，因为他使用了两个来源的词语。那个时候，英语或许比现在更加灵活：新词永远都可以使用，观众也接受它们。相反，现在合成词在德语中可以自然而然地使用，在英语中却会显得有点做作。尽管乔伊斯始终致力于造词，但他完成的是一件不为普通人所理解的文学作品，不是吗？他始终致力于此，我相信在《芬尼根守灵夜》里，除了连词、介词和冠词以外，每个词都是一个新词——是一个复合词。而这不仅应用于名词，也用于形容词和动词。乔伊斯发明动词。当然英语有这个能力：一个词不改变词形，就可以既是形容词，又是名词或动词，只要这样使用它就行。例如，在西班牙语里我们有 vals（华尔兹）和 valsear（跳华尔兹），但在英语里waltz 两者都是，还可以当作形容词来用，而词形不变。

——是的，或许那是可能出现的最实用的语言。

——是的，在这个意义上说是的。相反，我正在尝试了解一下日语，而恐惧地发现形容词是变格的。就是说，形容词会根据它所指的一件现在、过去或将来的事而改变。不仅名词或动词会变，形容词也会。一个日本小孩在学习这个的时候从未意识到他正在学习某种非常非常复杂的东西。同样我告诉您数字也会根据它所列数的东西而变：所以就有两类不同的词语来讲四件乐器、四只小动物、四头大动物、四个抽象概念、四位人士、四根长的圆柱形物体；这体系是变化的。

——它们是一种语言里的很多种语言。

——是的，是一种里有很多种，不过对于孩子来说似乎这并不会带来很大的困难，因为所有的语言对于孩子来说都是很容易的。

——确实如此。

——因此某个英语诗人说道："Wax to receive and marble to retain"[1]（用蜡获取，用大理石保存），这话后来被用于形容情人很容易对所爱的女人获取一个印象，并保存到永远；但起初是形容孩子的，他们很容易获取并保存到永远。

——当然，现在，说回到莎士比亚，他的个人生活，您告诉我们说一旦实现了经济上的康宁，曾经是剧院经理和作家的他就停止了写作……

---

[1] 拜伦：《贝坡》（*Beppo*）。

——是的。

——……这大概是一个非同寻常的迹象，表明有时缪斯会暂时选择一个人来表达自己。

——是可以这么认为，或者也可以认为他需要那种刺激，必须要为某一群演员，在这个或那个剧场里工作的刺激；没了这个他就什么也想不出来了。这是有可能的……不妨举一个小小的例子，我们的伊拉里奥·阿斯卡苏比，他在内战期间写下了优美的诗句，因为他需要那种战斗的刺激；他希望激励那些加乌乔，那些士兵。后来，在巴黎，当他想重新创造这一切的时候，他写下了那部题为《桑托斯·维加或两生花》的押韵小说，其中仅有不多几页是令人难忘的，因为他没有了那种刺激。

——啊，当然。

——似乎莎士比亚很需要那种刺激，那种必须要为他的演员写出必须要在某个日期上演的戏的专注。然后，一旦达成了经济上的康宁，就没了那种刺激；似乎在最后那几年他什么也没有写过，除了他的墓志铭，或他的遗嘱——故意写得平淡乏味——没错。他去世了，据格鲁萨克在一部令人钦佩的文学批评著作里的叙述，他是在与伦敦来访的演员一起欢宴痛饮之后去世的。他去世于此后不久而且一直致力于诉讼。他始终对法律很感兴趣，这可以从他的诗篇中大量法律方面的隐喻中看出来；有很多隐喻是取自法律条文的。他也诉诸口语中不太常见的法律隐喻。但莎士比亚对此很感兴趣，后来甚至兴趣浓厚到让他的老年充满了诉讼，只为了鸡毛蒜皮的原因。是的，另外他还是个放债的——我很抱歉要这么说。就是说他忘了自己可以是一个伟大的诗人而宁愿当一个放债的和一个讼棍。总之，他选择了一个奇怪的命运，对我来说是一件不可理解的事。

——但他从来没有完完全全地远离隐喻。

——没有。

——话说，在您的故事结尾的地方，博尔赫斯，在您的莎士比亚故事"Everything and Nothing"的结尾处，写的是莎士比亚与上帝对话，说道："我曾徒劳地成为那么多人，我希望成为一个人。"

——是的，这就意味着他应该是愿意成为莎士比亚的，然后他发现，当然……出于文学的原因需要这种平行：上帝也不很清楚自己是谁，不是吗？

——是的，这可以从我马上就要朗读的上帝对莎士比亚的回答中领悟出来。

——当然，这也许是把莎士比亚比作上帝的一种方式。

——确实。

——大概是最高的赞颂了，不是吗？

——最高的赞颂。

——将人比作神。

——上帝对莎士比亚的回答是："我也不是我。我梦见了世界就像你梦见了你的作品，我的莎士比亚。"

——当然，相反，依据《圣经》，上帝说的是："我是我所是。"但我相信这一段的力量是在"我的莎士比亚"上，因为它表明上帝对莎士比亚有一种类似于私人的情感，不是吗？另外，莎士比亚是他的造物之一，他在成千上万的造物之中认出了他……

——这也表明了您的私人情感，博尔赫斯对莎士比亚的情感。

——……我，或是缪斯，我们用对了"我的"，它是让这个句子拥有某种效果，某种力量所必需的词语。

关于《密谋者》的新对话

奥斯瓦尔多·费拉里：关于您最近的诗集《密谋者》，博尔赫斯，我主张，其中的诗篇将您引向了宇宙起源学的一种形式，一种根本……

豪尔赫·路易斯·博尔赫斯：我没有想过这个；不过，在潘帕斯草原有人对我说他们注意到在这本书里有一份忧伤，是之前那些书里看不到的。

——啊，这我倒没想过。

——我也没想过，有人告诉我说，我唯一有愉悦或快乐在其中的书是名叫《为六根弦而作》的一系列米隆加；那里面确实是有快乐的。我对他们说："呃，可能吧，因为那是一本无名氏的书，一本我为我的祖先，或为所有人而写的书。"相比之下，其他的书则是私人的，可能内含忧郁。至于，宇宙起源学之类我一无所知，但有可能是对的，因为如果一个作家写的是他计划要写的东西的话，他就什么也没写；他写下的应该更多于他原先计划要写的东西。就是说，作品理应超越作家的意图。

——每一件作品都应该是一个新的基础。

——啊，是的。

——如果是基础的话，那就是宇宙起源学。

——我相信如果要以一本书为前提来写东西的话，就是在制造垃圾；人写下每一个篇章都必须思考这个篇章。其实，它最终成为一本书的一部分是微不足道的。

——是偶然的。

——是的，irrelevant（无关宏旨），就像英语里说的那样。

——确切无疑的是您的书来自于梦幻的灵感。

——希望是这样。

——几乎所有的诗……

——基本上，如果我将我的梦与我的醒做对比的话，我会后悔很多东西。我会后悔，比如说，噩梦，它们可能是恐怖的。

——书中还特别出现了您的一个习惯：列举。

——是的，据推想这是惠特曼发明的，但我相信赞美诗早已发明了它。另外，列举是一种自然的形式，一种心理活动，不是吗？

——是的……

——如果时间是连续的，列举也是连续的，是在时间之内发生的。

——也发生在诗歌之内。

——也发生在诗歌之内。话说，我和比奥伊·卡萨雷斯谈到过这个，他相信列举是从四这个数字开始被感觉到的。就是说，如果您列出三样东西，读者感觉不到这是一个列举，但如果是四五样的话，就会感觉到是一个列举了，或许会感觉那好像是某种机械的东西。然而，在惠特曼这里，有很多奇怪的列举，大卫的赞美诗也一样。

人们不会感觉它们是机械的，而会感觉它们是必不可少的。

——当然。

——或者说无论如何，人们会欣赏它们，而不会指责它们。不，我不相信列举会是一种被禁止的修辞格；其实没有什么修辞格是被禁止的：如果事情做得好，就是好的（笑）。

——西尔维纳·奥坎坡在一首诗里，是以一长串列举式的欢乐言说的……

——啊，太棒了。她那本书的题目就是《祖国的列举》，对不对？

——正确。

——没错。其实列举的想法并不是一种反诗歌的想法；证据就在于，英语里有 tale（故事）和 tell（讲述，计数），但 tell 既可用于一个故事也可用于念珠的连续计数，或连续的钟鸣；因为 tale 和 tell 的起源必定是一样的，对不对？用于钟鸣的 toll（鸣响），和用于故事、讲述的 tell，必定是一样的。

——现在，我要说列举……

——不，我相信列举是正当的。

——而在您这方面……

——……假如结果不错的话。至于混乱的列举，或许是不可能的吧，因为如果有一个宇宙，万物便都是一体；而混乱的列举可能起到的作用是让我们感觉到并非混乱，而是宇宙或世界的秘密宇宙，不是吗？

——啊，这是非常明显的。

——是的，当惠特曼说"连接星辰的线条，虫豸与父精……"[1]的时候，人们感到这些东西是如此不同，然而又有相似之处。因为如果不是的话，列举就是不理性或毫无道理的了。

——有一种秩序在其中。

——是的，有一种秩序，而且是一种秘密的秩序，因此也是神秘的。其实，我不知道我在那本书里是否滥用了列举。

——不，我相信这与您的愿望有关，就是完满呈现所有这些在

---

[1] 惠特曼：《我自己的歌》(*Song of Myself*)。

您看来是基本的或最长久的符号。

——这几天我刚好为此写了一篇，我把它们列举出来，并自问为什么选中了它们。然后我得出了结论，是我被它们选中了，因为我并不会有什么损失，比如说，若是去除了迷宫而谈论教堂或清真寺，去除了老虎而谈论豹或美洲虎，去除了镜子而谈论回声，它其实就像是听觉的镜子一样。然而，我感觉如果我如此行事的话，读者立刻就会意识到我已经略微地披上了伪装（**两人都笑了**），我就暴露了。就是说，即使我说"豹子"，读者还是会想到老虎；即使我说"教堂"，读者还是会想到迷宫，因为读者已经知道了我的习惯。或许也在期待它们，或许……他对它们已经见惯不怪，甚而至于假如我不重复那些符号的话，我就以某种方式辜负了他。

——或者辜负了您自己（笑）。

——或者辜负了我自己，也辜负了读者，他们对我的期待就是这个，而不是别的什么。就是说，或许任何抽搐，任何习惯最终都会变成一个传统。

——如果得到确立的话，当然。

——是的，所有的事物都有成为传统的倾向；所以起初是任意的，例外的东西，结果都会是传统的，被预期的，被接受与认可的。

——确实如此，不过，在您这方面，也有可能这就如同您在偿还认识世界这一份债务吧……

——确实……

——将您这份认识的每一个元素归还给它。

——这是您的一种非常慷慨的诠释，此刻我表示感谢与接受；我会剽窃它的，我向您保证（笑）。

——（笑）这是一个猜想，但也可能是为了对抗世界的过剩回忆这一终极噩梦。

——是啊，让·谷克多就说过每一种风格都是一系列的抽搐，确实如此。

——都是习惯，当然。

——当然，在这里"抽搐"这个词用得有一点轻蔑，或者是作为一个玩笑，不如说是，对不对？

——是的，但在这个问题上，《密谋者》里的诗同时也呈现了对世界的爱与情感，通过这些来自于世界的符号。

——我希望是这样的感觉：在我不久前口授的那一篇里，我惊讶于我的符号数量少得出奇——因为设想我们把不确定的一系列事物称为"世界"；这就意味着我并不是很敏感，因为只有少数几样给我留下了深刻印象以至于变成了我的习惯，是吗？例如，我对老虎谈论了那么多，为什么不谈论鱼呢？其实它们奇怪得多。然而，我不知道为什么老虎给我留下的印象比鱼更深，尽管到现在，我平静地认识到鱼要奇怪得多。

——无论如何，博尔赫斯，我真切地看到的是，您必须要对您始终以来的符号保持忠实。

——……是的，不然的话我就是在欺骗。

——当然。

——除此以外，还类似于一种倾斜，一种疲劳的形式；或许是知道如果这些符号选择了我，那必定是有原因的，知道我没有权力创新：我已经被老虎，被镜子，被刀剑，被迷宫，被面具选中了；我对其他的事物没有权力。尽管这些事物每一个都以宇宙为前提，它包含无限的事物，或是不确定的事物。我们对此一无所知。

——然而，在《密谋者》的诗篇之中我们发现了远多于您所提到的符号。

——啊，是吗？大概多出一两个吧。

——例如，在"那个谁做梦"这首诗里……

——我不记得这首了。

——在那首诗里您自问："时间梦见过的会是什么，直到此刻？"

——啊，是的，是的。

——回答是所有的基本元素，可以这么说，一直以来是它们构成了您的诗歌，以及另外一些。

——还有别的？非常感谢，或许您是对的。

——为了证明这一点，我想读一下这首诗的片段。

——我已经把它忘了。我知道它是列举式的，就像我写的几乎所有东西一样，是的，看吧。

——"时间梦见过的会是什么，直到此刻，亦即，直到那个像所有的此刻一样的极点？它梦见过刀剑，它更好的归宿是诗篇"……

——这个地方我是在谴责刀剑，当然。我是以一种收敛但又充分的方式说的，不是吗？"它更好的归宿是诗篇"，也就是说，不在人的手中。

——而是长存于诗中。

——是的。

——"梦见并打造过可以假扮智慧的句子"……

——这个短语很不错，对吗？尽管它本身也是一个句子："可以假扮智慧。"当然，我们都可以假扮智慧。

——通过一个句子。

——当然。

——"梦见过信仰，梦见过残酷的十字军东征"……

——确实是"残酷的十字军东征",因为十字军东征一直在领受赞美,然而全都是可怕的行径。

——"梦见过发现了对话与怀疑的希腊人。梦见过伽太基被火与盐毁灭。梦见过文字,那笨拙而又严格的符号。梦见过"……

——坚持认为文字笨拙的是史蒂文森,是的,当然,文字是笨拙的。

译后记

博尔赫斯对我来说具有特殊的意义。我的第一本译作（尽管不是第一本正式出版的）是《博尔赫斯 1923-1967 年诗选》，那本书是以博尔赫斯一生中最初写下的篇章开始的；而我迄今为止做的最后一件事就是此时此刻在为博尔赫斯最后的对话集（我们已经看到博尔赫斯也将其视为一种写作）写译后记——翻译博尔赫斯的时间也就是我的整个翻译生涯的时间，连我都为这种作者 – 译者的对应而略感吃惊。

不过我马上意识到了我的错误，事实上这种对应并不存在。真正与作者对应的不是译者而是读者，译者仅仅是读者之中无关紧要，或毫无意义的部分。尽管我也曾经是其他一些作家的译者，但我无法自称为他们的读者。我相信人人都会同意，花几天时间读完了一本书并不足以让一个人成为这本书的读者，而译者仅仅是把这几天拉长到几个月或几年而已。读者的时间不是这样计算的，他的时间是心理时间，是他真正打开一本书的时间。作为一个阅读量很少的人，我发现我仅有不多几本真正打开的书，而其中若干本在一二十年前就已经被我合上了，因此读者这个词通常来说离我很远。只有在说到博尔赫斯的时候，我才有胆量说我是博尔赫斯的读者，甚至我的一个网名也是由此而来（可见博尔赫斯的读者是我为自己设定的身份之一），我是译者这件事则纯属偶然了。

因此在博尔赫斯与我之间真正有意义的是作者－读者的对应：作者的写作与读者的阅读之间的某种重合（如同我在本书第一卷的译后记中所提到的"共时"）。这种对应存在于所有的作家与他们的读者之间，不同的是博尔赫斯始终将自己视为一个读者：一个接近于原型的读者，仿佛阅读了一切的读者；而上述的对应让我在阅读博尔赫斯的时候也变成了这样一个原型的读者。换句话说，这是一种双重的对应，博尔赫斯的读者与博尔赫斯这个作者／读者的重合。这或许解释了博尔赫斯对于我的特殊意义：阅读博尔赫斯仿佛就是在阅读博尔赫斯读过的书籍，阅读所有的书籍，并通过这一接近原型的阅读行为来创造一个世界，成为作者（顺便说一句，"作者"或许是博尔赫斯的 El Hacedor 最贴切的翻译，而不是"创造者"）。

我不知道别的博尔赫斯读者是否也有同样感觉，我不知道别的作家是否也能提供这种感觉，总之我的阅读世界是贫乏的，但我有博尔赫斯这个"阿莱夫"。像故事的主人公一样，我着迷于这无限的一点——阅读博尔赫斯——时间与空间汇聚于这一点，并由这一点铺开，成为博尔赫斯的每一首诗，每一个故事，这本书里的每一段对话。

以上对博尔赫斯故事的套用或许过于夸张，但我只是描述我的感觉，那种近乎原型的纯粹愉悦：无限的事物才可以如此单纯，即使重复也丝毫不减其效力。我发现这本对话集里谈论的主题都是博尔赫斯在他的所有著作里早已谈论过的，而博尔赫斯也从不讳言它们的来源。博尔赫斯关心的事物，在耄耋之年依然与青年时期一样，也是人类最初的思想者关心的事物：时间，星辰，梦，生命，勇气，怀疑，智慧与不可知，等等，其中也不乏我们孩提时曾经想过的东西，对于博尔赫斯来说这些是真正有意义的事物，无限向他呈现的东西。我相信博尔赫斯之所以打动我们，也正是因为他呈现的是这些原初的事物而不是别的更新奇或深奥的东西。它们汇聚在博尔赫斯这里，不存在空间与时间的距离，"史诗的味道"就像口中的水果一样真实而令人感动，斯威登堡也像楼上的邻居一样近在咫尺。

对话让博尔赫斯的对话者领略到了这一切；继而通过阅读，即前面所说作者－读者的对应，这种原初而无限的感觉也为我们所有。我们置身于博尔赫斯所在的时空之中，像博尔赫斯一样对遇到的一切熟悉而又惊叹——阅读本书的意义和乐趣大概就在这里吧。

在本书第一卷的一段对话中，博尔赫斯主张卡夫卡已经是人类记忆的一部分，"一场可怕的诉讼，不断延长，直至无限"，必将成为不断再现的主题；那么，在博尔赫斯之后，人类的记忆是否更丰富了一点呢？化身为作者／读者，将无限时空中的人与物汇聚于一点（一个幻象，一座迷宫，一个梦中之梦，一局棋，一本书），加以观照并与之对话——我相信这就是今天人们共同拥有的，名叫博尔赫斯的记忆。

陈东飚

二〇一六年七月二十七日

图书在版编目（ＣＩＰ）数据

最后的对话. 二 /（阿根廷）豪尔赫·路易斯·博尔
赫斯,（阿根廷）奥斯瓦尔多·费拉里著；陈东飚译. ——
北京：新星出版社, 2018.8
　ISBN 978-7-5133-2922-4

　Ⅰ. ①最… Ⅱ. ①豪… ②奥… ③陈… Ⅲ. ①博尔赫
斯（Borges, Jorge Luis 1899—1986）－访问记 Ⅳ.
①K837.835.6

中国版本图书馆CIP数据核字(2018)第022837号

最后的对话. 二
[阿根廷] 豪尔赫·路易斯·博尔赫斯 著
[阿根廷] 奥斯瓦尔多·费拉里 著
陈东飚 译

责任编辑　汪　欣
特邀编辑　卢湘怡　许文婷
装帧设计　韩　笑
责任印制　史广宜
内文制作　田晓波

出　　版　新星出版社　www.newstarpress.com
出 版 人　马汝军
社　　址　北京市西城区车公庄大街丙3号楼　　邮编 100044
　　　　　电话 (010)88310888　传真 (010)65270449
发　　行　新经典发行有限公司
　　　　　电话 (010)68423599　邮箱 editor@readinglife.com
印　　刷　山东鸿君杰文化发展有限公司
开　　本　850mm×1168mm　1/32
印　　张　13.75
字　　数　293千字
版　　次　2018年8月第1版
印　　次　2018年8月第1次印刷
书　　号　ISBN 978-7-5133-2922-4
定　　价　58.00元

著作权合同登记号　图字：01-2016-8501